Reinhard Schulz
Waltraud Roth-Schulz

MIT DEM WOHNMOBIL NACH KORSIKA

Die Anleitung für einen Erlebnisurlaub

DER WOHNMOBIL-VERLAG
D-98634 Mittelsdorf/Rhön

Bibliografische Information Der Deutschen Bibliothek

Die Deutsche Bibliothek verzeichnet diese Publikation in der Deutschen Nationalbibliografie.
Detaillierte bibliografische Daten sind im Internet über <http://dnb.ddb.de> abrufbar.

Titelbild: Cap Corse – der Leuchtturm auf der Ile de la Giraglia bewacht den nördlichsten Punkt Korsikas.

4. Auflage 2005

Druck:
Wilhelm & Adam GmbH, 63150 Heusenstamm

Vertrieb:
GeoCenter, 70565 Stuttgart

Herausgeber:
WOMO-Verlag, 98634 Mittelsdorf
Position: N 50° 36.696'; E 10° 08.010' (WGS 84)
Fon: 0049 (0) 36946-20691
Fax: 0049 (0) 36946-20692
eMail: verlag@womo.de
Internet: www.womo.de

Autoren-eMail: Schulz@womo.de

ISBN 3-928840-53-3

EINLADUNG

Jedes Jahr aufs neue entflammt der alte Familienzwist: Vater will im Gebirge wandern, Mutter dort die gesunde Luft genießen, die Jugend will ans Meer! Diesen Streit kann ich schlichten – Korsika bietet beides!

Gewaltig, so als hätte sich ein Teil der Alpen ins Mittelmeer verirrt, erheben sich schroffe Gipfel bis 2700 Meter Höhe. Umgeben wird diese wuchtige Szenerie von idyllischen Stränden, in einer Vielfalt, die keine Wünsche offen läßt: Kilometerlang oder klitzeklein, von Felsen malerisch eingerahmt, babyflach und glatt oder stürmisch.

Im Nu ist man in alpinen Höhen, kann entfliehen der Strandlangeweile und der Hitze. Hier oben erwacht neue Aktivität: Eine Gipfelwanderung, ein Badetag in den erfrischenden 'Badegumpen' der Gebirgsflüsse, eine Attraktion, die ich nur in Korsika kenne.

Aber nicht nur die Natur will bewundert sein!
Korsika hat eine vieltausendjährige, wechselvolle Geschichte, deren Zeugen überall im Land sichtbar sind: Dolmen und Menhire aus der Steinzeit, die Festungen der Torreaner; antike Siedlungsreste der Griechen und Römer; Kastelle, Türme, Brücken und Kirchen aus pisanischer und genuesischer Zeit.

Eines ist sicher: Sie werden begeistert sein – und wie wir immer wiederkommen.

Ihr

Reinhard Schulz

Sehr geehrter Leser, lieber WOMO-Freund!

Reiseführer sind für einen gelungenen Urlaub unverzichtbar – das beweisen Sie mit dem Kauf dieses Büchleins.
Aber aktuelle Informationen altern schnell und ein veralteter Reiseführer macht wenig Freude.
Sie können helfen, Aktualität und Qualität dieses Buches zu verbessern, indem Sie uns nach Ihrer Reise mitteilen, welchen unserer Empfehlungen Sie gefolgt sind (freie Stellplätze, Campingplätze, Wanderungen, Gaststätten usw.) und uns darüber berichten (auch wenn sich gegenüber unseren Beschreibungen nichts geändert hat).
Bitte füllen Sie schon während Ihrer Reise das Info-Blatt am Buchende aus!

Als Dank für Ihre Mühe wird Sie unser Verlag stets über alle Neuerscheinungen informieren.
Außerdem gewähren wir Ihnen bei Buchbestellungen direkt beim Verlag (mit beigefügtem, ausgefülltem Info-Blatt) ein Info-Honorar von 10%.

INHALT

Zeichenerklärungen für die Tourenkarten

Tourenstraßen / abseits d.Touren

- Autobahn (Maut)
- 4-spurige Straße
- Hauptstraße
- Nebenstraße
- Schotterstraße
- Wanderweg
- Badestopp
- Badestrand (freie Übernachtung)
- (S) WOMO-Stellplatz (freie Übernachtung)
- (W) (P) (B) Wander-, Picknick-, Badeplatz
- (W) (P) (B) geeignet für freie Übernachtungen
- ? Problemstrecke (s. Text)
- Kirche, Kloster
- Burg, Schloss, Ruine
- Ausgr./meg. Bauwerk
- Sehenswürdigkeit
- Trinkwasser/Dusche
- Campingplatz/Höhle
- Entsorgung/Toilette
- N 50° 36.234'; E 10° 07.560' GPS-Daten

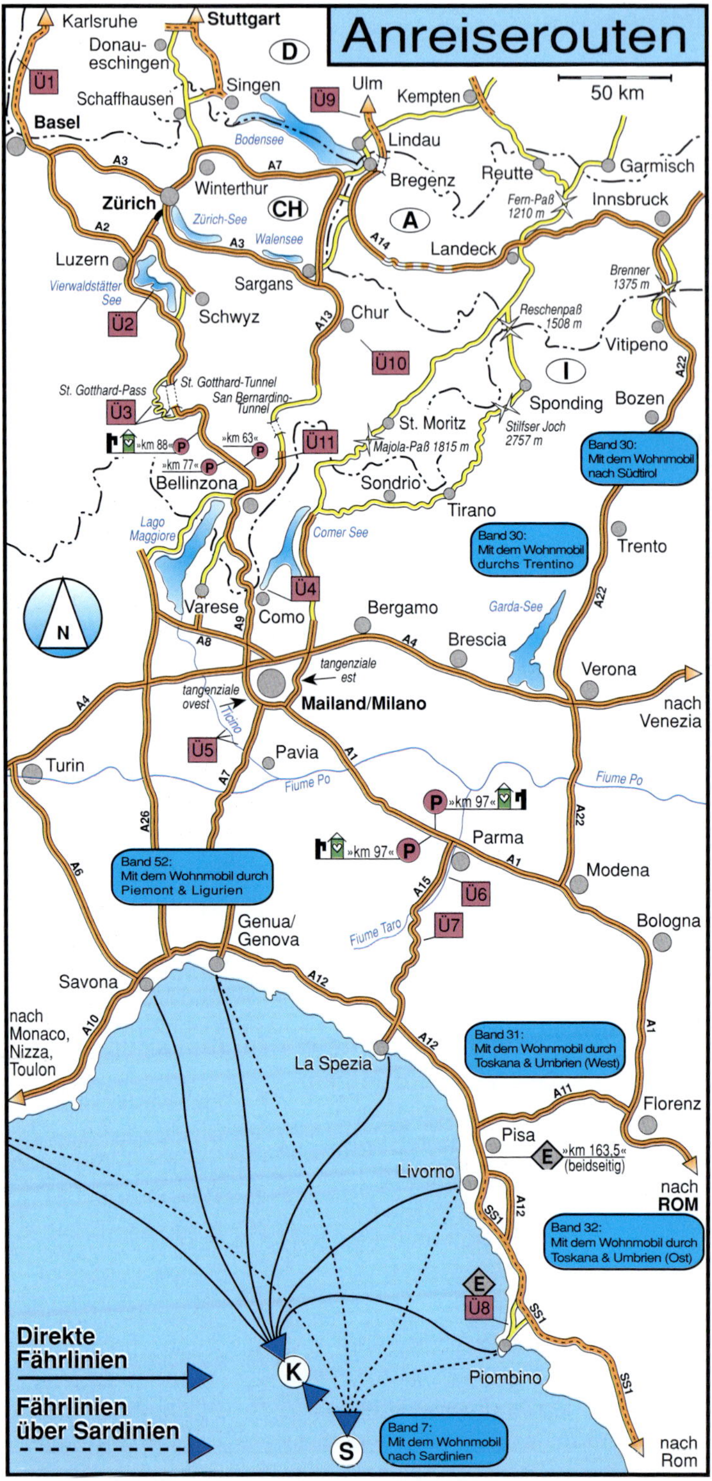

Anreiserouten
50 km
Karlsruhe
Stuttgart
Donau-eschingen
D
Ü1
Schaffhausen
Singen
Ü9
Ulm
Kempten
Basel
Bodensee
Lindau
Garmisch
A3
A7
Bregenz
Reutte
Zürich
Winterthur
CH
Fern-Paß 1210 m
Innsbruck
Zürich-See
A
A2
A3
Walensee
A14
Landeck
Luzern
Vierwaldstätter See
Sargans
Brenner 1375 m
Ü2
Schwyz
A13
Chur
Reschenpaß 1508 m
Vitipeno
Ü10
I
A22
St. Gotthard-Pass
St. Gotthard-Tunnel
San Bernardino-Tunnel
Sponding
Bozen
Ü3
St. Moritz
Stilfser Joch 2757 m
»km 88«
»km 63«
Ü11
Majola-Paß 1815 m
Band 30: Mit dem Wohnmobil nach Südtirol
»km 77«
Bellinzona
Sondrio
Tirano
Lago Maggiore
Comer See
Band 30: Mit dem Wohnmobil durchs Trentino
Trento
Ü4
Varese
Como
Bergamo
Garda-See
A22
A9
A8
A4
Brescia
tangenziale est
Verona
A4
tangenziale ovest
Mailand/Milano
nach Venezia
Ticino
Ü5
Pavia
A1
Turin
Fiume Po
Fiume Po
A7
A26
»km 97«
A22
»km 97«
Parma
A6
Band 52: Mit dem Wohnmobil durch Piemont & Ligurien
A1
Modena
A15
Ü6
Genua/ Genova
Fiume Taro
Ü7
Bologna
Savona
A12
nach Monaco, Nizza, Toulon
A10
A12
Band 31: Mit dem Wohnmobil durch Toskana & Umbrien (West)
A1
La Spezia
A11
Florenz
Pisa
E
»km 163,5« (beidseitig)
Livorno
nach ROM
SS1
A12
Band 32: Mit dem Wohnmobil durch Toskana & Umbrien (Ost)
E
Ü8
SS1
Direkte Fährlinien
K
Piombino
SS1
Fährlinien über Sardinien
S
Band 7: Mit dem Wohnmobil nach Sardinien
nach Rom

Wir starten Richtung Korsika!

„Na, das ist doch ein Klacks. Da donnern wir einfach über den Brenner, rauschen die Autostrada 'runter, hauen uns dann auf der Fähre wie Onassis in den Liegestuhl und lassen uns auf die Insel der Schönheit rüberschaukeln!" Gut, aber der Brenner kostet Geld, und verstopft soll er in der Hauptferienzeit auch manchmal sein; Autobahnen gibt es ja in Italien reichlich – aber nur gegen Bares. Kann man nicht Landstraße fahren? Und die Fähre: Welcher Fährhafen ist der richtige, welche Linie die günstigste, muss man buchen?

Vorüberlegungen

Wohnen Sie nördlich oder südlich der Linie Stuttgart – Nürnberg? Haben Sie etwas gegen Schweizer – oder nur etwas gegen die Vignette? Möchten Sie jede Straßenbenutzungsgebühr umgehen, wenn es sich machen lässt, auch wenn's dann länger dauert? Wollen Sie die preiswerteste, die zeitlich kürzeste oder die kilometermäßig am nächsten liegende Fährlinie benutzen?

Wege über die Alpen

Alle Urlauber nördlich der Linie Stuttgart – Nürnberg können auf die teuere Brennerverbindung leicht verzichten und entweder über Basel oder Singen durch die Schweiz fahren. Trotz Vignette kommt das 25 Euro billiger als über den Brenner; wir beschreiben die zwei Hauptstrecken und Tunneldurchfahrten. Die sparsamen Urlauber aus dem Bereich Augsburg/Ulm/München verlassen die A96 vor dem Pfänder-Tunnel (Pickerl!) und durchqueren Bregenz. Dann geht's ebenfalls durch die Schweiz. Unsere Freunde aus Österreich, viele Münchener und 'psychische Tunnelverweigerer' werden natürlich über den Brenner fahren, er ist aus diesem Raum die 'schnellste' Verbindung. Zusätzlich haben wir noch zwei „Gebühren-Verweigerer-Strecken" getestet, denn man kommt auch ohne Straßenzoll über die Alpen, sogar durch die Schweiz! Natürlich ist das mit zusätzlichem Zeitaufwand verbunden; wer aber nicht auf die Uhr schaut, bekommt einige der schönsten Alpengegenden zu Gesicht.

Übrigens:

WOMOs mit mehr als 3,5 to kommen u. U. billiger durch die Schweiz! Sie brauchen keine Vignette, sondern zahlen eine **Schwerverkehrsabgabe** (z. B. 32,50 SFR für zehn Einzeltage; Formular gibt's an der Grenze).

Fährverbindungen

Marseille, Toulon, Nizza, Savona, Genua, La Spezia, Livorno, Piombino, Santa Teresa (Sardinien) – das sind sämtliche Orte, von denen aus Sie nach Korsika schippern können, aber nur ein Bruchteil von ihnen kommt überhaupt in Betracht! Fünf Fährlinien buhlen um Ihre Gunst (und Ihren Geldbeutel):

1. Die französische **SNCM**.
2. Die **Corsica Marittima**, eine Tochter der SNCM.
3. Die italienische **Moby Lines**.
4. Die italienische **Corsica Ferries**.
5. Die portugiesische **Happy Lines** (nur ein Schiff).

Bei flüchtigen Preisvergleichen fällt die französische Staatslinie sofort raus, sie ist doppelt so teuer wie die vier anderen und bietet uns auch bezüglich der Fährorte (Marseille, Toulon, Nizza) nur Nachteile. Die anderen Linien bedienen (von nordwest nach südost) die italienischen Häfen Savona, Genua, La Spezia, Livorno und Piombino.

Die Konkurrenz ist heftig, jedes Jahr ändern sich Konditionen, Sonderangebote, Billigabfahrten usw. Dabei kann stets ein anderer das Rennen um die billigste Überfahrt machen: Livorno (oder La Spezia)-Bastia-Livorno kostete (2 Personen, Camper bis 6 Meter Länge) bei Moby Lines, Corsica Ferries und Happy Lines um die 250 Euro, die schnelle Corsica Marittima landete mit 380 Euro nur auf Platz vier (weil Sie keine Rückfahrtermäßigung für das WOMO anbietet).

Auch die Überfahrtszeiten spielen bei manchen Überlegungen eine Rolle:

Piombino - Bastia:	3 1/2 Std.	Livorno - Bastia:	4 Std.
La Spezia- Bastia:	5 Std.	Genua - Bastia:	6 Std.
Savona - Bastia:	6 Std.	Marseille - Bastia:	10 Std.

Empfehlung: Fährprospekte besorgen (Telefon, Fax, Internet, Reisebüros, Automobilclub), preiswerteste Überfahrtstage heraussuchen, vergleichen, rechtzeitig buchen (vermehrt auch per Internet möglich!).

Corsica Marittima/SNCM Germany GmbH
Berliner Straße 31-35, 65760 Eschborn, Tel.: 06196-429 11, Fax: 483 015, www.sncm.de, infosncm@t-online.de

Moby Lines Europe GmbH
Wilhelmstraße 36-38, 65183 Wiesbaden, Tel.: 0611-140 20, Fax: 140 22 44, www.mobylines.de, info@mobylines.de

Corsica & Sardinia Ferries GmbH
Georgenstraße 38, 80799 München, Tel. 089-389 99 10, Fax: 338 576, www.corsicaferries.com

Happy Lines c/o IKON-Reiseagentur GmbH, Schwanthaler Str. 31/1, 80336 München, Tel.: 089-550 10 41, Fax: 598 425, www.happylines.it, info@happylines.it, info@ikon-reisen.de

ANREISEROUTEN

Haben Ihnen die "Vorüberlegungen" etwas geholfen? Dann suchen Sie sich jetzt IHRE Tour heraus. Routenführung, Fahrstrecke und Preise (jeweils für hin und zurück angegeben!) werden Ihnen die Wahl leichter machen. Und wenn Sie sich nicht entscheiden können – nehmen sie für Hin- und Rückfahrt einfach zwei verschiedene Strecken!

St. Gotthard-Route I – unser An- und Rückreisetipp mit freien Übernachtungsplätzen

(Basel – Livorno – Basel 1180 km, ca. 65 Euro Maut)
Basel – Luzern – Gotthard-Tunnel – Bellinzona – Mailand – Parma (oder Genua) – La Spezia – Livorno.

Es handelt sich um die kürzeste, schnellste und bequemste Verbindung. Nahezu jeder Meter ist gepflegte Autobahn. Macht man ab Bellinzona einen Sight-Seeing-Abstecher zum Lago Maggiore, so kann man an seinem Südende auf die neue A 26 rollen, die direkt nach Süden auf Genua zuhält.
Vorteil: Man meidet den verkehrsreichen Milano-Bereich. Nimmt man südlich Mailand statt der A 1 die A 7 über Genua, so hat man pro Strecke 25 km mehr und wird zwischen Genua und La Spezia von über 50 Tunneldurchfahrten genervt. Sie wollen ab Savona oder Genua fahren? Dann sind Sie auf der A 7 richtig!

Sehenswertes:

-Basel:	Münster, Altstadt, Spalentor.
-Luzern:	Hofkirche, Kapellbrücke, Gletschergarten.
-Lugano:	Kathedrale San Lorenzo.
-Mailand:	Dom (größte gotische Kirche der Welt).
-Piacenza:	Stadtmauer, Dom, Renaissance-Paläste.
-Parma:	Altstadt mit romanischem Dom.
-La Spezia:	Dom (14. Jahrh.), Kastell, Stadtmauer.

Ü 1: Deutsche AB an der AS 64B Hartheim/Heitersheim verlassen. Nach 5,5 km, in der Ortsmitte von Hartheim, links dem Wegweiser "Zum Rhein" folgen. Direkt am Rhein ruhiger Picknickplatz mit Tischen und Bänken, Schutzhütte und Grillstelle [N 47° 56.566'; E 7° 35.903'].
Ü 2: Schweizer AB A 2 bei der AS Beckenried-Nord (»km 113«) verlassen und dem Wegweiser "Klevenalp" 3400 m folgen. Direkt unterhalb der Seilbahn große, ebene, ruhige Parkplätze [N 46° 57.450'; E 8° 28.393'; 455 m]. Vorher, am Ufer des Vierwaldstätter Sees, scharf links Parkplätze (6 - 20 Uhr

gebührenpflichtig) an der Uferwiese mit Bänken, Brunnen, Toilette und Wasserhahn.

Ü 3a: Schweizer AB A 2 bei der AS Airolo bzw. Göschenen verlassen und ca. 16 km zum St. Gotthard-Pass fahren. Auf dem Pass gemütliche Gaststätte und ruhig-frische Parkplätze u. a. neben dem kleinen See auf der Passhöhe [N 46° 33.425'; E 8° 34.012'; 2102 m]. Der sehr lohnenswerte Umweg über den Pass (statt Tunnel) beträgt 17 km. Zwei Straßenvarianten sind möglich: Die alte, gepflasterte Passstraße oder die gut ausgebaute, neue Streckenvariante.

Ü 3b: Schweizer AB A 2 bei der AS Airolo/St.Gotthard-Pass/Nufenenpass verlassen und Richtung Nufenenpass bis zur Talstation des Airolo-Liftes fahren, dort viele, ebene Parkplätze [N 46° 31.427'; E 8° 36.195'; 1186 m]; gegenüber St.Gotthard-Käserei mit Gaststätte, Käseverkauf und Schaukäserei.

Ü 4: Italienische AB A 9 bei der AS Como-Süd verlassen und Richtung Como-Zentrum dem Fußballsymbol folgen. Nach 7000 m rechts des Stadions zum Ufer des Comer Sees. Toiletten im kleinen Park beim Volta-Tempelchen.

Ü 5a: Italienische AB A 7 bei der AS Pavia-Nord/Bereguardo (»km 21«) verlassen und auf SS 526 nach Bereguardo. Hinter dem Kriegerdenkmal in der Ortsmitte links (Wegweiser: Fiume Ticino) zum großen, ruhigen Friedhofsparkplatz am Ortsende links [N 45° 15.222'; E 9° 1.433'; 90 m].

Ü 5b: Von Bereguardo weiter nach Motta Visconti. Von der Umgehungsstraße an der ersten Ampel links zum großen Parkplatz am Ufer des Fiume Ticino mit Tanzcafé, Picknickplatz und Flusswanderweg.

Ü 5c: Von Motta Visconti weiter nach Besate. Am Kriegerdenkmal links auf Schotter 2 km zum ruhigen Flussparkplatz am Ticino.

Ü 6: Italienische AB A 15 bei der AS Fornovo verlassen, auf SS 62 Rtg. Parma über Gaiano bis Ponte Scodogna. Dort bei »km 103,4« links noch 1500 m bis zum idyllischen Park- und Picknickplatz des "Parco fluviale di Taro".

Ü 7: Italienische AB A 15 bei der AS Berceto (»51«) verlassen. Nach 400 m Richtung Berceto großer Parkplatz links und nach 800 m kurze Stichstraße zur **z. Zt. geschlossenen** Gaststätte "La Foresta di Bard/Accademia del fungo" (sehr gute Küche, Ruhetag Di) mit vielen ruhigen Parkplätzen am Waldrand [N 44° 30.200'; E 9° 57.515'; 644 m].

Ü 8: Ab Livorno statt AB 12 auf der SS 1 (Via Aurelia) nach Süden. Ab San Vincenzo weiter der Küste bis Populonia im Golf von Baratti folgen. Viele Parkplätze, z.T. direkt am Strand; Wasserhahn, Entsorgungsmöglichkeit am Parkplatz der Nekropole (Ü-Gebühr: 10 Euro/Tag vom 15.5.-30.9.).

St. Gotthard-Route II

(Singen – Livorno – Singen 1200 km, ca. 65 Euro Maut)
Singen – Winterthur – Zürich – Luzern (oder z. T. ohne Autobahn Schwyz) – Altdorf, dann wie St. Gotthard-Route I.

Mit Sicherheit die „Leib- und Magenstrecke“ der Stuttgarter. Wer dann auch noch weiß, dass man dem Stau am Autobahnende bei Singen entgehen kann, indem man über Donaueschingen – Schaffhausen – Winterthur fährt, der ist fein raus. Südlich Zürich fehlen noch etwa 25 km Autobahn, hier kann's bei Berufs- und Urlaubsverkehr Stau geben.

Sehenswertes:
-Winterthur: Altstadt, Pfarrkirche (Fresken), Stadthaus.
-Zürich: Altstadt mit Lindenhof (röm. Kastell), Fraumünster, Großmünster, Wasserkirche, Rathaus.
-Vierwaldstätter See: Tellskapelle, Rütli.
-Pisa: Beeilen Sie sich, vielleicht sind Sie einer der letzten, der den schiefen Campanile des Domes noch stehen sieht.

San Bernardino-Route I

(Singen – Livorno – Singen 1330 km, ca. 65 Euro Maut)
Singen – Winterthur – Zürich – Walensee – Sargans – San Bernardino (Tunnel) – Bellinzona, dann wie Gotthard-Route I.

Bis Zürich befinden wir uns auf der St. Gotthard-Route II, dann geht es auf der Autobahn (N 3) weiter, die inzwischen auch am Walensee fertiggestellt ist. Jedoch vor und hinter dem San Bernardino-Tunnel gibt es je 25 km "nur" sehr gut ausgebaute Straße.

Sehenswertes:
-Chur: Altstadt, Schloss, Kathedrale, Kloster St. Lucius.

San Bernardino-Route II – mit freien Übernachtungsplätzen

(Lindau – Livorno – Lindau 1320 km, ca. 65 Euro Maut)
Lindau - Bregenz - Sargans, dann wie San Bernardino-Route I. Diese San Bernardino-Route ist wesentlich interessanter! Bietet sie doch den Urlaubern aus dem Nürnberg/Ulm/Münchener Raum eine echte Alternative zur Brenner-Strecke. Spätestens

bei der Autobahnabfahrt Lindau muss man jedoch wählen: Weiter auf der AB und bequem durch den Pfändertunnel um Bregenz herum (Pickerl-Pflicht!) – oder sparsam durch Bregenz hindurch und gleich hinüber auf die schweizer Autobahn?

Sehenswertes:

-Bregenz: Mittelalterliche Oberstadt mit Martinsturm und Stadtpfarrkirche.

-Vaduz: Schloss Hohen-Liechtenstein, 13.-15. Jahrhundert.

Ü 9: Deutsche AB A 96 an der AS 8 Leutkirch-Süd verlassen und über schmale Landstraßen nach Kißlegg. Dort ausgeschildert "Obersee/Strandbad/WOMO-Symbol" zum großen Gelände am See/Strandbad mit Ver-/Entsorgung.

Ü 10: Schweizer AB A 13 an der AS Chur-Süd verlassen. Zunächst 3 km Rtg. Lenzerheide, dann links 8 km schmal und steil nach Tschiertschen (großer, ruhiger Parkplatz [N 46° 49.228'; E 9° 36.038'] am Ortsbeginn links mit toller Aussicht).

Ü 11: Schweizer AB A 13 ca. 18 km südlich des San Bernardino-Tunnels an der AS Mesocco-Sud/Soazza verlassen. Großer Parkplatz [N 46° 22.207'; E 9° 13.435'] vor Soazza links.

Fernpass-Route I

(Kempten – Livorno – Kempten 1340 km, ca. 40 Euro Maut)
Kempten – Pfronten – Reutte – Fernpass – Landeck – Stuben/ Pfunds – St. Moritz (Engadin) – Maloja-Pass – Chiavenna – Colico – Vimercate – Mailand, dann wie St. Gotthard-Route I.

Nach der Entfernungsangabe klingt es gar nicht schlecht, aber der niedrige Preis hat auch seinen Preis: Fernpass 8% Steigung, Maloja-Pass 15 %, allein in Österreich und der Schweiz über 250 km Landstraße. Aber wenn Sie Zeit haben – allein der Silser See oberhalb St. Moritz mit dem verschneiten Corvatsch dahinter – ein Traum.

Fernpass-Route II

(Kempten – Livorno – Kempten 1420 km, ca. 40 Euro Maut)
Bis Stuben/Pfunds wie Fernpass-Route I, dann Nauders – Reschenpass – Spondinig – Stilfser Joch (15 %) – Tirane – Sondrio – Colico, dann wieder wie Fernpass-Route I.

Jetzt ist es schon eher etwas für Passstraßenfreaks und Langzeiturlauber. Aber falls jemand auf diese Weise gegen die Vignette demonstrieren möchte – die Schweiz wird umfahren – und die 60 (sechzig) Serpentinen bis hinauf zum Stilfser Joch

(2757 m), die wollten Sie doch schon immer mal bezwingen!? Oben können Sie sich auch im August mit Schnee den Angstschweiß kühlen.

Brenner-Route I

(Rosenheim – Livorno – Rosenheim 1235 km, 85 Euro Maut)
Rosenheim – Innsbruck – Brennerpass – Bozen – Trient - Verona – Modena – Florenz – Livorno
Viele werden diese Strecke fahren, weil sie bequem und „schnell" ist. Aber sie ist mit Abstand die teuerste und auch nicht gerade die kürzeste. Da sich auf ihr auch noch die meisten Italienurlauber drängeln, sollte man sie wirklich nur benutzen, wenn man aus Österreich oder dem Münchener Raum kommt.

Sehenswertes:

-Innsbruck:	Altstadt (Tiroler Erkerhäuser), Laubengassen, Dom zu Sankt Jakob, Kaiserliche Hofburg.
-Bozen:	Historische Altstadt mit Laubenstraßen.
-Verona:	Römisches Amphitheater, Stadttore, Dom, Basilika San Zeno, Rathaus, Scaligerburg.
-Modena:	Romanisch/gotischer Dom, dessen 87 m hoher Glockenturm schräg steht.
-Florenz:	Allein wegen des Domes mit der achteckigen Brunelleschi-Kuppel fahren viele um die halbe Welt.

Brenner-Route II

(Rosenheim – Livorno – Rosenheim 1240 km, 75 Euro Maut)
Rosenheim – Innsbruck – AB-Abfahrt Schönberg – alte Brennerstraße (Nr. 12) – AB-Auffahrt Vipiteno (Sterzing), dann wie Brenner-Route I.

Die österreichische Brennermaut hat man gespart, aber dadurch wird die italienische Autobahn auch nicht billiger. Man sollte jedoch nicht glauben, die alte Brennerstraße sei ein abgewrackter Karrenweg: Für uns ist sie eine der schönsten Alpenstraßen. Zumindest bei Staus sollte man sich an sie erinnern!

Letzter Tipp:
FERRAGOSTA – dieses Wort zergeht jedem Italiener auf der Zunge, beschreibt es doch den beliebten Ferienmonat August. Wer's kann, sollte in diesem Zeitraum, in dem in Italien Schulen **und** große Firmen geschlossen haben, Korsika den vielen italienischen (und französischen) Touristen sowie übernervösen Polizisten überlassen!

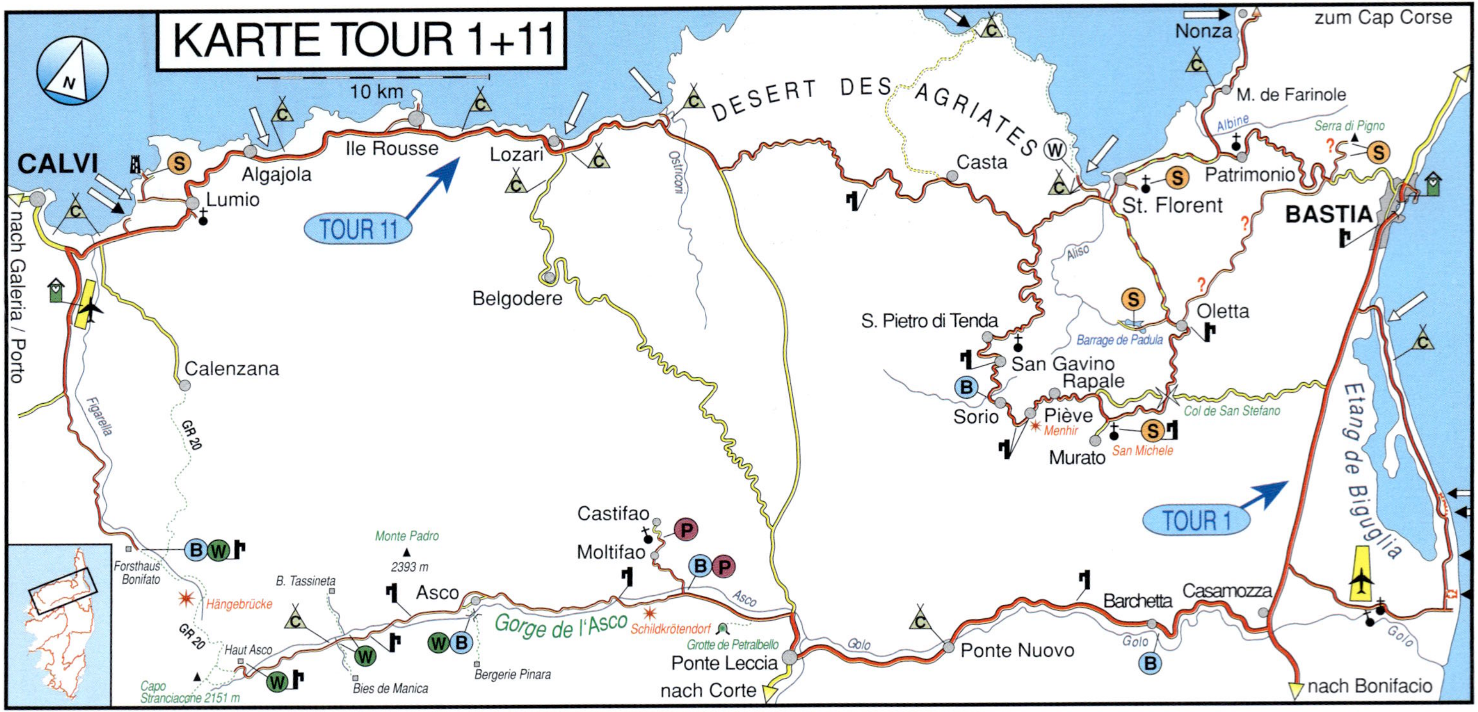
KARTE TOUR 1+11
10 km
N
CALVI
Lumio
Algajola
Ile Rousse
Lozari
TOUR 11
DESERT DES AGRIATES
Casta
St. Florent
Patrimonio
M. de Farinole
Nonza
zum Cap Corse
Serra di Pigno
Albine
BASTIA
Oletta
Aliso
Barrage de Padula
S. Pietro di Tenda
San Gavino
Rapale
Sorio
Piève
Menhir
Murato
San Michele
Col de San Stefano
Etang de Biguglia
TOUR 1
Casamozza
Barchetta
Golo
nach Bonifacio
Ponte Nuovo
Ponte Leccia
nach Corte
Grotte de Petralbello
Schildkrötendorf
Asco
Castifao
Moltifao
Gorge de l'Asco
Bergerie Pinara
Monte Padro
2393 m
B. Tassineta
Bies de Manica
Haut Asco
Capo Stranciacone 2151 m
GR 20
Hängebrücke
Forsthaus Bonifato
Figarella
Calenzana
Belgodere
Ostriconi
nach Galeria / Porto

Tour 1 (ca. 100 km / 2-3 Tage)

Bastia – Plage de Biguglia – Golo-Tal – Gorges de l'Asco – Haut-Asco

Freie Übernachtung:	Etang de Biguglia (3x), Barchetta/Golo-Fluss, Abzweigung Moltifao/Asco-Fluss, Haut Asco.
Trinkwasserstellen:	Bastia, Golo »km 120,1«, Gorge de l'Asco, Haut Asco.
Campingplätze:	u. a. Etang de Biguglia, Ponte Nuovo, Gorges de l'Asco (3x).
Baden:	Etang de Biguglia, Golo-Fluss, Asco-Fluss.
Besichtigungen:	Kirche Canonica, Kirche San Parteo, ehem. Kloster bei Moltifao, Schildkrötenfarm östl. Asco, genues. Brücke bei Asco.
Wandern:	u.a. Asco - Pinara-Tal, Tassineta-Tal (Badegumpen), Bergerien von Manica, Gebirgskessel von Haut-Asco.

Der Tag hatte gut begonnen – und sollte noch besser enden! Wir waren in der frischen Höhenluft des Apennin neben unserem Lieblingsrestaurant "La Foresta di Bard" (siehe Ü7) fröhlich erwacht und hatten prima gefrühstückt.
Dann ging's gemütlich die restlichen 135 km, vorbei an LA SPEZIA, directement in den Hafen von LIVORNO hinein, wobei die Wegweiser "Porto" bzw. "Imbarchi Corsica/Sardegna" beim besten Willen nicht zu übersehen waren.
Ein kurzes Check-in in der "Stazione Marittima" – und während ich die Reihe der Wartenden um genau 5,98 Meter verlängere, ertönt aus dem Hintergrund der Ruf: „Mittagessen!"

Zufrieden kauend beobachten wir das Anwachsen der Schlange hinter uns, das Anlegemanöver unserer Fähre, aus der nun unaufhörlich Fahrzeuge herausquellen.

Das letzte hat noch nicht die Mole verlassen, da beginnt der gleiche Vorgang in umgekehrter Reihenfolge. Wagen auf Wagen verschwindet im riesigen Schiffsmaul. Die alltägliche Frage: „Was gibt's zum Nachtisch?" geht diesmal unter im Geklapper der Teller und dem Aufheulen des Motors – Maßarbeit!
Eine Maßarbeit ganz anderer Art mutet mir ein aufgeregt wedelnder Seemann im Schiffsbauch zu, kaum dass ich das WOMO eine wieder mal viel zu steile Rampe emporgescheucht habe: Einparken nach Sardinenart!
Vorsicht ist am Platze, die Ruhe eines Walrosses erste Fahrerpflicht, denn zahlen muss man für jede Schramme selbst.
Aussteigen! Schnell, schnell, schnell! Schon versperren die Nachrollenden die Autotüren. Noch eine sorgfältige Kontrolle – ist auch alles verriegelt? Dann flüchten wir mit einer riesigen Fressalientasche auf Deck.
Was macht der feriendurstige Familienvater vier Stunden auf einer Fähre? Eigentlich stehen drei Alternativen zur Wahl:
1. Er sucht sich ein Plätzchen, wo er ungestört ist und versucht, vielleicht mit Hilfe eines Krimis oder leicht dösend, die Zeit totzuschlagen.
2. Er macht sich pausenlos Sorgen, dass seine herumstreunenden Kinder ins Wasser fallen, im Maschinenraum auf ewig verschwinden oder auf andere Weise verschütt gehen. Mit ängstlicher Miene hastet er durchs Schiff, während die ganze Familie ihn sucht.
3. Er versammelt seine Lieben um sich, spendiert pausenlos Getränke, lässt sich unaufhörlich neue Spiele einfallen und nicht anmerken, dass ihm 1. viel lieber wäre.
Vielleicht gelingt es Ihnen, die drei Möglichkeiten so zu mixen, dass die Zeit schneller vergeht?
Rasch geht es dann beim Ausschiffen in BASTIA. Wer als einer der Ersten an Bord fuhr, kann es auch am schnellsten wieder verlassen und sich auf die Suche nach dem ersten Übernachtungsplatz machen. Viel Zeit bleibt nicht! Wir sind 14.00 Uhr von LIVORNO abgedampft, und als der Wohnwagenfahrer vor mir seinen Hänger funkensprühend über die Rampe wippen lässt, ist es schon nach 18 Uhr.
„Wir müssen noch Wasser fassen, Obst und Gemüse reichen auch nicht, falls wir gleich ein schönes Plätzchen finden."
Das liebe ich an meinem Eheweibe: Weitsicht und totales Vertrauen darauf, dass ich ihr noch am späten Abend ein kleines Paradies zu Füßen lege.
Zunächst geht es durch das weitläufige Zollgelände des Hafens, aufatmend verlasse ich es, nach Süden in die Hauptstraße einbiegend (Tachostand notieren)! Viele grüne Verkehrsschilder weisen den Weg: CORTE, AJACCIO, BONIFACIO

sind richtig, nur ST. FLORENT ist falsch.
Noch vor wenigen Jahren war BASTIA für den nach Süden strebenden Touristen ein Nadelöhr. Jetzt saust man per Tunnel unter Altstadt und altem Hafen hindurch – Sandstrand, wir kommen!

Aufpassen!

Genau 300 m hinter der Unterführung rechts (etwas unterhalb der Straße und deshalb leicht zu übersehen) sprudelt der gewaltigste und angeblich beste Brunnen Korsikas in zwei armdicken Strahlen aus einer Marmorwand. Wer hier nicht sämtliche "Fässer" füllt, ist selber schuld.

Brunnen hinter dem Tunnel von Bastia

Weiter geht es vierspurig nach Süden, wobei wir das Hinweisschild zum Deutschen Konsulat sichten (hoffentlich brauchen wir es nicht!). Genau 6200 m nach der Hafenausfahrt, dort, wo zunächst rechts eine BP-, wenige Meter später links eine Total-Tankstelle unübersehbar sind, kommt man an einen Kreisverkehr.
Wir winden uns 270° um den Verkehrskreisel, biegen nach links, dem weißen Hinweisschild "Lido Marana" folgend. Die Schienen der Schmalspurbahn werden überquert. Jetzt ist der Fahrweg rechts und links garniert mit Obst- und Gemüseständen, die Preise sind überraschend niedrig, zu Schleuderpreisen werden ganze Tragen vollreifer Pfirsiche verramscht.
Wir warten bis zum letzten Laden rechts vor der Brücke über den Etang de Biguglia (die größte Lagune Korsikas) und

machen gleich die Probe aufs Exempel, denn am linken Gebäudeeck kringelt sich ein mindestens zwanzig Meter langer, gelber Gartenschlauch: „Vous avez de l'eau pour nous, s'il vous plaît (Können wir bitte Wasser haben)?“
Die nette Dame an der Kasse wirft einen Blick auf unser WOMO, dann auf den Schlauch: „Prenez le caoutchouc (Nehmt den Kautschukschlauch)!“
Keine Frage, dass wir uns bei solch freundlichen Menschen auch mit Obst und Gemüse eindecken, als wollten wir eine einsame Insel besiedeln – und wenn Sie Brot, Getränke oder korsische Wustspezialitäten brauchen, hier gibt's alles zu vernünftigen Preisen.
Aber wir finden sie wirklich, unsere Urlaubs-Traum-Insel. Damit Sie aber nicht gleich zu Anfang enttäuscht sind, zunächst **ein Hinweis**:
Die Strandsituation an Biguglia Plage ändert sich dauernd! Mal ist ein Plätzchen frei, mal ist es versperrt oder die Zufahrt wird verboten (von wem auch immer!). Wir nennen nachfolgend alle Plätze, die wir kennen. Wenn einer versperrt ist, nehmen Sie einfach den nächsten ...
Damit Sie die Zufahrten nicht verpassen, zunächst ein Überblick :

»km 0,0«:	Brücke über den Etang de Biguglia
»km 1,8«:	erste Strandberührung mit Parkplatz und Gaststätte.
»km 3,5«:	Campingplatz "San Damiano".
»km 7,4«:	Supermarkt, Bäckerei, Apotheke.
»km 9,0«:	Feriendorf "CCAS Borgo", dahinter Einfahrt zum Binsenbüschelstrand.
»km 10,3«:	Alte Straßenbiegung, Einfahrt zum Flugplatzstrand.
»km 10,8«:	erste Piste zum Sandstrand.
»km 11,2«:	zweite Piste zum Sandstrand.
»km 11,6«:	dritte Piste zum Sandstrand.
»km 11,8«:	zwei Betonpfosten, Einfahrt zum Arcellastrand.
»km 13,9«:	Piste zum Eukalyptuswaldstrand vor dem Wäldchen.
»km 14,0«:	Asphaltstraße zum Eukalyptuswaldstrand hinter dem Wäldchen.
»km 14,4«:	Straße knickt ins Landesinnere und zum Flugplatz ab.

An der Brücke über den Etang sollten Sie also den Tageskilometerzähler auf "0" stellen. Nach 1,8 km haben wir den ersten **Stellplatz** rechts der Straße erreicht (nicht schlecht für den ersten und letzten Tag). Zum Strand sind es nur wenige Schritte über die Straße. 1,7 km später passieren wir den einzigen Campingplatz am **Etang de Biguglia**.

WOMO-Campingplatz-Tipp: San Damiano

Position: N 42° 37.728'; E 9° 28.035'. **Öffnungszeiten:** 1.4. - 31.10.
Zufahrt: Von Bastia nach Süden, zum Lido Marana abzweigen. 3,5 km nach der Brücke.
Ausstattung: schattig; Laden; Gaststätte; am Strand; nächster Ort: 4 km.

Die Straße ist gesäumt von Schilf, Pappeln und Eukalyptusbäumen. Der Blick zum Meer wird meist von einer hohen Pineta versperrt, die Zufahrt von kilometerlangen Zäunen ...
Genau 7400 m nach der Brücke kommen wir an einer Häusergruppe mit Bäckerei, Apotheke und dem Supermarkt "Marché U" vorbei und bei »km 9,0« an der Feriensiedlung "CCAS Borgo". Hinter ihr führt nach links ein schmaler Schotterweg mit "Mimosenvorhang" zu Wiesenflecken zwischen Binsenbüscheln unmittelbar hinter dem weiten Sandstrand – wenn er nicht mal wieder mit Steinen verbarrikadiert ist (falls ja – die nächste Abfahrt zum Strand (Biguglia II) führt nach Süden zum gleichen Platz zurück!
Wir wissen zunächst überhaupt nicht, wohin wir uns stellen sollen, denn die Piste schwenkt nach rechts, zieht über 2000 m hinter dem Strand entlang, bis eine wellige Bahn wieder zur Asphaltstraße zurückführt.

Hier geht's lang zu unserem ersten Badeplätzchen

Binsenbüschelstrand

Die Wahl fällt schließlich auf den ersten Binsenbüschelplatz, hinter dem die übermannshohe Macchie beginnt. Direkt vor uns die flachen Dünen eines kilometerbreiten, einsamen Sandstrandes – paradiesisch! Und das nach exakt 16,5 km Fahrtstrecke auf Korsika.

WOMO-Badeplatz: Biguglia I (Binsenbüschelstrand)
Position: N 42° 35.265'; E 9° 30.657'. **WOMO-Zahl:** > 5.
Ausstattung: Sandstrand.
Zufahrt: 9,0 km hinter der Brücke über den Etang de Biguglia links; siehe Text.

Leider ist im Juli die Blütenpracht unseres Macchiehinterlandes (durch das verborgene Wege ziehen) längst vorbei. Nur die Mandel-Waldrebe überschüttet die immergrünen Mastixsträucher mit einem weißen Blütenmeer. Ihre vierstrahligen Blüten verströmen einen betörenden Duft. Die Erdbeerbäume haben schon grüngelbe Kugelfrüchte, und da und dort ragt eine Korkeiche aus dem grünen Dickicht. Aus der vielfarbigen Palette der Cistrosengewächse ist noch die Gelbe Cistrose vertreten mit den lustigen, schwarzen Punkten auf jedem Blütenblatt. Dazwischen klettert der Strauchige Spargel, dessen scharfspitzigen, sternförmigen Nadelbüscheln man nicht zu nahe kommen sollte, über Ginsterbüsche. Überhaupt zeichnen sich alle Kräuter und Sträucher durch Dornen, Stacheln, Nadeln oder kleine, derblederige Blätter aus, um das mühsam aufgesaugte Wasser nicht sofort wieder zu verdunsten.
Das Meer ist Spitze! Babyflach sinkt der feine Sandstrand ins genau 26,5°C warme Wasser ab; hier fühlen sich Kinder wie Erwachsene pudelwohl, und Surf-ABC-Schützen schlucken viel weniger Wasser als am heimischen Baggersee.

Abends sitzen wir am Strand, vertilgen die letzten Tropfen aus heimatlichen Weinbergen und genießen den Blick aufs nächtliche BASTIA – **Zufriedenheit!**
Gewaltige Donnerschläge schrecken uns aus der Tiefschlafphase, prasselnd rauscht eine Gewitterflut aufs WOMO-Dach. Ängstliche Augenpaare gucken zu, wie sich unsere 'Veranda' in ein Flussdelta verwandelt, in dem Campingstühle und -tisch unterm 'Sonnen'segel wie Inseln umspült werden.
„Das Alu-Blech des Wohnmobils wirkt wie ein Faradayscher Käfig, kein Blitz kann uns etwas anhaben, ihr braucht keine Angst zu haben", doziert der Hausherr mit unsicherer Stimme. Aber erst, als das Prasseln in ein einlullendes Rauschen übergeht, legt sich die Aufregung. Das kann ja heiter werden!
Am nächsten Morgen ist der Spuk verschwunden, der Sandboden schon wieder trocken. Eine strahlende Sonne lacht vom unschuldig blauen Himmel – Strandwetter!
Unser Strandabschnitt ist ungefähr 50 m tief. Als er sich im Laufe des Tages etwas 'belebt', haben wir immer noch das einsamste Stück; bis zum nächsten Grüppchen bleiben über 100 m Abstand.
Neger, bepackt mit Klamotten, Ledergürteln und unechtem Schmuck jeder Art, pilgern vorbei, versuchen uns garantiert echte Elfenbeinreifen anzudrehen. Im Wasser schleppt ein Feinschmecker im Rückwärtsgang einen eigenartigen Drahtkasten hinter sich her. „Terrine", erklärt er mir, holt aus dem Gittergeflecht eine der kleinen Muscheln, die ich im Bestimmungsbuch später als Gebänderte Dreiecksmuschel oder Sägezähnchen identifiziere. Mit dem Daumennagel hebelt er sie auf, schwenkt sie im Meerwasser. Ich muss sie roh probieren – das habe ich von meiner Neugier!„Als hors d'oevre oder im Omelett gebacken" und „in Bastia kostet das Kilo 10 Euro" verstehe ich noch, dann zieht er weiter seinen Kasten durch den Sand – ein mühsam erarbeitetes Gericht.
Zum Supermarkt „Marché U" ist es ein gemütlicher Strandspaziergang von 30 Minuten, der einen fast vollständigen Überblick darüber bietet, was als Kulturmüll schwimmend die Meere überquert: Plastikbeutel, -flaschen, -netze, Spray-, Cola- und Bierdosen, Flaschen jeder Farbe und Größe und, mit schöner Regelmäßigkeit, immer mal wieder ein einsamer, alter Schuh. Der Weg führt vorbei an Tennisplätzen und Feriensiedlungen zu einer Strandtaverne. Schwenkt man vor ihr links, erreicht man den Supermarkt an der Straße. Schneller erreicht man ihn per Fahrrad (separater Radweg an der Straße).
Wie viele faule Strandtage braucht man, um für die erste Korsika-Abenteuer-Fahrt erholt zu sein? Um die Antwort drükke ich mich ganz unverschämt!

Entlang des **Biguglia Plage** fahren wir weiter nach Süden. Nach 1300 m, bei »km 10,3« seit der Etang-Brücke, verschwindet bei einer alten Teerstraßenschlinge die nächste Sandpiste in der Macchie (dies ist die Stelle, wo die Straße auch auf der Michelin-Karte den ersten typischen Zick-Zack-Knick macht). Die Piste führt schotterig-wellenschlagend zu einem 'Flugplatzstrand'. Er hat das Format einer breiten Landebahn und kann im hinteren Teil mit dem WOMO befahren werden. Auf dem riesigen, fast menschenleeren Gelände könnte man ein Wohnmobil-Treffen veranstalten.
Rollt man weiter nach Norden, so kommt man nach über 2 km wieder zu unserem ersten Plätzchen ...

WOMO-Badeplatz: Biguglia II (Flugplatzstrand)
Position: N 42° 34.700'; E 9° 31.535'. **Ausstattung:** Sandstrand.
WOMO-Zahl: > 5.
Zufahrt: 10,3 km hinter der Brücke über den Etang de Biguglia links; siehe Text.

Flugplatzstrand

Die nächsten drei Pisten ignorieren wir und biegen erst bei »km 11,6«, kurz bevor die Straße wieder "zackzick" macht, zwischen zwei Betonpfosten zum Meer ab. An drei hohen, etwas schütteren Eukalyptusbäumen und kleinen, privaten Hausmülldeponien vorbei gelangen wir nach 300 m zu dem Bretterbudenrestaurant „L'Arcella", das wohl nur am Wochenende von Gästen beehrt wird (seit 2001 ist es verschwunden) – schattenlose WOMO-Stellplätze sind reichlich geboten.

WOMO-Badeplatz: Biguglia III (Arcellastrand)
Position: N 42° 34.045'; E 9° 31.535'. **WOMO-Zahl:** > 5.
Ausstattung: Sandstrand.
Zufahrt: 11,8 km hinter der Brücke über den Etang de Biguglia links; siehe Text.

Gut 2 km nach dem Platz mit den zwei Betonpfosten steht links der Straße ein kleines Eukalyptuswäldchen. Mühsam kämpfen wir uns zwischen Gesträuch auf der steinigen Holperpiste zum Strand, wo man prächtig im Baumschatten einparken kann – und entdecken bei weiterer Begutachtung, dass 100 m weiter, also bei »km 14,0«, deutlich markiert mit dem Hinweisschild Hotel "La Lagune", eine Asphaltstraße hinter dem Wäldchen zum gleichen Plätzchen führt.

Hinweis: Seit 2004 ist das Wäldchen von Gräben umgeben. Man kann nur noch vor ihm (ohne Schatten) stehen.

WOMO-Badeplatz: Biguglia IV (Eukalyptuswaldstrand)
Position: N 42° 32' 59,5"; E 9° 31' 52,2". **WOMO-Zahl:** 2-3.
Ausstattung: Mülleimer, Sandstrand; Camping verboten.
Zufahrt: 11,8 km hinter der Brücke über den Etang de Biguglia links; siehe Text.

Eukalyptuswaldstrand

Aber was ist das nur für eine Riesentonne, die auf dem Strand liegt? Fast könnte man meinen, Außerirdische haben ihr Spielzeug vergessen. Erst der aufs Meer hinaus schweifende Blick findet des Rätsels Lösung: Als Anflugmarkierung für den nahen Flugplatz wurden eine Reihe von Schwimmtonnen im Meer verankert – und eine dieser Riesendosen hat sich selbstständig gemacht. Vermutlich wird man sie bis zu Ihrem Besuch wieder zurückgeschleppt haben!?

400 m weiter südlich knickt die Straße nach rechts ins Landesinnere ab. Kurz vor

Kathedrale Santa Maria Assunta 'La Canonica'

dem Flughafengelände steht die **dreischiffige Kathedrale** aus dem XII. Jahrhundert, genannt **La Canonica**, mitten im Weg, die Straße hat man einfach im Halbkreis rechts herumgeführt. Hinter der Kirche findet sich ein Parkplatz, von dem aus wir sowohl den Kirchenbau als auch die unmittelbar daneben befindlichen Ausgrabungen mit frühchristlichen Mosaiken bewundern können. Die Grundmauern und Mosaike sind über 1000 Jahre alte Überreste, die vermutlich wiederum über der ehemaligen römischen Siedlung MARIANA liegen. Die Kirche ist ein typisches Beispiel für eine romanisch-pisanische Basilika. In ihrer schlichten Eleganz wirkt sie hier, mitten in ödem Weide- und Sumpfgebiet, besonders überraschend. Sparsam sind die Verzierungen am feingefügten Mauerwerk. Besonders beachtenswert ist der Türfries über dem Westportal (bei unserem Parkplatz) mit verschiedenen Tierreliefs, darunter Rankenornamente. Für ein verzerrungsfreies Foto klettert man einfach aufs WOMO-Dach!

An der Südfassade vorbei, die durch drei in voller Blüte stehende Oleanderbäume und Unmengen von Spatzen belebt wird, die in den offenen Gerüstlöchern brüten, gelangen wir ins Ausgrabungsgelände. Im Hintergrund liegen unter einem hölzernen Schutzgestell die Überreste des Baptisteriums (Taufkapelle) mit den schönen Mosaiken.
200 m weiter westlich, bei einer Häusergruppe, ist schon der nächste Halt. Halblinks führt ein holpriger Kieselweg ab. Wir folgen ihm, vorbei an prächtig blühenden Oleander-, Mimosen- und Bougainvillea-Sträuchern sowie einem Garten mit Zitronenbäumen und stehen nach 300 Metern, inmitten einer Distelwildnis, vor der einschiffigen Kirche **San Parteo** aus dem XI. Jahrhundert.

Romanische Kirche San Parteo

Ins Innere kommt durch die schießschartenschmalen Fenster gerade genug Licht, um die Ausgrabungen im Kirchenboden zu betrachten: geöffnete, aber leere Kastengräber. Besonders friedlich lächeln sich die beiden Löwen über dem Seitenportal auf der Südseite an.

Auffällig die lieblose Restaurierung in Beton und roten Ziegeln statt des wohlbehauenen Mauerwerks und der früher üblichen, flachen Felsplatten (Teghie).

Hinter der Kirche kann man bequem das WOMO wenden und auf einer Wiesenfläche auch picknicken.
Beim Örtchen BORGO gelangen wir auf die N 193 von BASTIA nach BONIFACIO und fahren sofort den Lebensmittelladen (alimentation) am Kreisverkehr an. Im Supermarkt am Biguglia Plage wollte man uns für 2,75 kg Camping-Gaz (blau) über 15 Euro abknöpfen und wir hielten das für Strandplatzwucher, aber auch hier der gleiche Preis! Unsere missmutigen Mienen scheinen Bände zu sprechen, denn freundlich erklärt uns die Verkäuferin, dass die großen, grauen Gasflaschen mit 13 kg Butan auch nur 23 Euro kosten würden. Das gibt es doch nicht! Wir probieren die Gewinde aus – alles passt.
Camping-Gaz, sucht euch Dümmere!
Natürlich muss als Pfand für die Flasche ein Betrag hinterlegt werden (30 Euro) . Aber man bekommt ihn an jeder Tankstelle der gleichen Firma bei Flaschenrückgabe anstandslos zurück, wenn man seinen Pfandschein (billet de consigne) noch hat.
Nur 3 km geht es weiter nach Süden, dann biegen wir bei CASAMOZZA nach rechts ins **Golo-Tal** ein (Wegweiser: Ponte Leccia/Corte/Ajaccio).

Im Golo-Tal

Die weißen Kilometersteine haben rote Kappen, auf denen die Straßennummer steht, in unserem Fall N 193. Auf der Stirnseite ist die Entfernung zur nächsten größeren Stadt angegeben. Wir zählen rückwärts, „129, 128, 127...". Neben uns versuchen Paddler im schartig-felsigen Flussbett des Golo, ihre „Plastikwanne" unversehrt flussabwärts zu steuern.
Bei »km 124,3«, am Ortsende von BARCHETTA, kann man links nach CAMPILE abbiegen, den Golo überqueren und sofort dahinter wieder links zum Fluss einschwenken. Das

Brücke zum Bade- und Picknickplatz "Chez Graziani"

idyllische Wiesengelände gehört der Wirtin der Bar/Café "Chez Graziani", die sich auf Ihren Besuch freut!

WOMO-Bade-/Picknickplatz: Chez Graziani (Golo-Fluss)
Position: N 42° 30.387'; E 9° 22.457'; 91 m. **WOMO-Zahl:** 2-3.
Ausstattung: Bar/Café, Picknickwiese, Badegumpen im Golo.
Zufahrt: Am Ortsende von Barchetta links; siehe Text.

Bei »km 120,1« plätschert ein Brunnen rechts (mit Parkmöglichkeit davor) und in PONTE NUOVO sichten wir die Zufahrt zum kleinen Campingplatz "A Fiumara" am Fluss, bevor wir an der Kreuzung in PONTE LECCIA rechts Richtung ILE ROUSSE/CALVI abzweigen. Aber nur 2 km begleiten wir noch die Bahnlinie, der wir schon durchs GOLO-Tal gefolgt waren, dann biegen wir nach links ins **Asco-Tal** ab (Tachostand merken)!

Genau 1700 m nach der Abzweigung parken wir vor einer Brücke rechts der Straße, ein Abenteuer ganz besonderer Art steht uns bevor: Die 'Erforschung' der **Höhle von Petralbello**! Wir kriechen durch den Weidezaun, folgen den Fahrspuren eines Weges (rechts am rostigen Mast vorbei) knapp 400 m. Dort, wo die Fahrspuren nach links hochkippen, marschieren wir noch 25 m weiter, dann steigen wir links etwa 150 Schritte den Hang hinauf bis zum ungesicherten Eingang der Höhle. Vorsicht! Lebensgefahr!

Höhle von Petralbello 1994

Der Höhleneingang, wie ein Riss im Berg, führt sehr steil, fast senkrecht, nach unten. Sein Boden ist mit glitschigem, lehmverschmiertem Fels, teils auch mit Geröll bedeckt. Das beste Schuhwerk wären Trekkingstiefel oder grobstollige Joggingschuhe. Unbedingt notwendig sind mindestens zwei gute Taschenlampen und natürlich der Fotoapparat mit starkem Blitzgerät.

Nach etwa 30 m mühsamem Abstieg, der **für Kinder absolut ungeeignet** ist (es sei denn, man seilt sie fachmännisch ab), gelangt man in den ersten Tropfsteinsaal, makaber begrüßt durch das grinsende Skelett eines Schafschädels auf einem abgebrochenen Stalagmiten.

Glücklicherweise ist das Gewölbe so hoch, dass die Souvenirsammler die meisten Stalaktiten nicht erreichen konnten. So können wir im Strahl der Taschenlampen die zapfen- und vorhangförmigen, weißen oder eisenoxid-rotbraun verfärbten Kalkgebilde bewundern. Aber das ist keineswegs die ganze Höhle! Am Ende der Halle geht es wieder empor, ein Ariadne-Faden hängt als Orientierungshilfe für Höhlenprofis herab.....

Wir sammeln noch einige besonders schöne Tropfsteine – per Foto – und klimmen wieder schnaufend empor, um uns bei Tageslicht laut lachend in die lehmverschmierten Gesichter zu schauen. Auch die Klamotten sind waschreif, eigentlich bräuchten wir alle eine Totalreinigung!

Hinweis: Seit 2000 hat man einen hohen Zaun um den Höhleneingang errichtet. Folglich können wir Ihnen den Abstieg in die Höhle ohne Genehmigung nicht mehr empfehlen ...

Aber Ihre Trauer wird nur von kurzer Dauer sein, denn wir haben noch viel zu bieten im Asco-Tal!

In flottem Tempo kehren wir zum WOMO zurück, preschen weiter auf schnurgerader Bahn bis zur Abzweigung nach MOLTIFAO, biegen dort rechts ein, um aber noch vor der Brücke über den Asco-Fluss rechts hinab zu einem Picknick-Idyll am Badefluss einzuschwenken (steil und schmal!).

Höhle von Petralbello 2001

WOMO-Bade-/Picknickplatz: Moltifao (Asco-Fluss)
Position: N 42° 28.740'; E 9° 8.325'; 278 m. **WOMO-Zahl:** 3-4.
Ausstattung: Trimm-Dich-Pfad, Picknickwiese, Badegumpen im Asco.
Zufahrt: Nach der Abzweigung nach Moltifao vor der Asco-Brücke rechts; siehe Text.
Hinweis: Zeitweise Kette an der Zufahrt.

Bade- und Picknickplatz am Asco-Fluss

Lohnend ist auch ein Abstecher durch MOLTIFAO hindurch bis zum Gebirgssattel über dem Ort. Nach 4,4 km parken wir links der Straße an einem schönen Aussichtsplatz mit Übersichtstafel unmittelbar vor dem alten **Couvent (Kloster) San Francesco de Caccia**. Seheswert ist nicht nur die Ruine des Klosters, sondern auch der eigenwillig angelegte Friedhof (ein Teil der Gräber besiedelt gar das Kirchenschiff).

Wer aussichtsreiche Übernachtungsplätze liebt – hier ist er richtig.

WOMO-Stellplatz: Kloster San Francesco
Position: N 42° 29.767'; E 9° 6.993.
WOMO-Zahl: 1-2.
Ausstattung: Wasser am Friedhof.
Zufahrt: Ab der Abzweigung nach Moltifao noch 4,4 km bergauf; siehe Text.

Zurück an der Hauptstraße biegen wir rechts Richtung ASCO ein und haben nun 12 km neue Bergstraße in der **Asco-Schlucht** zu bewältigen, stets hin- und hergeris-

sen zwischen der atemberaubenden Naturkulisse und der Aufmerksamkeit, die die Straßenführung immer noch dem Fahrer abverlangt (gut ausgebaut bis ASCO!).
Die Korsen, leicht zu erkennen an den Endziffern 2A und 2B ihrer Autos, fahren zum Teil wie Selbstmörder, nicht ohne 'Erfolg', wie uns bald einige Autowracks in schauriger Tiefe zeigen.

Eingang zur Schildkrötenfarm

Bevor es aber so richtig "Ernst" wird, noch ein wichtiger Haltepunkt! Wir passieren zwei Campingplätze; gegenüber dem zweiten (A Tizarella) liegt das "Village de Tortues", das **Schildkrötendorf** (am Eingang schöner Parkplatz [N 42° 28.180'; E 9° 7.257']; Toiletten mit Wasserhahn, Picknicktische und -bänke unter schattigen Steineichen).
Die korsische Rasse der Griechischen Landschildkröte galt bereits als ausgerottet. In einem ehrgeizigen Projekt will man hier die Population fern jeglicher Gefahr wieder aufpäppeln und nach erfolgreicher Aufzucht in die korsische Freiheit entlassen. Damit der zahlende Besucher sich nicht langweilt, krabbeln im Gehege auch eine ganze Reihe anderer Schildkrötenarten herum.
Am Ortseingang von ASCO biegt die Umgehungsstraße hinter der letzten Einkaufsmöglichkeit des Tales scharf nach rechts ab (die Ortsdurchfahrt ist den Anliegern vorbehalten).
Gleich nach den letzten Häusern führt ein steiles Sträßchen in die Tiefe der ASCO-Schlucht hinab. Es ist seit 2004 bestens asphaltiert und für KFZ nicht mehr gesperrt. Am Beginn der 900-m-Stichstraße finden Sie genügend Parkraum, denn:
Nach einigen gemein engen Serpentinen liegt am Ende der Straße (mit wenig Parkraum und nur schwieriger Wendemöglichkeit) das Kleinod der ASCO-Schlucht vor uns, die **einbogige genuesische Brücke**, einen paradiesischen Badegumpen überspannend. Dieser füllt sich bald mit plantschenden Evas und Adams. Die Wassertemperatur ist mit 17°C. für fast 1000 m über dem Meeresspiegel noch erstaunlich hoch.
Aber nicht nur baden ist angesagt! Ab der **Asco**-Brücke beginnt ein schöner Wanderweg.

WOMO-Wandertipp: Pinara-Tal/Bergerie Pinara

Gehzeit: 6 Std. **Schwierigkeit:** leicht. **Höhenunterschied:** 350 m
Strecke: Ab der Asco-Brücke stets am linken Bachufer nach Süden. Viele schöne Badegumpen unterwegs (man muss ja nicht die ganze Strecke laufen!).

Genuesische Brücke bei Asco

Unmerklich vergeht die Zeit, und so versinken die Felswände schon in geheimnisvollem grünem Schatten, während wir durch den **Forêt de Carozzica** gemächlich die letzten 12 km zur Skistation HAUT-ASCO hinauftuckern, die wesentlich besser und vor allem breiter ausgebaut sind als die Strecke unterhalb ASCOS.
2,6 km nach ASCO ein kräftiger Brunnen rechts, nach 5,7 km ein Brünnlein links und nach 6,6 km rechts eine Piste hinab zur Einmündung des **Tassineta**-Baches in den **Asco**-Fluss (dessen Oberlauf ab ASCO allerdings **Stranciacone** heißt). Hier beginnt unser nächster Wander/Badevorschlag.

WOMO-Wander-/Badetipp: Tassineta-Tal

Position des Wanderparkplatzes: N 42° 25.463'; E 8° 57.902; 960 m.
Gehzeit: beliebig. **Schwierigkeit:** leicht. **Höhenunterschied:** 10-190 m
Strecke: Oberhalb der Einmündung neue Brücke über den Stranciacone, dann links des Tassineta-Baches entlang. Viele "Wanderer" bleiben schon bei den ersten Badegumpen (nach 10 min.) hängen. Bis zur Bergerie Tassineta und zurück 2 Std.

800 m weiter bergwärts mündet links der **Manica**-Bach in den **Stranciacone**. Auch hier beginnt ein reizvoller Wanderweg (links des **Manica**-Baches entlang) und endet nach 1 1/2 Std. bei den **Bergeries de Manica**. Gesamtgehzeit 2 1/2 Std. 1000 m später sichten wir den letzten Campingplatz des Tales.

WOMO-Campingplatz-Tipp: San Damiano

Position: N 42° 37.728; E 9° 28.035'. **Öffnungszeiten:** Mitte Juni - Mitte Sept. **Zufahrt:** Von Asco noch 8,5 km bergwärts. **Ausstattung:** schattig; Laden; Gaststätte, Flussbadestelle, nächster Ort: 8,5 km.

Die Bergstraße führt nun in engen Kurven durch einen herrlichen Wald aus dickstämmigen Laricio-Kiefern und endet 12 km oberhalb ASCO mit einem riesigen Parkplatz, um den herum sich, innerhalb einer gigantischen Bergkulisse, ein Brunnen, das Berghotel "Le Chalet", ein schrottreifer Skilift und einige Ferienhütten gruppieren.

Haut-Asco

Im ganzen Tal hatten wir "Camping-interdit"-Schilder gesehen, auch hier begrüßt uns ein solches Exemplar. Aber der Hotelier, dem wir am Hoteleingang in die Arme laufen, zeigt beruhigend auf 'seine' Parkplätze vor dem Haus und fragt gleichzeitig geschäftstüchtig nach der Zahl der hungrigen Personen (auf dem Campingplatz steht man jedoch gemütlicher).

WOMO-Wanderparkplatz: Haut Asco

Position: N 42° 24.193'; E 8° 55.382'; 1435 m. **WOMO-Zahl:** 2-3.
Ausstattung: Brunnen, Gaststätte, Wanderwege.
Zufahrt: Bis zum Ende des Asco-Tales; siehe Text.

Wenig später sitzen wir bei "Charcuterie de l'Asco", einer Riesenplatte mit Schinken- und Wurstspezialitäten, zu denen der Rosé aus CALVI besonders mundet, während die Kinder zufrieden ihre "pommes" mampfen, nachdem sie sie ordentlich mit Ketchup eingeweicht haben.

TOUR 2 (150 km / 1-2 Tage)

Asco – Ponte Leccia – Castagniccia – Cascade de Lecelulline – Folelli – San Pellegrino-Plage

Freie Übernachtung: Haut Asco, Nähe Kirche Santa Maria, Castello di Rostino, Nähe Piobetta, San Pellegrino, Marina di Sorbo.

Trinkwasserstellen: Haut Asco, Gorge de l'Asco, Grate, Morosaglia, Col de Prato, Valle d'Alesani, Valle di Campoloro, San Nicolao .

Campingplätze: u. a. Marina di Sorbo, Moriani-Plage.

Baden: Asco-Fluss, Flussbadeplatz Piobetta/Alesani, Cascade de Lecelulline, San Pellegrino, Marina di Sorbo.

Besichtigungen: Kirche Santa Maria, Klosterkirche Orezza, Mineralquelle von Orezza, Kapelle Santa Christina, Cascade de Lecelulline

Wandern: Gebirgskessel von Haut-Asco, Kirche Santa Maria, Monte San Petrone.

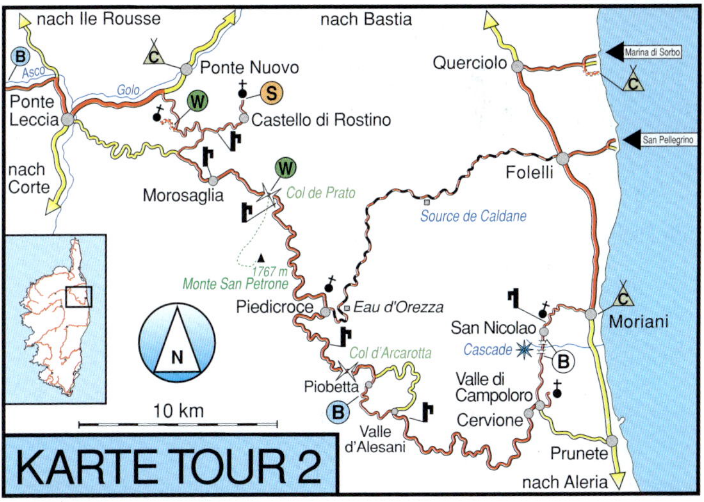

Am nächsten Morgen sind wir schon in Jeans und Bergstiefeln, als ein Mensch uns mürrisch darauf hinweist, dass sein Campingplatz 5 km bergab noch nicht gefüllt sei. Wir werfen unsere Rucksäcke über – die erste Bergtour beginnt!

Einige Schritte links des neuen Skilifts führt eine weiß/rote Markierung bergan. Es ist nicht der GR 20, sondern nur ein Pfad, der zu ihm hinführt, denn viele Wanderer ziehen den Komfort eines Hotels der spartanischen Einrichtung einer Selbstversorgerhütte vor und machen deshalb lieber einen V-förmigen Abstecher vom eigentlichen Wanderweg.
Wir haben aus den Abstechern und dem eigentlichen Stück GR 20 eine Dreieckswanderung zusammengestellt, die wir mit Begeisterung weiter-

empfehlen können. Sie ist für Kinder ab etwa 10 Jahren geeignet, jüngere müssten an der Hand geführt werden. Die Tour umfasst den schönsten Teil der zweiten Etappe des GR 20, siehe Literatur.
Eine Stunde geht es den Hang hinauf, zunächst unter dem verrosteten, alten Skilift entlang, dann weiter oberhalb eines Bergbaches durch eine wilde Szenerie aus einem Urwald von Laricio-Kiefern, deren Gestalt vom unaufhörlichen Kampf mit den Stürmen geformt ist. Selbst die Riesen, die den Kampf verloren haben, stehen noch stolz aufrecht und recken ihre verdorrten Arme in die Landschaft, die beherrscht wird von einigen der gewaltigsten Berge Korsikas: **Capu Larghia**, **Capu Rosso** und **Punta Minuta**.

An der Baumgrenze kommt der neue Lift wieder in Sicht. Wir verlassen den Pfad mit der weiß/roten Markierung und halten auf das Ende des Liftes zu. Dort angekommen, müssen wir uns genau orientieren! Die gedachte Verlängerung des Skiliftes zeigt auf den vordersten Ausläufer der **Punta Missoghiu**, einen gewaltigen, steil aufragenden Felsblock. Wir müssen rechts an ihm vorbei, also von der gedachten Verlängerung der Liftstrecke halbrechts abweichen (Westen). Nach kurzer Strecke querfeldein stoßen wir wieder auf eine weiß/rote Markierung. Jetzt sind wir auf dem GR 20! Wir folgen ihm nach rechts, die steile BRECHE DE MISSOGHIU hinauf, wobei wir in einer halben Stunde 170 schotterige Höhenmeter überwinden. Oben, in der Scharte, wartet ein herrliches Vesperplätzchen auf uns. Beim Herumklettern entdecken wir in den Felsen die ersten Immortellenpolster mit kleinen, weißen, strohblumenartigen Blütensternen - das „Korsische Edelweiß". Wir haben hier mit 2048 m zwar den höchsten Punkt unserer Rundwanderung er reicht, aber es fehlt natürlich noch ein 'richtiger Gipfelrundblick'. Zunächst jedoch geht es steil bergab, dann links (westlich) an der **Punta Stranciacone** vorbei. Dahinter ist der Blick hinab zum Skiplateau wieder frei und wir können unser winziges WOMO erkennen, während es auf festem, gewachsenem Fels hinauf geht zu 'unserem' Berg, der **Punta Culaghia** (2034 m). Hier reicht der Blick ungestört bis zu den Schneefeldern des **Monte-Cinto-Massivs** im Südosten, aber auch nach Nordwesten hinab in die Täler, wo im Dunst die Küste bei CALVI liegen muss.
Bei diesem erhabenen Anblick fällt mir der in jedem Korsika-Führer zitierte Ausspruch Napoleons ein, er würde seine Heimat mit geschlossenen Augen am Duft erkennen. Auf die korsischen Berge ist er sicher nie

gestiegen, denn hier riecht es statt nach den ätherischen Ölen der Macchiesträucher ganz zart nach Ziegen bzw. ihren erbsenförmigen Hinterlassenschaften.
Durch ein Blockmeer geht es erneut hinab, zunächst bequem, dann jedoch sehr steil mit Klettereinlagen, rechts vorbei an einem Wackelstein, einem Felsblock auf schmaler Unterlage, der für die Orientierung wichtig ist. Unten in der Scharte, der **Bocca Culaghia**, biegt der weiß/rot markierte Pfad inmitten eines Erlengestrüpps nach links ab. Nach wenigen Schritten müssen wir (noch im Gebüsch!), den GR 20 nach rechts verlassen und die **Breche de Culaghia** hinabsteigen. Sie ist nur mit Steinmännchen markiert. Trotzdem kann der Weg kaum verfehlt werden: Einfach immer steil abwärts, mindestens eine Stunde lang. Dann stapfen wir, doch recht schlapp, den ersten vier Liftmasten folgend, auf unser WOMO zu, wo der Kühlschrank brav seine Arbeit verrichtet hat und kühle Getränke die müden Wanderer erfrischen.

Sechs Stunden sind seit unserem Aufbruch verstrichen, zufrieden mit unserem 'Tagewerk' rollen wir zu Tale, umfahren ASCO auf der Umgehungsstraße, so dass wir von oben in das Dörfchen hineinblicken können, hupen dann jede Kurve an (was jedoch die entgegen kommenden Autofahrer wenig beeindruckt) und biegen ein zweites Mal ab nach links (Richtung MOLTIFAO) zu dem herrlichen Bade- und Picknickplatz am **Asco-Fluss**. Das WOMO steht im Schatten und wir genießen in den Fluten die Erfrischung nach der langen Wandertour. Gegen Abend verschwinden die letzten Badegäste, wir lauschen bis tief in die Nacht dem Rauschen des Flusses und dem Zirpen der Zikaden.
Nicht zu spät aufstehen ist die Devise! Die **Castagniccia**, einst die reichste Region Korsikas, ist heute auf dem Programm. Hier gedeihen riesige Wälder von Edelkastanien – Brotbäume für die Korsen, denn aus dem Mehl der Maronen buk man früher Brot, Getreideanbau war selten. Der Wohlstand vergangener Zeiten zeigt sich noch heute in den Klöstern und Kirchen, von denen wir einige besuchen möchten. 100 m vor dem Ortsschild von PONTE NUOVO, von PONTE LECCIA aus gesehen, biegen wir rechts in ein schmales Bergsträßchen ein (Gewichtsbegrenzung: 3,5 to), überqueren die Bahnlinie und schrauben uns hinauf – schon wieder Serpentinen! "VALLE-DI-RUSTINU" stand an der Abzweigung; nach genau 4,5 km ist das verblichene, einst blau-weiße Schild: "Chemin des Ruines; Eglise Ste Marie", das in einen felsigen Feldweg scharf rechts hineinweist, nicht zu übersehen.

Hier kann man parken; viel besser steht man jedoch, wenn man 150 m den Feldweg hineinfährt. Dort kann man bei einer Pension mit Reitstall bequem parken (und für 15 Euro/Std. bzw. 60 Euro/Tag Reittouren unternehmen).

WOMO-Wanderparkplatz: Santa Maria
Position: N 42° 27.338'; E 9° 16.540' 502 m. **WOMO-Zahl:** 2-3.
Ausstattung: Wanderweg, Reitstall.
Zufahrt: Vor Ponte Nuovo rechts 4,5 km Rtg. Valle-di-Rustino, rechts 150 m .

Aber schon am frühen Morgen flimmert die heiße Luft über der Macchie, und so strapazieren wir lieber weiter Reifen und Motor statt unserer bergmüden Beine und schwanken noch 450 m hinauf bis zu einer Linkskurve auf der Höhe. An ihrem Ende sollte man anhalten und (zu Fuß) Jeepspuren bergab folgen, die Überbleibsel der **Kirche Santa Maria** sind bald zu sehen.

Kirchenruine Santa Maria

Trotzdem sind wir überrascht, als wir die Bauwerke erreicht haben. Wir hatten in dieser Einöde schlichte Steinmetzarbeiten, grobbehauenes Gestein erwartet. Stattdessen erblicken wir feingefügtes Mauerwerk aus grauem und grünem Schiefer. Sowohl die **Taufkapelle San Giovanni Battista** als auch die **Kirche Santa Maria** sind Ruinen, wirken jedoch vollständiger als manches lieblos restaurierte Gemäuer. Die beiden Portale der achteckigen Kapelle aus dem XII. Jahrh. fehlen, ihre Tympana hat man notdürftig ins Mauerwerk eingefügt. Das eine zeigt die Schlange des Paradieses

(Foto), sich selbst in den Schwanz beißend, das andere Adam und Eva mit dem berühmten Apfelbaum.
Das Taufbecken fehlt, wir entdecken es als Weihwasserbekken am Eingang zum benachbarten Kirchlein (XI. Jahrh.), die archaischen Menschenfiguren mit den herrlich abstehenden Ohren lassen allerdings eine wesentlich frühere Entstehungszeit vermuten. Beachtenswert auch die Außenfassade der Apsis: Schwach hervortretende Pfeiler (Lisenen), darüber Tuffsteinbögelchen. Direkt neben der Kirche sind weitere Ausgrabungen im Gange. Es scheint, als habe man die Kirche z.T. auf den Grundmauern einer noch älteren errichtet oder an diese angebaut, wie ein zugemauerter Türsturz im Kircheninneren andeutet.
Zurückgekehrt zur Straße, geht es, an VALLE-DI-RUSTINO vorbei, weitere 3 km steil bergan, die ersten Gänge bekommen viel zu tun. Beidseits der Straße warten immer wieder Parkmöglichkeiten; beschauliche Blicke hinab ins weite **Golo-Tal** und hinauf zu den bizarren Zinnen rings um den **Monte Cinto** bietend dem Urlauber, der nicht rastlos vorbeihetzt.
Wir gelangen (nach 3 km) an eine völlig unbeschilderte Straßengabelung. Liebhaber mittelalterlicher Fresken müssen rechts an GRATE (guter Brunnen rechts) vorbei zum 3 km entfernten CASTELLO-DI-RUSTINO fahren. Auch diese Stichstrecke ist äußerst aussichtsreich und bietet ebenfalls betrachterfreundliche Wiesenfleckchen am Straßenrand.
Wir durchqueren CASTELLO-DI-RUSTINO und kurven hinab zur **Kapelle St. Thomas**, die 1 km hinter dem Ort im Friedhof steht (Foto).

Das unauffällige, einschiffige Gebäude mit Apsis aus Felsgestein der Umgebung zeigt recht gut erhaltene Darstellungen aus dem XV. Jahrhundert: In der Apsis Christus in Richterpose, flankiert von Engeln. Rechts der Tür Szenen des Jüngsten Gerichts. Direkt vor dem Friedhof sind Möglichkeiten zum Parken, auch zum ruhigen Übernachten.

WOMO-Stellplatz: CASTELLO-DI-RUSTINO
[N 42° 28.170'; E 9° 18.792']
WOMO-Zahl: max. 2.
Ausstattung: Wasserhahn.
Zufahrt: Durch Castello-di-Rustino hindurch und links hinab zum Friedhof.

Die Straße bis zur schilderlosen Gabelung muss man wieder zurückfahren. Dann führt uns das schmale Sträßchen, weiter auf einer Höhenlinie entlang kurvend, nach 2,3 km zur D 71 PONTE LECCIA – CERVIONE, in die wir am **Col de Serna** nach links einbiegen.

Wir durchqueren MOROSAGLIA, den Geburtsort von **Pascal Paoli**. Er wird auf Korsika als der Freiheitsheld schlechthin verehrt. Am Ortsbeginn hat man ihm ein Denkmal gesetzt (Foto), am Ortsende links führt ein Weg zu seinem Geburtshaus, das in ein Museum umgewandelt wurde.

Recht bequem geht es mit bestem Blick auf den kahlen Gipfel des **Monte San Petrone** (1767 m) weiter bergauf, bis am **Col de Prato** mit 980 m die höchste Stelle unserer **Castagniccia**-Tour erreicht ist. Hier kann man rechts unter schattenspendenden Bäumen parken und wem es noch in den Wanderbeinen juckt – rechts, an der Stallmauer mit dem Wellblechdach – wartet der Wanderwegweiser "M. S. Petrone" ....

WOMO-Wandertipp: Monte San Petrone (1767 m)

Position des Wanderparkplatzes: N 42° 25.642'; E 9° 19.903'; 982 m.

Gehzeit: 5 Std. **Schwierigkeit:** leicht. **Höhenunterschied:** 785 m

Strecke: Auf gut (rot) markierten Wegen zum höchsten Gipfel der Castagniccia.

Unsere Kinder haben wenige Schritte weiter eine ganz andere Attraktion entdeckt: Einen Drehbrunnen! Dieses originelle Gerät fördert Brunnenwasser nicht durch Pumpenschwengelbewegung, sondern durch Drehung einer Kurbel, die im Inneren eine Schraube in Gang setzt: „Wieso gibt es so was Tolles nur in Korsika?“

Nun führt die Straße bergab und eröffnet eine Übersicht über die Wälder und Schluchten der **Castagniccia**. Ein auffälliger, riesiger Glockenturm, frisch ziegelrot getüncht, fängt den Blick ein: **Saint-Jean-Baptiste** von LA PORTA, das barocke Schaustück der **Castagniccia**. Wir verzichten jedoch auf eine nähere Besichtigung, die Abfahrt ist uns zu steil und zu zeitraubend. Mehrere kunstvoll gemauerte Brunnen zieren den Straßenrand. "Fontaine de Tigijola" entziffern wir an einem mit Mühe, denn sogar an der Orthographie solch unwichtiger Hinweis-

schilder nehmen die Separatisten mit schwarzer Sprühfarbe Anstoß.
Etwas beschämt betrachten wir die Überreste der Kirche des Klosters von OREZZA 2,6 km hinter dem Weiler CAMPANA. Nicht der Zahn der Zeit hat diese Mauern zernagt und schließlich zum Einsturz gebracht, sondern die Deutsche Wehrmacht auf ihrem Rückzug 1943! Was mag wohl der Grund für dieses unsinnige Zerstörungswerk gewesen sein? Doch nicht etwa die Tatsache, dass OREZZA seit Jahrhunderten das Symbol des Widerstandes und der Freiheit Korsikas war, seit von hier aus 1735 seine Unabhängigkeit von Genua proklamiert worden war?

Ruine der Klosterkirche von Orezza

Im Schatten alter Platanen parken wir das WOMO am linken Straßenrand und bahnen uns einen Weg durchs hohe Unkraut im Kirchenschiff. Allein das rissige Mauerwerk des Kirchturms ragt noch hoch empor, nur ein Netz aus Efeu scheint ihn vor dem Einsturz zu bewahren.

Mittagspause!

Das Wort ist unausgesprochen in aller Munde. In PIEDICROCE biegen wir links ab (Wegweiser: LES EAUX D'OREZZA), Serpentinen führen 3,6 km steil hinab, vorbei an einem wohlproportionierten, achteckigen Gebäude, zwischen Gebüsch und Bäumen. Ob es wohl ein Brunnenhaus ist, oder eine Kapelle (Foto)?
Eine neue Brücke wird überquert und schon haben wir vor dem Brunnenhaus der Mineralquelle von OREZZA einen

schattigen Mittagsplatz, sind die einzigen 'Kurgäste' im vergessenen Tal, dessen einst berühmter Name nur noch auf den Sprudelflaschen weiterlebt. Neben dem sprudelnden Quell, dessen braune Kalkablagerungen von hohem Eisenoxidgehalt zeugen, ist die Flaschenabfüllanlage in vollem Gange. Wir werden freundlich begrüßt, können den Abfüllvorgang besichtigen, jedes Kind bekommt ein Sprudelfläschchen geschenkt, dessen Inhalt zu Ravioli in Tomatentunke aus der Bordküche wesentliche angenehmer schmeckt als im eisenhaltigen Urzustand.

Alternativstrecke: Von Orezza aus führt eine reizvolle Abkürzung nach FOLELLI/SAN PELLEGRINO, dem Endpunkt unserer Tour 2, entlang dem Flusstal des **Fium' Alto**. Vor CALDANE sprudelt direkt rechts der Straße die Heilquelle **Source de Caldane** aus einem Quelltopf (Foto), an mehreren Stellen kann man am Straßenrand parken und zum Baden zum Fluss hinabsteigen. Hinter CALDANE, an der Abzweigung nach SCATA, trafen wir Ostern '93 einen uralten, geheimnisvollen Korsen. Er schleppte uns **unter** die Straßenbrücke direkt an dieser Abzweigung und zeigte uns die **wahre** Quelle von Caldane, die ein langes Leben verleihen soll!

Gestärkt können wir unsere Tour fortsetzen, kehren auf die 'Hauptstraße' bei PIEDICROCE zurück. Noch 34 km sind es bis CERVIONE, aber sie ziehen sich wie Gummi. "Dank" der gewundenen Straßenführung sind nur Geschwindigkeiten von 20-40 km/h möglich – und das bei voller Konzentration, denn rechts geht es senkrecht in die Tiefe – nicht nur ungesichert, an manchen Stellen haben sich sogar schon Teile des Straßenbe-

lags nach unten verabschiedet.
Da käme nicht nur dem Fahrer eine Abkühlung recht (vielleicht ein schönes Schwimmbad?)!
Bereits nach 8 km könnte man beim **Col d'Arcarotta** einen Stopp einlegen und einen beschaulichen Blick in die Runde werfen. Sieht man im Osten schon das Meer?
1200 m später schwenken wir ganz scharf rechts nach PIOBETTA und stehen nach weiteren 2200 m vor der Brücke über den **Alesani**-Fluss auf einem schönen Wiesenplätzchen neben einem malerischen Naturschwimmbad.

Naturschwimmbad – im Sommer ist mehr Wasser drin!

WOMO-Badeplatz: Alesani-Fluss
Position: N 42° 20.560'; E 9° 22.612; 682 m. **WOMO-Zahl:** 2-3.
Ausstattung: Picknickwiese, Schwimmbad im Alesani.
Zufahrt: 1,2 km nach dem Col d'Arcarotta rechts durch Piobetta; siehe Text.
Hinweis: Trotz "Baden verboten" stets viele meist einheimische Badegäste.

Wir setzen unsere Fahrt auf der schmalen Nebenstrecke fort, durchqueren PIETRICAGGIO (Brunnen Ortsbeginn rechts). Bei »km 6,6« haarnadelscharf nach links Richtung VALLE D'ALESANI, wo wir nach 10,7 km wieder unsere Hauptstrecke erreichen (der "Umweg" war nur 1 km länger!).
Zufrieden werfen wir einen Blick hinab zum **Barrage (Stausee) de l'Alesani**. Er liegt wie verwunschen zwischen den grünen Hängen, kein Boot quert seine spiegelnde Oberfläche, kein Badegast sonnt sich an seinen Ufern.
Wenige Meter hinter CERVIONE begrüßt uns schon das Ortsschild VALLE-DI-CAMPOLORO, auf dessen Gemeindegebiet ein erstaunliches Kirchlein liegt. Entgegen den Angaben in allen Reiseführern braucht man sich weder den Schlüssel beim Bürgermeister zu besorgen, noch 30 Minuten zu Fuß durch die

Macchie zu pilgern! 200 m nach dem Ortsendeschild von VALLE-DI-CAMPOLORO zeigt ein unübersehbarer, brauner Wegweiser nach links zur "Chapelle Ste Christine":
Erst sind es 1300 m Teerweg, dann wieder nach links noch 600 m auf geschotterter Lehmpiste, in die jedoch kratzige Zweige von Sträuchern und Bäumen (?) hineinragen. Dann haben wir das völlig unproportionierte Kirchlein in einem Friedhof vor uns, ein Wendeplatz befindet sich davor (der schöne Wiesenplatz links ist wegen der engen (?) und zerfurchten Zufahrt nur bis VW-Bus-Größe anfahrbar).

Kapelle Santa Christina

Der Kirchenschlüssel hängt an einem Nagel an der Eingangstür. Quietschend schwingt sie auf und unsere Kinnlade nach unten: Nicht nur, dass wir hier als Besonderheit eine Zwillings-

Kapelle Santa Christina, Zwillingsapsis

apsis vor uns haben, sie ist auch noch über und über mit wunderschönen, sehr gut erhaltenen Fresken ausgemalt.
Der Rest der Kirche wirkt wie ein spärliches Anhängsel, so, als hätte man mit den Apsiden begonnen und dann sei überraschenderweise das Geld ausgegangen. Der Platz reicht gerade noch für einen einfachen Steinaltar, auf dem man den Fotoapparat für eine längere Belichtungszeit aufstützen kann. Vor dem Kirchlein genießen drei alte Korsen den Müßiggang und sind einem Schwätzchen nicht abgeneigt. Offensichtlich stolz über 'ihr' Kirchlein und unser Interesse daran haben sie längst am Autokennzeichen unsere Herkunft enträtselt: „Isch war in Ülm, prisonnier (Kriegsgefangener)!" Viel Zeit ist seitdem vergangen, und so klingt es wie der Bericht über einen Urlaubsaufenthalt, kein Groll ist mehr in der Stimme. Man winkt uns freundlich nach, während ich im Schrittempo abfahre, um die drei Alten nicht einzustauben.
„Jetzt habt ihr aber genug Kirchen angeguckt," kommt es etwas missmutig von hinten und: „Wir wollen endlich wieder baden!"
Gut, aber zunächst wollen wir uns einen Überblick über den Küstenstreifen verschaffen.
Einen Balkon bitte!
So heißt bei den Einheimischen die D 330, die von der Ortsmitte von VALLE-DI-CAMPOLORO, zu der wir 300 m zurückfahren müssen, nach rechts ab zweigt. (Wegweiser: STA MARIA-POGGIO/SAN NICOLAO). Vier Kilometer geht es in eleganten Schleifen nach Norden, nach rechts haben wir meist eine völlig freie Aussicht hinab auf den schmalen Schwemmlandstreifen und bis zum Küstensaum mit seinen Feriensiedlungen und kleinen Dörfchen. Nein, das ist nicht alles! Der Schlussakkord ist eine besondere Attraktion. Nachdem wir in STA MARIA mit zielsicherem Blick das WOMO zwischen den engstehenden Häusern hindurchbugsiert haben (Ortsende Brunnen links), steht plötzlich ein Tunnel im Wege! Da sollen wir durch??
Keine Angst, er wirkt nur so winzig.
Aber langsam!
Gleich dahinter, oder besser gesagt vor dem nächsten Tunnel, am schmalen Parkstreifen links halten, Badehose anziehen, Fotoapparat schnappen, und den schmalen Betonpfad nach oben kraxeln, **erste Pfadgabelung links** und dann über die Felsen.
Sie haben es schon erraten?
Richtig! Baden unter dem Wasserfall (Cascade de Lecelulline), der hier in seiner ersten Stufe 25 m herunterstürzt. Das Wasser im Badebecken darunter hat 19°C. und genau die richtige Tiefe. Aufkommende Panikstimmung bekämpfen und nach hinten schwimmen! Dort kann man sich unter den überhängen-

den Felsen unterstellen. Den direkten Strahl des Falles sollte man allerdings nur mit der Hand 'erfühlen', die Wucht des herabschießenden Wassers ist gewaltig!
Ein Foto fürs Familienalbum? Belichtungszeit nicht zu kurz einstellen (1/30-1/60 sec.), dann rauscht der Wasserfall viel natürlicher.
Hinweis: Für längere Badefreuden sollte man die bequemen Parkplätze **vor** dem ersten oder **hinter** dem zweiten Tunnel ansteuern, von dort sind's nur wenige Schritte zur Kaskade!

Die oberste der Cascades de Lecelulline

So, das war's für heute, jetzt haben wir "nur" noch einen schönen Strandplatz anzubieten.
Wir fahren durch den zweiten Tunnel (und haben damit fast alle Tunnel Korsikas kennengelernt!) und am Ortsbeginn von SAN NICOLAO scharf rechts. Am großen Barock-Kirchturm unterhalb des Ortes vorbei geht's nach MORIANI-PLAGE, durch dichten Touristenrummel hindurch und dann auf der Küstenstraße N 198 gut 8 km nach Norden.
In der Ortsmitte von FOLELLI (mehrere Einkaufsmöglichkeiten) biegen wir rechts ab (Wegweiser: Centre sportif/ Hotel San Pellegrino), über zwei Bodenwellen, die unseren Drang zum Strand deutlich bremsen, am Hotelkomplex jedoch links vorbei zum 'alten Haus mit Feigenbäumen', seit Jahren einem unserer Lieblingsplätze auf Korsika.
Kein Platz frei im Schatten der Feigenbäume oder vor der Südseite des Gebäudes, die völlig überwuchert ist von verschwenderisch blühenden Trompetensträuchern? Dann warten wir einfach bis zum Abend. Wenn die Tagesgäste zu ihren Ferienhäusern und Pensionen zurückgekehrt sind, werden die meisten Plätze frei und Ruhe kehrt ein.

WOMO-Badeplatz: San Pellegrino-Plage
Position: N 42° 26.978'; E 9° 32.495'. **WOMO-Zahl:** 2-3.
Ausstattung: Mülleimer, Sandstrand, Feigenbaumschatten.
Zufahrt: Folelli Ortsmitte rechts, am Sportplatz und Hotel links vorbei; siehe Text.

San Pellegrino Plage

Aber wir haben für den Notfall noch einen Ausweichplatz getestet. Es ist die MARINA DI SORBO, zu der man auf der Hauptstraße 4,9 km nach Norden bis QUERCIOLO fährt. Dort geht es rechts. Nach weiteren 4 km landet man an einem schattenspendenden Eukalyptuswäldchen (Foto) direkt hinter dem Sandstrand, in dem man frei kampieren kann, zwischen Wäldchen und Strand führt ein sandiger Weg noch weit nach Norden in die Einsamkeit....

WOMO-Badeplatz: MARINA DI SORBO

Position: N 42° 29.458'; E 9° 31.710'. **WOMO-Zahl:** 2-3.
Ausstattung: Mülleimer, Schattenwald, Gaststätte mit Toilette und Wasserschlauch.
Zufahrt: In Querciolo 4 km rechts zum Strand; siehe Text.

Rechts im Pinienwald, 500 m weiter im Süden, bietet in der Hauptsaison ein Campingplatz seine Dienste an.

WOMO-Campingplatz-Tipp: Europa Beach

Ausstattung: schattig; am Strand. **Öffnungszeiten:** 15.6. - 15.9.
Zufahrt: Von Querciolo 4 km zum Strand, dort 500 m rechts.

TOUR 3 (220 km / 2-3 Tage)

Aléria – Défilé de l'Inzecca – Ghisoni – Bergerie de Capannelle – Monte Renoso – Aullène – Cucuruzzu

Freie Übernachtung: Plage Fiorentine, Plage "Stella Maria", Plage de Padulone, Défilé des Strette, Capannelle, Col de Verde, Cucuruzzu.

Trinkwasserstellen: u. a. Ghisoni, Col de Verde, Cozzana, Zicavo, Col de la Vaccia, Aullène, Quenza, Zonza.

Campingplätze: u. a. Moriani, "Amuruzziu"/Phare d'Alistro, "Marina d'Aleria".

Baden: Plage Fiorentine, Plage "Stella Maria", Plage de Padulone, Défilé des Strette.

Besichtigungen: Aléria, Défilé de l'Inzecca, Défilé des Strette, Bergerie Capannelle, "Korsikahochstraße", Aullène, Cucuruzzu.

Wandern: u.a. Monte Renoso (2352 m), Col de Verde, Cucuruzzu.

Was macht man, wenn es bewölkt ist? Weiterfahren, eine Besichtigung, weiterfahren, und dabei nach schönen Strandplätzchen suchen!

39 km sind es auf der Hauptstraße, der N 198, nach Süden bis zum antiken ALERIA. Vorher 'testen' wir einige Sandstrandplätzchen für Sie:

Bei »km 119,0« biegen wir links ein zu "**Teresa**", einem 600 m entfernten Bretterbudenrestaurant (mit Toilette und Wasserhahn; nur in der Hauptsaison geöffnet).

Besser gefällt uns der **Plage Fiorentine**, zu dem man bei »km 117,1« (100 m hinter einem Supermarkt an der Abzweigung nach ST. ANDREA DI COTONE) links 700 m auf holprigem Schotterweg zum Strand schaukeln muss. Dort erwarten einen verzweigte Sandpisten zwischen den Dünen und ein endlos weiter, sauberer Sandstrand – hinter dem man in Macchiebuchten lauschig stehen kann: Im Sommer nicht überlaufen, bis Mai absolut einsam!

WOMO-Badeplatz: Plage Fiorentine (Foto)

Position: N 42° 16.477; E 9° 33.518'. **WOMO-Zahl:** 3-4.
Ausstattung: Sandstrand, stark vermüllt.
Zufahrt: Bei »km 117,1« von der N 198 nach links 700 m; siehe Text.

Hier befinden wir uns übrigens an der breitesten Stelle Korsikas mit genau 85 km. Interessanterweise ist die kürzeste Seestrecke nach Italien (Bastia – Piombino) auch nicht weiter, wie der lautstarke Einfall italienischer UKW-Sender uns schon belehrt hat.
Zwei Kilometer weiter im Süden, zu Füßen des Phare (Leuchtturm) d'Alistro, zweigen zwei weitere Stichstraßen zum Sandstrand ab.
Die erste, bei »km 115,8«, führt links vom "Super U" zum Campingplatz "Amurucciu" direkt am endlosen Sandstrand.

WOMO-Campingplatz-Tipp: Amurucciu
Position: N 42° 15.867'; E 9° 33.323'. **Öffnungszeiten:** 1.4. - 30.9.
Zufahrt: Bei »km 115,8« (Super U) nach links von der N 198 anzweigen.
Ausstattung: schattig; Strandbar; nächster Laden: 150 m; nächster Ort: 8 km.

Die zweigte biegt 800 m weiter südlich hinter einer Total- und kurz vor einer Shell-Tankstelle zum Strand ab. Wieder sind es 700 m bis zum Meer. Dort bietet ein großer, leerer, aber völlig schattenloser Platz neben dem Restaurant "Stella Maria" kostenlose Campmöglichkeit. Die Pisten 'ins Gemüse' hinter dem Strand sind nur etwas für Allrad-Fans.

WOMO-Badeplatz: Stella Maria
Position: N 42° 15.327'; E 9° 33.313'. **WOMO-Zahl:** 3-4.
Ausstattung: Sandstrand, stark vermüllt.
Zufahrt: Bei »km 115,0« von der N 198 nach links 700 m; siehe Text.

In CATERRAGIO/ALERIA, unmittelbar vor der Brücke über den **Tavignano**, sind es schon 3 km zum **Plage de Padulone**, die man allerdings pfeilgerade auf einer geteerten Eukalyptusallee (N 200) entlangpreschen kann. Dort wartet rechts der **Campingplatz** "Marina d'Aléria" auf Kunden und bietet viel Schatten im Pinienwald.

WOMO-Campingplatz-Tipp: Marina d'Aléria
Öffnungszeiten: Ostern - 15.10. **Zufahrt:** Von der N 198 vor der Tavignano-Brücke links abbiegen und noch 3 km zum Plage de Padulone.
Ausstattung: schattig; am Strand; Pizzeria; WOMO-Entsorgung; nächster Ort: 3 km.

Die meisten WOMO-Insassen sind aber offensichtlich 400 m vor dem Strand nach links abgebogen, um sich bei der Degustation (Weinprobe) der **Winzergenossenschaft von Aléria** von der Qualität der Weine zu überzeugen (wir können Ihnen den "Merlot" und den "Cabernet-Sauvignon" bedenkenlos empfehlen).

Rollt man dann durch die Weinfelder nach Norden, so kommt man nach weiteren 700 m zum herrlichen, freien Sandstrand der Plage de Padulone.

WOMO-Badeplatz: Plage de Padulone (Foto)

Position: N 42° 7.208'; E 9° 33.177'. **WOMO-Zahl:** 3-4.
Ausstattung: Sandstrand; Camping verboten.
Zufahrt: Von der N 198 vor der Tavignano-Brücke links abbiegen Richtung Plage de Padulone. 400 m vor dem Strand dem Wegweiser "Cave d'Aléria" nach links folgen und an der Winzergenossenschaft vorbei noch 700 m zum Strand.

Auf der Hauptstraße zurück, fahren wir nur 1000 m weiter nach Süden, wo uns der Wegweiser rechts zum **antiken Aléria** leitet. Dort finden wir einen großen Parkplatz vor und viele Zäune, die die Besucher davon abhalten sollen, auf direktem

Die Ausgrabungen von Alalia

Wege (nach Westen) zu der Ausgrabungsstätte zu eilen. Stattdessen werden sie an Verkaufsständen vorbei zum Museum im alten **Fort Matra** geleitet (8-12 und 14-19 Uhr).
Dort führt ein Trampelpfad links vorbei auf einen Zypressenhügel, wo große Übersichtstafeln auch dem Unkundigen einen guten Überblick über die Ausgrabungen der weitverzweigten Stadt vermitteln. Eigentlich handelt es sich um die griechische Stadt Alália, gegründet von Phokäern, die vor den Medern im VI. Jahrh. v. Chr. aus ihrer Heimat nördlich des heutigen Izmir flohen. Aber bereits nach wenigen Jahren nahmen sich nacheinander Etrusker, Karthager und schließlich die Römer die Stadt weg, und ihr Name romanisierte sich zu Aléria.
Voller Forscherdrang haben wir schon seit einiger Zeit dunkle Wolken und dumpfes Grollen ignoriert – jetzt bekommen wir dafür die Rechnung serviert! Eine spärliche Pinie ist die erste Rettung vor dem niederprasselnden Schauer. Dann, nach kurzer Orientierung, flitzen wir auf direktem Wege zum Parkplatz, überwinden kurzerhand ein Eisentor und retten uns ins trockene WOMO.
Bei der Weiterfahrt nach Süden heißt es: Aufpassen!
Nach 3,7 km ist die Abzweigung rechts (D 343) nach MAISON PIERAGGI/VEZZANI erst im letzten Moment zu erspähen.
Wir rollen 10 km durch einen jungen Eukalyptuswald genau nach Westen, in MAISON PIERAGGI scharf links, gleich darauf in ST. ANTOINE (Wegweiser: GHISONI 19 km/Défilé de l'Inzecca) wieder rechts und dann am Ufer des **Fium' Orbo** auf gutem Sträßchen ins Gebirge.
7 km sind es noch, bis die eigentliche **Défilé de l'Inzecca** beginnt, aber bereits die 'Vorspeise' ist außergewöhnlich malerisch. Die gesamte Strecke bis GHISONI ist ein einziger Leckerbissen für Fans enger Schluchten, malerischer Gebirgsformationen, bizarrer Felsen und schäumender, brausender Wasserströme, die sich einen engen Spalt in das Gebirge geschnitten haben, den sie zudem durch mitgerissenes Geröll immer wieder zu schönen **Badegumpen** verstopfen.
Seit kurzem versuchen zwei Staubecken, den Übermut des **Fium' Orbo** zu zähmen. Den ersten, unteren, kleineren Damm sichten wir nach 4 km (seit ST. ANTOINE). Kurz davor erreicht das Sträßchen zum ersten Mal das Flussniveau, und ein großer Parkplatz, ein Wiesenterrain ladet zur Rast. Von hier aus kann man zum Fluss hinabspringen (zur Not auch fahren) und die Füße ins kühlende Nass hängen.
Wir passieren das untere Staubecken (alle Zufahrten zum Wasser sind mit Felsklötzen verrammelt) und erreichen an der "Auberge de l'Inzecca" den eigentlichen Beginn der Schlucht. 1,5 km später notieren wir linkerhand einen **Parkplatz** mit

Défilé de l'Inzecca

schönem Blick, der Möglichkeit, zum Fluss hinabzusteigen und auf der gegenüberliegenden Straßenseite einen **Brunnen**.
Wir nähern uns dem oberen Stausee, der alte Straßenverlauf liegt unter dem Wasserspiegel. Folglich führt nun ein 400 Meter langer Tunnel bis zur Staumauer.
Gleich hinter dem Tunnel liegt links die einzige Parkgelegenheit mit Blick über den See (Foto). Man kann auch hinabkurven zu einem

noch ruhigerem Plätzchen unterhalb des Straßenniveaus.
Nur eine kurze Erholungspause gönnt sich der Straßenverlauf, dann setzen sich die Serpentinen in der **Défilé des Strette** fort. Kaum dass man es wagt, nach links einen Blick auf die gezackten Felsstöcke **Christe-Eleison** und **Kyrie-Eleison** zu werfen.
Ihre Namen erinnern an ein trauriges Kapitel korsischer Geschichte: 1350 bildete sich um einige Franziskanermönche eine christliche Glaubensgemeinschaft, die Giovannali, die nach den Gesetzen Franz von Assisis lebten, aber von der etablierten Kirche wegen 'Abweichlerei' verfolgt wurden. Es kam zum Kampf, die meisten Giovannali wurden getötet, die Gefangenen hier in dieser Schlucht auf dem Scheiterhaufen verbrannt. Das war sogar den 'rechten' Christen zuviel! Sie stimmten für die Ketzer die Gesänge der Totenmesse an – kraftvoll schallte ihr Echo von den Bergen zurück und gab ihnen die Namen.
Wir halten (hinter der Abzweigung nach SAMPOLO) 2,7 km weiter berg- und flussan bis zur Abzweigung (rechts) nach CALGACCIO (auf der Michelin-Karte AGNATELLO). Dieses Plätzchen haben wir als besonders idyllisch (und praktisch für WOMO samt Besatzung) in Erinnerung. An dieser Abzweigung rechts, noch besser dahinter rechts und am besten 300 m später links hinter dem verfallenen Haus kann man prima

Picknickwiese hinter der Abzweigung Calgaccio (Agnatello)

parken, picknicken und am Ende der Picknickwiese hinabsteigen zu einer der schönsten Badegumpen Korsikas, die sogar mit einem kleinen Sandstrand aufwartet (marschiert man 300 m die Straße zurück und überquert den Fluss per Brücke, so kommt man bergauf zu einem verlassenen Dorf und hinter dem letzten Haus zu toller Schlucht mit weiteren Badegumpen).

WOMO-Badeplatz: Défilé des Strette (Foto)

WOMO-Zahl: 3-4.
Ausstattung: Picknickwiese, Badegumpe, Gaststätte 100 m.
Zufahrt: 300 m hinter der Abzweigung CALGACCIO von der D 344 links; siehe Text.

Vorbei an der Gaststätte "A Vecchia Mina" rollen wir noch 5 km bis GHISONI (mehrere Brunnen, u. a. ein rostiger Held, der einem Drachen mit dem Dreizack den Todesstoß versetzt). Am Ortsende trifft unser Zwei-Schluchten-Sträßchen bei einem alten Waschhaus (Lavoir Municipale, ebenfalls mit praktischen Wasserhähnen) auf die berühmte D 69, eine Art **Korsika-Höhenstraße**, in die wir nach links Richtung **Col de Verde** einbiegen. Diese Straße ist deutlich breiter, die meisten Abschnitte sind bereits neu und bequemer trassiert.

Brunnen in Ghisoni

Nach 3,3 km auf der Höhenstraße wurde rechterhand ein neuer Brunnen und 150 m darauf links ein schöner Picknickrasenplatz mit Aussicht angelegt.

Nachdem wir hinter der Brükke über den **Casso-Bach** in die Abzweigung "B.ies de Capannelle/Station de Ski/15 km" eingebogen sind, wird der Straßenzustand wieder schlechter. Dafür haben wir jedoch Verständnis, denn es geht ja nur zu einigen Bergerien (Schäfereien) bzw. zum Skigebiet Capannelle, und Frostaufbrüche sind in dieser Höhe eben unvermeidlich. Aber nicht nur Löcher hat die Straße zu bieten, auch die Steinschlagwarnungen sollte man nicht auf die leichte Schulter neh-

men, denn die steile Bergseite der Straße macht einen recht 'lockeren' Eindruck. Während ich sie beschwörend fixiere, entdecke ich plötzlich einen Drachen! Ein steinerner Riesensaurier späht hungrig auf die Straße herab. Wer findet auch den **Drachen von Capannelle** (Foto)?
Fast zwei Stunden sind seit unserer Regenflucht in ALERIA vergangen, als wir uns an einer letzten Gabelung für rechts und damit für den großen, ebenen Parkplatz vor der Snack-Bar "U Renoso" entscheiden.

WOMO-Wanderparkplatz: Capannelle
Position: N 42° 4.637'; E 9° 8.818'; 1674 m. **WOMO-Zahl:** >5.
Ausstattung: Brunnen, Gaststätte, Wanderwege.
Zufahrt: 6,5 km südlich GHISONI rechts ab von der D 69 und noch 15 km bergauf.

Wir befinden uns jetzt in über 1600 m Höhe und damit an der Baumgrenze. Den letzten Bäumen, gewaltigen, dickstämmigen Buchen und Laricio-Kiefern, die man kaum zu dritt umfassen kann, sieht man den häufigen Kampf mit den Gebirgsstürmen förmlich an. Auch heute sind sie am Kämpfen, die Riesen. Böen fegen braune Regenwolken übers Plateau, beginnen sie auszuschütteln. Einige GR-20-Wanderer retten sich unter windgebeutelten Regenumhängen in die Snack-Bar, einen hässlichen Rohbau aus ins Gebirge gekarrten Hohlblocksteinen. Dagegen wirken die alten Natursteinhäuschen der Bergerien wie Vorbilder. Aber vielleicht urteilen wir vorschnell, und in ein paar Monaten hat man diesen Schandfleck natursteinverblendet – Material läge massenhaft direkt neben der Haustür! Der Regen hat sich inzwischen zu einem Wolkenbruch gesteigert, Hagel mischt sich dazwischen, trommelt wütend aufs WOMO-Dach. Wir besuchen die 'Flüchtlinge' im "U Renoso", wo sie den offenen Kamin bereits mit tropfnassen Klamotten behängt haben.
Nichts, aber auch gar nichts zu essen gibt es in der Snack- Bar. So trösten wir uns bei den belgischen Bergwanderern mit einem Pastis und noch einem und glauben irgendwann das sicher gutgemeinte Versprechen des jungen Wirtes: „In Zukunft gibt es hier nicht nur Charcuterie Corse (Wurst- und Schinkenplatte), sondern auch Pizza!"
Die ganze Nacht wechselt das Konzert von Regenrauschen über Hagelgetrommel zu Blitz und Donnerschlägen. Wir wissen, dass auch der größte Wasservorrat einmal verbraucht sein muss und stellen beim Erwachen zunächst einmal die Lauscher: Totenstille!
Der erwartungsvolle Blick aus dem WOMO-Fenster wird allerdings durch Nebel oder Wolken (oder beidem) auf die nähere

Beginn der Wanderung zum Monte Renoso (2352 m)

Umgebung begrenzt. Trotzdem brechen wir Punkt 9 Uhr optimistisch auf – der **Monte Renoso** ist ja nicht weit! Allerdings haben wir die wasserfesten Anoraks an und auch noch eine große Zeltbahn im Gepäck – man kann ja nie wissen...

Am "U Renoso" geht's vorbei, über den Bach (der gestern noch ein Rinnsal war) und dann schräg hoch bis zum letzten Pfeiler des untersten Liftes (10 Minuten). Dort wenden wir uns nach rechts (Südwesten) und steigen auf einem Höhenrücken empor, Geröll und Felstreppen zwischen Erlengebüsch, Wacholder- und Berberitzengestrüpp bestimmen die Szene. Wir halten links an einem prägnanten Felsstumpf vorbei (der Aufstieg ist gut mit Steinmännchen markiert) und erreichen nach weiteren 15 Minuten eine kleine, sattgrüne Almwiese, durch die sich ein **Quell** windet. Dieser Platz ist wie geschaffen für eine erste Rast. Da sich der Nebel etwas lichtet, erblicken wir im Westen und Südwesten die ersten Schneefelder. Weiter geht's am linken Rand der eigentlichen Alm nach Südwesten, dann nach halb rechts (Westen) auf dem Grat entlang, nun nicht mehr so steil; Graspolster, Erlen- und Wacholderflecken, an den Boden geschmiegt.
Eine zweite, mit Steinen durchsetzte Bergwiese wird längs durchquert, an ihrem Ende entdecken wir links einen flechtengrünen Felsen, der mit einem Mäuerchen eine Notunterkunft bietet. Er dient uns als Orientierung für eine Tourenvariante (die wir beim Abstieg benutzen werden), denn kurz dahinter zweigt an einem obeliskartigen Steinmännchen ein Pfad rechtwinklig nach links ab. Wir folgen weiter den Steinmännchen geradeaus und erspähen 40 Minuten nach unserer Rast die **Lacs de Bastani**, graugrün schimmernd der große, nur noch ein nasser, grasbewachsener, ebener Fleck der vordere, kleinere.
Keine fünf Minuten brauchen wir nun noch, bis wir nach Nordwest, rechts an einem Schneefeld vorbei, den Hauptkamm erreicht haben. Hier kann die ganze Familie Hand in Hand nebeneinander laufen, nach links (Süden) geht es auf breiter Schotterbahn. Die Vegetation ist nur noch kümmerlich, aber ein reizendes Blümchen scheint sich erst in dieser Höhe wohlzufühlen und lugt frech unter schützenden Steinplatten hervor. Es sind die an Vergissmeinnicht erinnernden, kleinen Blüten des **Himmelsherolds**, der nur in Höhen über 2000 Metern gedeiht.

20 Minuten brauchen wir auf dem Hauptkamm, dann stehen wir vor dem Gipfel des **Monte Renoso** (2352 m), einem aus riesigen Felsblöcken aufgetürmten Hügel mit Holzkreuz. Ein überhängender Felsen links davor würde Regenschutz für die ganze Familie bieten, aber noch immer ist kein Tropfen gefallen. Die Wolken werden wie von einem versteckten Kulissenschieber hin- und herbewegt, so als wollte er den Blick des Betrachters

Auf dem Monte Renoso, "historische" Aufnahme von 1986

konzentrieren – einmal auf den **Lac de Niellucio** östlich direkt unter uns, dann wieder bis zu den sonnenbestrahlten Küsten im Osten und den schneeglitzernden Hängen des **Cinto-Massivs** im Norden. Ein kräftiges Vesper und ein Rundgang um den Gipfelturm, dann treten wir den Rückzug an, wollen die Gunst des Wettergottes nicht über Gebühr strapazieren.
Nach dem ersten Geröllfeld, an dessen rechter Kante wir uns gehalten haben, schillert wieder der **Lac de Bastani** aus Nordost zu uns herauf. Jetzt wählen wir die Abstiegsvariante. Sie führt nach rechts, einen sehr steilen, lockeren Geröllhang hinab, über ein rutschiges Schneefeld, in das wir vorsichtig mit den Absätzen Stufen hacken. Wir verirren uns inmitten gewaltiger, herabgestürzter Felsklötze, zwischen denen Tausende von Veilchen blühen, gelangen nach dem vergeblichen Versuch, ein undurchdringliches Erlengestrüpp zu durchqueren, schließlich zum rechten Rand des **Lac de Bastani** und hinter ihm nach links (Norden) zurück zur Aufstiegsroute.
Übrigens: Auf die Badehose kann man bei dieser Tour ruhig verzichten – der See hat eisige 13° C.

Ein Blick auf die Uhr, als wir am WOMO wohlig seufzend aus den Bergstiefeln steigen: je eineinhalb Stunden für Auf- und Abstieg, eine Stunde für Pausen. Die Normalroute kann für alle Familienmitglieder ab sechs Jahren empfohlen werden, die Abstiegsvariante ist nichts für Kinder unter acht Jahren!
Eine Tasse Kaffee im WOMO, während sich tröpfelnd eine der

Wolken entleert, dann rollen wir zurück zur D 69, wobei wir ein Lehrstück in Steinschlagkunde erhalten: Die Stichstraße, gestern noch frei, ist jetzt übersät mit Brocken jeder Größe, um die herum ich Slalomkünste vollführen muss.
Wir biegen rechts ein, die Straße windet sich zwischen mächtigen Maronen empor zum **Col de Verde**. Laricio-Kiefern lösen die Edelkastanien ab, schließlich übernehmen Rotbuchen die Begleitung, während wir uns darüber belustigen, dass man dem noch nicht einmal 4 Meter schmalen Sträßchen stellenweise auch noch einen Mittelstreifen aufgepinselt hat, statt die Schlaglöcher auszubessern (am **Forsthaus von Marmano** links ein **Brunnen**).
Am **Col de Verde** (1289 m) bietet eine Sandwich-Station den GR-20-Wanderern ihre Dienste an, und eine strahlende Sonne

Col de Verde (1289 m), Schneefelder an Ostern

lacht bereits wieder vom Himmel, nur 'unser' Berg hockt noch immer brummig in Wolken. Links der Snackbar, direkt unter der Straße, versteckt unter einer Tanne, sprudelt ein munteres, kieselsteingemauertes Brünnlein. Falls Sie ein Stück nach Süden in die GR-20-Route hineinwandern möchten: Das WOMO steht sehr schön auf dem roten Schotterbuckel rechts des **Col de Verde**!

WOMO-Wandertipp: Col de Verde – Prati-Hütte

Position des Wanderparkplatzes: N 42° 1.727'; E 9° 11.655'; 1295 m.
WOMO-Zahl: 3-4. **Ausstattung:** Brunnen, Gaststätte, Wanderweg, Picknickwiese.
Gehzeit: 3-4 Std. **Schwierigkeit:** leicht. **Höhenunterschied:** 545 m
Strecke: 500 m die Fahrstraße nach Süden, dann links ("Refuge de Prati") durch Buchenwald und freies Gelände zu einem Sattel (schöner Blick zur Ostküste), dann fast eben bis zur Prati-Hütte.

Katarakt hinter Zicavo

Wir kurven wieder bergab, das Begleitspiel der Baumarten wiederholt sich in umgekehrter Reihenfolge, auch Straßenbelag und Straßenbreite haben ein Wechselspiel von schmal, geflickt und kurvig bis neu-glänzend, breit und ausgebaut.

Der **Brunnen** in COZZANO plätschert, unübersehbar, auf dem Dorfplatz rechts hinter der Esso-Tankstelle. In der Ortsmitte von ZICAVO, dort, wo nach rechts die Straße nach AJACCIO abzweigt, wartet ebenfalls ein **Wasserspender**. Wir halten uns links, auf AULLENE zu (ab hier 3,5-to-Begrenzung; die Straße ist noch schmal, die Schlaglöcher sind dürftig ausgeflickt).

Hinter ZICAVO führt die Straßenbrücke über einen schäumenden **Katarakt**. Nach der Brücke kann man bequem parken und das Naturschauspiel bestaunen.

Bald übernimmt eine Heidelandschaft die Regie. Aber nicht der gewohnt violette Farbton dominiert, sondern das kräftige Gelb der **Immortelle** *(Helichrysum angustifolium)*, einer Verwandten des kleinen **Korsischen Edelweißes**. Diese Strohblume, die auch dann noch im Sommer blüht, wenn die sonstige Flur schon verdorrt ist, kann die Verdunstung stark einschränken, indem sie die Blattränder nach unten umrollt; die ganze Pflanze

hat einen starken aromatischen Geruch.
Bei »km 46,7« sichten wir linkerhand einen Brunnen und 700 m später stoppen wir auf der **Bocca di Vacchia** (1193 m). Auch hier kann man rechts auf ein schön ebenes Wiesenstück rollen, bei prächtiger Aussicht picknicken oder ruhig übernachten (wenn nicht halbwilde Schweine herumgrunzen).

WOMO-Stellplatz: Bocca di Vacchia
Position: N 41° 49.448; E 9° 5.032; 1195 m. **WOMO-Zahl:** 2-3.
Ausstattung: keine.
Zufahrt: An der D 69 ca. 15 km südlich ZICAVO.

In AULLENE zweigen wir in der Ortsmitte links Richtung QUENZA/ZONZA ab. Wenig später bietet sich vor der Kirche ein großer Parkplatz; das **Brunnen**wasser sprudelt aus einem bronzenen Löwenmaul (2001 trocken).
Den Kirchenschlüssel holten wir uns früher bei Mme Sinoncelli. Sie wohnt im letzten Häuschen vor dem Kirchplatz links, ein Treppchen führt hoch zum Gartentor. Als sie unserem prächtigen Französisch anhört, dass wir aus Deutschland kommen, verschwindet sie schnell noch mal im Haus und kommt stolz mit einem kleinen Berliner Bären und Bonbons für die Kinder zurück: „Mein Sohn war schon zweimal in Berlin!" Wir sind gerührt.
Anmerkung: Den Schlüssel zur Kirche bekommt man jetzt in der Epicerie an der Kreuzung in der Ortsmitte.
Das Prachtstück der Kirche ist eine kleine, hölzerne **Kanzel**, die von Fabelfiguren getragen wird. Die Basis des bescheidenen Schnitzwerks jedoch ist ein kohlrabenschwarzer **Mohrenkopf**! Ob er wohl etwas mit dem Wahrzeichen Korsikas zu tun hat oder nur den Triumph der Verkündigung über die Heiden darstellen soll?

Kirche von Aullène, Kanzel

5 km hinter AULLENE kommen wir durch SERRA-DI-SCOPAMENE. Am Ortsende rechts sollte man den Blick auf die alte **Wassermühle** nicht versäumen! Ein Mühlrad dieser Dimension werden auch Sie noch nicht erblickt haben!
QUENZA begrüßt uns mit einer romanischen Kapelle aus dem XI. Jahrh. (rechts, etwas unterhalb der Straße).
Für die Kirche von QUENZA, in der Ortsmitte, hat der Holzschnitzer von AULLENE nahezu ein Duplikat seines Kanzelwerkes geschaffen. War das Holz nichts wert, oder wurde die Schnitzerei schlechter gepflegt? Jedenfalls ist zu befürchten, dass der Pfarrer bei einer seiner nächsten Predigten mit dem holzwurmdurchbohrten Prachtstück abstürzen wird! Auch hier findet man den **Brunnen**, unübersehbar, direkt vor der **Kirche**. Versäumen Sie nicht, am Ortsende einen Blick auf ein wunderschönes, kitschiges Schlösschen zu werfen. Leider sind die Fenster unschön verbarrikadiert, alles steht vermutlich leer, und trotzdem droht uns am Eingang auch noch ein Schild an: „Unbefugtes Betreten verboten!“

Endlich wird die Straße endgültig besser und vor allem breiter. In ZONZA biegen wir vor dem Kriegerdenkmal rechts ab (500 m später ein **Brunnen**), abwärts geht's nach LEVIE (LIVIA) und nach dem Ortsendeschild noch 2,1 km bis zur Hinweistafel "Caleca/Cucuruzzu/Capula – Site archéologique". Nach 4 km rechts auf schmalem, aber gut geteertem Sträßchen ist ein großes Schild erreicht: „Cucuruzzu links 10 Minuten zu Fuß / Capula rechts 10 Minuten zu Fuß“, neuerdings wird dem Besucher ein Rundweg empfohlen.

Wir haben unser Tagessoll erfüllt, und Tachostand und Armbanduhr bescheinigen uns, dass wir für genau 107 km vier Stunden gebraucht haben – ohne größere Pausen!
Ein Schild belehrt uns, dass die Megalithiker Eintritt verlangen! Aber von einem Wächter ist abends um 19 Uhr weit und breit nichts mehr zu sehen (offen: 9.30 - 18 Uhr).
So pilgern wir erst links durch ein schattiges Steineichenwäldchen, bis wir den Eingang zur **Torreaner-Festung**, einen geborstenen Felsblock, erreicht haben.

Cucuruzzu, Zugangsrampe

Bereits der erste, flüchtige Blick macht uns klar: Die bronzezeitlichen Torreaner waren Künstler in der Verwendung bereits vorhandener Felsstrukturen, die durch sorgfältige Ergänzung den Verteidigungs- und Wohnbedürfnissen angepasst wurden. Nur dadurch ist auch zu verstehen, dass die von 900 - 400 v. Chr. bewohnten Bauwerke erst 1959 mit Hilfe von Luftaufnahmen entdeckt wurden. Die Menschen leb-

Castellu di Cucuruzzu, Kasematten

ten von der Jagd, hielten Vieh und bauten Getreide an, in erster Linie aber sorgten sie sich um ihr Leben, wie die umfangreichen Verteidigungseinrichtungen zeigen. Schließlich hatten sie auch allen Grund dazu, denn sie waren ja die Eroberer, die die steinzeitlichen Bewohner Korsikas immer weiter zurückdrängten.

Zum zweiten Monument können wir noch 300 m fahren, ein schöner Schotterweg führt nach rechts. Nein, nein, wir sind nicht plötzlich fußlahm geworden! Das Ende des Schotterweges wird der ruhigste Übernachtungsplatz werden, den uns Korsika geboten hat.

Vorher aber erweisen wir noch **Capula** unsere Referenz. Hinter einem kleinen Kirchlein beginnt das weitläufige Gelän-

Castellu di Capula

de, das etwa zur gleichen Zeit wie **Cucuruzzu** besiedelt wurde. Die noch nicht abgeschlossenen Ausgrabungen deuten darauf hin, dass hier bis ins Mittelalter Menschen wohnten!

An einem **Menhir** mit skulptiertem, fast meterhohem Langschwert vorbei geht es die Aufgangsrampe zum ebenfalls stark befestigten **Kastell** empor. Das Stützmauerwerk, das auch hier geschickt die Naturfelsen in einen Verteidigungsring einbezieht, weist Mörtelspuren auf, Zeichen mittelalterlicher Bautätigkeit. Gewaltig ist die alles krönende Warte (Donjon), die außer als Ausguck sicher auch als letzte Rückzugs- und Verteidigungsbastion ausgebaut war.

Zwischen den Riesenblöcken **Capulas** sticht uns etwas durch die Jeans hindurch in die Waden, ein Pflänzchen mit herzförmigen 'Blättern', die in Wirklichkeit blattartig verbreiterte Stiele sind, wie man an den kirschroten Beeren feststellen kann, die an den 'Blättern' sitzen. Es ist der **Stechende Mäusedorn**, und wir wollen aus eigener Erfahrung gerne glauben, dass man ihn früher auf Lebensmittel legte, um die gefräßigen Nager zu ärgern.

Die Dämmerung schreitet jetzt mit Windeseile vor an, die Granitblöcke werfen lange, düstere Schatten, und in der totalen Stille und Einsamkeit fühlen wir uns plötzlich reichlich unwohl. Erst als die vertrauten Umrisse unseres WOMOs auftauchen, legt sich die Beklemmung. Wir sinken in die Federn, und kein Laut stört unsere wohlverdiente Ruhe.

(Sie, lieber Leser, finden inzwischen am Beginn der Anlage eine große und doch gemütliche Parkplatzwiese mit Olivenbäumen vor (Parking obligatoire), auf der auch wir völlig einsam und ungestört übernachteten.)

WOMO-Stell- und Wanderparkplatz: Cucuruzzu

Position: N 41° 43.002'; E 9° 7.712'; 747 m. **WOMO-Zahl:** >5.
Ausstattung: Mülleimer, Besichtigungsrundweg ca. 1 Std..
Zufahrt: Von ZONZA auf der D 268 bis LEVIE. 2,1 km nach dem Ort noch 4 km rechts.

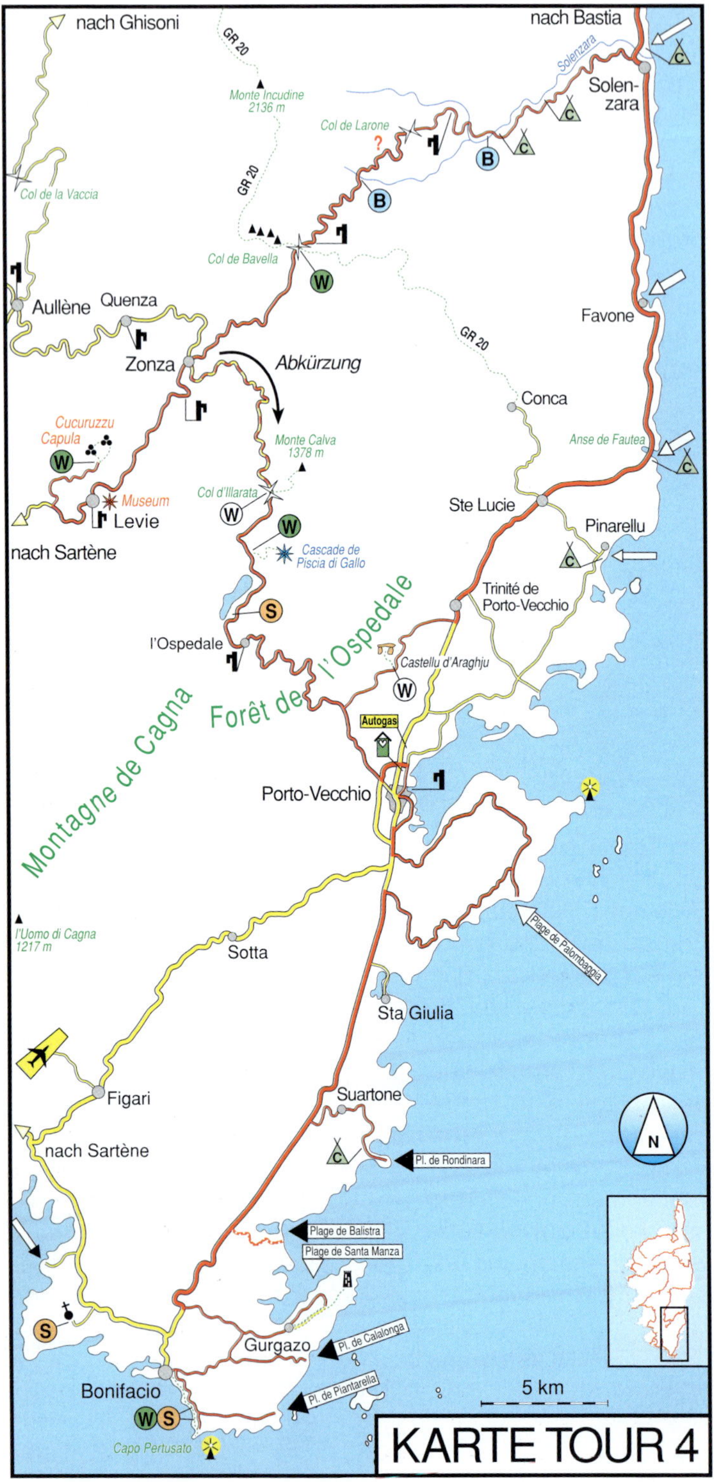

nach Ghisoni
nach Bastia
GR 20
Monte Incudine
2136 m
Solenzara
Solen-
zara
Col de Larone
Col de la Vaccia
Col de Bavella
Aullène
Quenza
Zonza
Abkürzung
Favone
Conca
Anse de Fautea
Cucuruzzu
Capula
Monte Calva
1378 m
Museum
Levie
Col d'Illarata
nach Sartène
Ste Lucie
Pinarellu
Cascade de
Piscia di Gallo
Trinité de
Porto-Vecchio
l'Ospedale
Castellu d'Araghju
Forêt de l'Ospedale
Montagne de Cagna
Autogas
Porto-Vecchio
l'Uomo di Cagna
1217 m
Sotta
Plage de Palombaggia
Sta Giulia
Figari
Suartone
N
nach Sartène
Pl. de Rondinara
Plage de Balistra
Plage de Santa Manza
Gurgazo
Pl. de Calalonga
Bonifacio
Pl. de Piantarella
5 km
Capo Pertusato

KARTE TOUR 4

TOUR 4 (180 km / 2-4 Tage)

Zonza – Col de Bavella – Solenzara – Travo – Porto-Vecchio – Plage de Palombaggia – Plage de Rondinara – Golfe de Santa Manza – Bonifacio (Karte siehe z. T. Tour 3)

Freie Übernachtung:	Cucuruzzu, Col de Bavella, Polischellu-Bach, Solenzara-Bach, Marine de Solaro, Travo-Mündung, Pl. de Quercioni, Stausee von Ospedale, Wander-P Piscia di Gallo, Pl. de Rondinara, Pl. de Balistra, Pl. de Santa Manza, Pl. de Calalonga, Falaises de Bonifacio, Pl. de Piantarella.
Trinkwasserstellen:	u.a. Levie, südl. Zonza, Col de Bavella, östl. Col de Larone, l'Ospedale, Porto-Vecchio.
Campingplätze:	u. a. am Solenzara-Fluss, Solenzara, Anse de Fautea, Plage de Rondinara.
Baden:	Polischellu-Bach, Solenzara-Bach, Marine de Solaro, Travo-Mündung, Pl. de Quercioni, Pl. de Palombaggia, Pl. de Rondinara, Pl. de Balistra, Pl. de Santa Manza, Pl. de Calalonga, Pl. de Piantarella.
Besichtigungen:	Levie (Museum), Col de Bavella, Castellu d'Araghju, Forêt de l'Ospedale, Pl. de Palombaggia, Bonifacio (Stadt, Falaises, Grotte du Sdragonato, Leuchtturm am Capo Pertusato).
Wandern:	u.a. Col de Bavella, Polischellu-Bach, Castellu d'Araghju, Cascade de Piscia di Gallo, Monte Calva, Falaises (Steilküsten) von Bonifacio.

Falls man die Funde der Torreaner-Kultur im **Museum** von LEVIE rechts hinter der Post bestaunen möchte, darf man nicht zu früh aufstehen (offen: 10-12 und 14-16 Uhr). Wir klopfen jedenfalls an verschlossene Türen. Na, dann eben nicht!
Auf breiter Bahn geht es der **Bavella-Gruppe** entgegen (Straße frei bis 3,5 to), deren Zacken uns wie ein Schattenriss gegen die morgendliche Sonne begrüßen. Am berühmten **Col de Bavella** (1218 m) sind wir immer noch fast die ersten, lediglich aus zwei WOMOs auf dem Parkplatz rechts gegenüber der Madonnenstatue steigen bergfertig gekleidete Gestalten – wir kreuzen mal wieder den GR-20. Uns ist jedoch heute nicht nach Anstrengungen, um so mehr, als hier oben schon wieder Nebelfetzen zwischen den Felsspitzen hängen. Wir schnappen uns lediglich eine Feldflasche, ein scharfes Taschenmesser und den Geldbeutel, schlendern zwischen den wellblechgedeckten Steinhütten der Bergerien hinab zur "Auberge du Col de Bavella", denn ihr gegenüber, in der "Alimentation", hängen 'Lonzu' (geräuchertes Schweinefilet), 'Coppa' (geroll-

Col de Bavella (1218 m)

te, geräucherte Schweineschulter), 'Prisutto' (geräucherter Schinken) und 'Saucissons' (Schweinesalami) zum Einheitspreis (25 Euro/kg) von der Decke, frisches Brot gibt's auch, und neben dem Restaurant sprudelt ein kräftiger Zwillingsbrunnen. Gut ausgerüstet traben wir die Landstraße wieder hoch zum Parkplatz und folgen links einer rot/gelben Markierung nach Süden, gelangen über federnde Moospolster durch einen lichten Kiefernwald in zehn Minuten zu einer Anhöhe. Hier genießen wir bei einem 'Original-Bavella-Frühstück' die Aussicht auf die **Bavella-Nadeln** im Norden und die Zacken der **Punta Velaco** im Süden.

Sie haben noch Mumm in den Knochen? Dann hier unser Wandertipp:

WOMO-Wandertipp:
Col de Bavella - Punta di a Vacca

Position: N 41° 47.742'; E 9° 13.463'; 1208 m.

WOMO-Zahl: 3-4.
Ausstattung: Brunnen, Gaststätte, Wanderweg, Picknickwiese.
Gehzeit: beliebig. **Schwierigkeit:** mittel.
Höhenunterschied: max. 390 m
Strecke: Am Col links der Madonnenstatue dem rot-weiß markierten GR-20 nach Westen folgen. Nach 5 min. rechts auf die gelb markierte, alpine Variante des GR-20 abschwenken. Ein steiler, steiniger Mulisteig führt durch eine herrliche Felsszenerie. Man kann jederzeit umkehren oder wandert bis zum Turm III (Punta di a Vacca) und den gleichen Weg zurück in 4 Std.

Zur Punta di a Vacca

Der weitere Straßenverlauf Richtung Küste ließ sich früher nicht mit einem Wort beschreiben! Er war fürchterlich schmal, unübersichtlich, ungesichert – aber der Blick war (und ist) gigantisch. Jeder Gegenverkehr mit WOMOs oder gar Reisebussen führte zu langen Staus und schweißtreibenden Rangierarbeiten. Inzwischen ist der Großteil der Strecke neu trassiert und verbreitert, nur noch ein 4-km-Straßenstück veranschaulicht den "antiken" Zustand und wird sicher auch bald (?) verbreitert sein.
Hinweis: Für Ihre bessere Orientierung sollten Sie vor der Weiterfahrt bei der Marienstatue den Tageskilometerzähler auf "0" stellen.
Wir passieren bei »km 6« das Forsthaus "Maison forestière d'Arza" und sichten im Tal zwischen **Col de Bavella** und **Col de Larone** (608 m) erste Tafonibildungen, die für Korsika so typischen Granitfelsaushöhlungen.
Bei »km 8,8« rechterhand ein Riesenparkplatz, den viele nur für ein Picknick mit Blick auf die gewaltige Gebirgsszenerie ringsum nutzen. Sie wissen eben nicht, was Sie gleich als unvergesslich in Erinnerung behalten werden!

WOMO-Badeplatz: Polischellu-Bach

Position: N 41° 49.300'; E 9° 15.662'; 489 m. **WOMO-Zahl:** 3-4.
Ausstattung: Badegumpen im Polischellu-Bach
Zufahrt: Bei »km 8,8« seit dem Col de Bavella rechts der Straße parken. 200 m weiter links vor der Brücke zum Bach hinabsteigen und links des Baches bachaufwärts gehen bis zur Lieblingsgumpe.

Man kann auch noch 200 m weiterfahren, die Brücke überqueren und hinter der Brücke rechts schattig unter Kiefern parken.

Badegumpe im Polischellu-Bach

Klaus Wolfsperger (siehe Literatur) hat bei seinem Wandervorschlag Nr. 29 entlang des Polischellu-Baches sage und schreibe 17 Kaskaden mit schönen Badegumpen beschrieben. Als Ausrüstung empfiehlt er nicht Bergstiefel und Rucksack, sondern Badehose und festsitzende Badesandalen, denn manche der Gumpen müssen durchschwommen werden. Aber schauen Sie doch selbst ....

(Wir sind meist schon nach 10 min. bei der Badegumpe mit dem "Neptunthron", von dem man fein herunterrutschen kann, hängen geblieben. Nach Meinung unserer Kinder einer der schönsten Badeplätze Korsikas!).

Jetzt steigt die Straße kurzfristig wieder an, überquert den **Col de l'Arone** um dann endgültig der Küstenebene zuzustreben.

In diesem Bereich beginnt bei »km 15« der o. a. schmale Straßenabschnitt (Foto).

»km 16,2«

Bei »km 17,2« überqueren wir

erstmals den **Solenzara-Fluss**, können bei »km 18,7« rechts fein unter hohen Kiefern einparken und in die herrlich türkisfarbenen Gumpen des Flusses eintauchen.

WOMO-Badeplatz: Solenzara-Fluss

Position: N 41° 50.053'; E 9° 19.112'; 120 m. **WOMO-Zahl:** 3-4.

Ausstattung: Baumschatten, Badegumpen im Solenzara.

300 m weiter überqueren wir ein zweites Mal den Fluss. Direkt dahinter links liegt die Zufahrt zum kleinen Campingplatz "A la bonne Frite":

WOMO-Campingplatz-Tipp: A la Bonne Frite
Öffnungszeiten: ab Mai. **Zufahrt:** Hinter der zweiten Solenzara-Brücke links.
Ausstattung: schattig; am Flussufer mit Badegumpen; Pizzeria; WOMO-Entsorgung; nächster Ort: 10 km.
Hinweis: 2,7 km weiter östlich liegt der nächste Campingplatz "Rosumarinu" an einer besonders schönen Badegumpe. Der große Parkplatz daneben hat einen 2-m-Balken .

Ab hier tuckern wir auf plötzlich breiter, bequemer Bahn, den **Solenzara** verlassend, die letzten 7 km bis zur Küstenstraße N 198 kurz vor dem quirligen, gleichnamigen Badeort.
Sie möchten jetzt sicher nach Süden durchstarten!? Überlegen Sie sich das gut, denn die Stellmöglichkeiten sind dort dünn gesät!!
Dürfen wir Ihnen wenigstens einen **kleinen** Abstecher nach Norden empfehlen?
Nach 500 m sehen wir rechterhand den "**Camping des Nacres**", einem Campingplatz in einem dürftigen Eukalyptuswäldchen direkt zwischen Straße und Sandstrand (offen: 15.4. - 30.9.). Schwenkt man vor dem Eingang zum Campingplatz links, so kann man (tagsüber) am **Plage de Scaffa Rossa** baden.
Nach 1,8 km liegt der Campingplatz "**Eucalyptus**" wesentlich schattiger aber auch nicht ruhiger zwischen Straße und Strand (offen: 1.5. - 30.9.).
Nach 3,3 km, bei »km 67,8« und noch 200 m vor dem **Chiola-Flüsschen**, führt eine Schotterpiste 400 m zu einem winzigen Plätzchen am Sandstrand, gerade ausreichend für zwei Fahrzeuge.

WOMO-Badeplatz: Chiola-Flüsschen
Position: N 41° 52.993'; E 9° 23.938'. **WOMO-Zahl:** max. 2.
Ausstattung: Sandstrand.
Zufahrt: Von Solenzara auf der N 198 3,3 km nach Norden, dann rechts noch 400 m.

Nach 3,5 km biegen wir rechts zur **Marine de Solaro** (Foto). Rechts eines Denkmals für die korsischen Widerstandskämpfer rollen wir auf schöne Wiesenflächen, die sicher nie überfüllt sein werden, denn der Strand direkt davor besteht aus grobem Geröll. Links des Denkmales jedoch zieht sich endloser Sandstrand nach Norden ....

WOMO-Badeplatz: M. de Solaro
Position: N 41° 53.463'; E 9° 24.055'.
WOMO-Zahl: 3-4.
Ausstattung: Geröllstrand und Sandstrand.
Zufahrt: Von Solenzara auf der N 198 3,5 km nach Norden, dann rechts noch 700 m.

Nach genau 5,5 km überqueren wir den **Travo-Fluss**. Hinter der Brücke kann man links oder rechts abbiegen:
Links (Richtung CHISA) gelangt man nach einigen Kilometern zu Süßwasserbadeplätzen, die allerdings nicht mit denen am Solenzara mithalten können (auch was den Trubel anbetrifft!).
Nach rechts (200 m nach der Mitte der Travo-Brücke, bei »km 71,1«) führt uns ein 2 km langes Teersträßchen südlich des Militärflughafens entlang (und deshalb wohl völlig unbeschildert) direkt zur Travomündung.

An der Travo-Mündung

Hier kann man im Schatten auf Wiesenflächen das WOMO abstellen, im Fluss oder im Meer baden – und wer ein Schlauchboot dabei hat, ist besonders fein dran, denn der Travo hat kaum Strömung im Sommer. Der Strand des Meeres ist leider 'nur' aus Sand und Kieseln gemischt. Dafür bietet das Plätzchen einen kleinen Picknickplatz unter Korkeichen ....

WOMO-Badeplatz: Travo-Mündung
Position: N 41° 54.442'; E 9° 24.502'. **WOMO-Zahl:** 3-4.
Ausstattung: Kieselstrand, Badefluss, Picknicktische & -bänke.
Zufahrt: Von Solenzara auf der N 198 5,5 km nach Norden. Bei »km 71,1«, direkt hinter der Travo-Brücke rechts 2 km zum Strand.

Sie bestehen auf feinem Sand und würden dafür ein paar Schritte zu Fuß in Kauf nehmen?
Dann fahren Sie zur Hauptstraße zurück und knapp 6 km weiter nach Norden. Nördlich des **Etang de Palo** (»km 77,2«) führt wiederum ein (schlaglöcheriges) Teersträßchen nach Osten zum weitläufigen **Plage de Quercioni**. Das

Sträßchen gabelt sich einmal (rechts halten) und führt nach 2100 m über ein Brückchen zu einem weitläufigen Dünengelände hinter einem Supersandstrand. Leider verhindert 200 m vorher eine Schranke jegliche Weiterfahrt (auch für PKWs!). Rechts wurde jedoch reichlich Parkraum geschaffen, auch auf Wiesenflächen ....

WOMO-Badeplatz: Plage de Quercioni

Position: N 41° 57.588'; E 9° 24.832'. **WOMO-Zahl:** 3-4.
Ausstattung: Sandstrand, Parkplatz 200 m vom Strand entfernt.
Zufahrt: Von Solenzara auf der N 198 11,5 km nach Norden. Bei »km 77,2« rechts noch 2 km bis zur Parkplatzwiese.

In der Sandbucht von FAVONE (km 53) und bei FAUTEA (km 42) kann man das WOMO am Straßenrand parken und die Füße ins Wasser hängen, dann biegt die Straße von der Küste ab. Falls noch die Kunde vom freien Camping in PINARELLU die Runde macht – vergessen Sie es!

BONIFACIO muss man gesehen haben! Beachten Sie aber bitte: Dort, sowie im gesamten Dunstkreis von PORTO-VECCHIO, treibt kommerzialisierter Urlaubsrummel (zumindest im Hochsommer) die tollsten Blüten: Die wenigen (freien) Strandzugänge sind mit Felsbrocken oder 2-m-Balken verbarrikadiert, die Strände sind überfüllt, die Preise unverschämt – man sollte dieses Eck Korsikas in der Hauptsaison eigentlich meiden.
Südlich von SOLENZARA ist die Küste unwirtlich und felsig. Einzige Ausnahmen:
Die **Sandbucht** von FAVONE. Dort kann man am Straßenrand (falls ein Plätzchen frei ist) parken und einen **Badestopp** einlegen.
Die **Sandbucht** unter dem **Tour de Fautea** (»km 53«). Auf dem Campingplatz steht man schön schattig etwas oberhalb des Strandes.

WOMO-Campingplatz-Tipp: Fautea

Öffnungszeiten: 1.5. - 15.10. **Zufahrt:** Von der N 198 bei »km 42« links.
Ausstattung: schattig; oberhalb d. Strand; Gaststätte, Laden, Pool, nächster Ort: 4 km.

Rollt man am Campingplatz vorbei, so kann man kurz darauf rechts der Straße parken und etwa 300 m zur zweiten Sandbucht rechts des genuesischen Turmes marschieren ....
Dann macht die N 198 einen Abstecher ins Landesinnere – und wir nutzen die Gelegenheit sofort, um Sie zu einem weiteren, ereignisreichen Abstecher (in die Berge) zu verführen:
Nach 15 km, direkt hinter dem Ortsschild von TRINITE DE PORTO-VECCHIO, schwenken wir nach rechts ab. Auf den Wegweisern steht: ARAGHIO und "Site megalithique". Wir

folgen der Aufforderung und parken nach 2,9 km rechts der Straße. Die kleine, fein steile Wanderung zum **Castello der Megalithiker von Araghiu** sollte man am besten in der Morgen- oder Abendkühle unternehmen!

WOMO-Wandertipp: Castellu d'Araghiu

Gehzeit: 40 min. **Schwierigkeit:** mittel. **Höhenunterschied:** 120 m.

Strecke: Ausgeschildert: Steiler Geröllpfad ähnlich einem trockenen Bachlauf.

Die megalithische Festung ist nicht nur von ihrer Lage her ein strategisches Meisterstück. Einpassung in die Landschaft, Mitverwendung gewachsener Felsstrukturen, Mauerstärke sowie Untergliederung in verschiedene Verteidigungsräume deuten auf einen Militärarchitekten, der auch noch im Mittelalter zu Ansehen gekommen wäre. Friedliebende Wanderer nutzen die festen Mauern für einen atemberaubenden Rundblick über die gesamte zerzauste Küstenlinie um den Golf von PORTO-VECCHIO.

Castellu d'Araghiu

Wir folgen dem Sträßchen weiter nach Süden und stoßen nach 2,7 km auf die D 368, die sommerhitzegeschädigte Urlauber von PORTO-VECCHIO in die kühlen Höhen des **Waldes von Ospédale** (Forêt de l'Ospédale) führt.

Stausee von Ospédale

Auch wir schwenken rechts ein und erreichen nach 12 km Bergfahrt auf breit-bequemer, aber sehr kurviger Bahn OSPEDALE (Super**brunnen** Ortsmitte links).

Bei »km 13,5« passieren wir die Abzweigung nach AGNARONE, sichten gleich darauf den **Stausee von Ospédale**. Links der Straße bieten sich eine ganze Reihe von Parkmöglichkeiten an. Der einzige Parkplatz, der nicht direkt an der Straße liegt, ist ein geschotterter Fußballplatz, 300 m hinter der Abzweigung nach AGNARONE.

WOMO-Stellplatz: Stausee von Ospédale

Position: N 41° 39.568'; E 9° 11.590'; 943 m. **WOMO-Zahl:** 3-4.
Ausstattung: Fußballplatz, Seeufer; Camping verboten.
Zufahrt: Von Porto-Vecchio auf der D 368 durch Ospedale bis zum Stausee ; siehe Text.

Wir rollen weiter am Stausee entlang, überqueren den Staudamm und stehen genau 1000 m später auf einem herrlich schattigen Pinienwald-Parkplatz-Bereich mit zwei Bretterbudenrestaurants. Dort starten auch Urlauber zu einer Wanderung, die sonst eher Gegner körperlicher Betätigung sind. Wahrscheinlich liegt es am lustigen Namen des Wanderzieles (oder wissen Sie, wie ein Hahn pisst?)!

WOMO-Wandertipp: Cascade de Piscia di Gallo

Position des Wanderparkplatzes: N 41° 40.563'; E 9° 12.433'; 952 m.
WOMO-Zahl: 3-4. **Ausstattung:** Imbissbuden, Wanderweg, schattig.
Gehzeit: 1,5 Std. **Schwierigkeit:** leicht. **Höhenunterschied:** 110 m
Strecke: Zunächst 10 min. auf breitem Forstweg (rot markiert) abwärts, über zwei Bäche kurz hintereinander, dann aufwärts über Felsplatten zu einem Hubschrauberlandeplatz; hier schöner Blick nach links zur Punta di u Diamante (1198 m).
Eben weiter auf der linken Seite der Felsschlucht des Osu-Baches zu einem Felsklotz, dessen Form Durstige mit einem Bierkrug vergleichen werden. Nun auf schmalem Steig zwischen bizarren Felsfiguren, Erdbeerbäumen, Baumheide und einem unterhöhlten Riesenfelsklotz immer steiler hinab zum "Fotografierfelsen" gegenüber dem Wasserfall.
Die letzten Meter sind meist sehr rutschig. Der Abstieg zum Wasserbecken war uns zu gefährlich.
Hinweis: Die beiden Bretterbudenrestaurants haben Toiletten, dessen Klärgrubenablauf unterirdisch in den Oso-Bach mündet. Dessen Gumpen scheinen uns deshalb nicht zum Baden geeignet zu sein.

Fährt man auf der D 368 weiter nach Norden Richtung ZONZA (wieder mit schönem Blick auf die glänzende Kuppel der **Punta di u Diamante**), so kommt man nach weiteren 4,9 km zwischen Felswänden an den **Col d'Illarata**. Hinter dem Col beginnt rechts unser Wandertipp zum **Monte Calva**.

WOMO-Wandertipp: Monte Calva (1377 m)
Position des Wanderparkplatzes: N 41° 42.131'; E 9° 12.725'; 952 m.
WOMO-Zahl: 1-2. **Ausstattung:** Wanderweg, schattig.
Gehzeit: 2 Std. **Schwierigkeit:** leicht. **Höhenunterschied:** 385 m
Strecke: Auf bequemem Weg (markiert mit Steinmännchen) links hinter einem Steinbruch vorbei bis zu den ersten Felsen. Dort links ab und auf schmalem Pfad zum Aussichtsgipfel (mit Holzkreuz).

Auf dem gleichen Weg kehren wir zur Küste zurück, nachdem wir in OSPEDALE am Brunnen den Tank zum Überlaufen gebracht haben (besseres Wasser gibt's in ganz Korsika nicht!).
Am Ortsbeginn von PORTO-VECCHIO stoßen wir an einem Kreisverkehr auf die Umgehungsstraße, biegen links und rollen noch 800 m zum zweiten Kreisverkehr mit dem **Supermarkt Géant** (mit öffentlicher **Toilette** am Parkplatz).
Nach dem Einkauf umrunden wir den Supermarkt im Uhrzeigersinn, umgehen den Ortskern, indem wir dem Wegweiser zum Hafen (Port) folgen. Das erste Stück des Jachthafens ist eingezäunt und für WOMOs gesperrt. Dahinter, direkt an der Mole am linken Straßenrand, finden Sie genau alle 12 m einen Wasserhahn (Foto).

PORTO-VECCHIO ist reich mit Stränden gesegnet, im Sommer sind sie **alle** überfüllt und nachts für WOMOs gesperrt. Dem absoluten Renner der korsischen Hochglanzprospekte, der **Plage de Palombaggia**, sollten Sie jedoch unbedingt einen Besuch abstatten!
Am Ortsende von PORTO-VECCHIO biegen wir links und haben nach rund 10 km den schattigen Parkplatzbereich hinter den Dünen erreicht (inzwischen wurde sogar ein separater (Tages-)Parkplatz, leider viel zu klein, für WOMOs eingerich-

tet. Kurz darauf können wir nicht nur im Wasser, sondern auch in Farben baden: Dunkelgrüne, prächtig gewachsene Schirmpinien, ein blendend weißer, feiner Sandstrandbogen, der flankiert wird von rostroten Felsbrocken, die weit ins Meer hinausführen. Hier sollten Sie sich Zeit nehmen für einige Superfotos! Im Mai 2001 trafen wir im Parkplatzwäldchen zwei WOMO-Besatzungen, die von ungestörtem Nachtschlaf trotz Polizeibesuch berichteten.

Plage de Palombaggia

Südlich von PORTO-VECCHIO wird die Gegend immer öder und einsamer, die Straße zieht durchs Landesinnere. Fast verschläft man den ersten Abstecher zur Küste (nach 8 km, Wegweiser: SUARTONE). Er führt erst steil hinauf zu dem kleinen Örtchen auf dem Hügelrücken. Dann geht's genau so steil wieder in recht willkürlichen Schleifen durch die Macchie hinab, an einem **Campingplatz** vorbei bis zu einem 2-m-Balken (in der Vorsaison geöffnet) mit einem Parkplatz (in der Hauptsaison gebührenpflichtig). Von hier aus sind's einige Schritte bis zu einem **Traumsandstrand**, der dem von Palombaggia in nichts nachsteht!

WOMO-Badeplatz: Plage de Rondinara (Foto)

Position: N 41° 28.072'; E 9° 15.965'. **WOMO-Zahl:** >5.
Ausstattung: Parkplatzwiesen, Sandstrand 300 m.
Zufahrt: Von Porto-Vecchio auf der N 198 13 km nach Süden, dann links über Suartone bis zum Ende der Straße am Plage de Rondinara.
Hinweis: Nicht nachts parken! Nachts wurden mehrfach Reifen zerstochen, man vermutet den Campingplatzbesitzer als Täter.

An der Abzweigung zum Nordwestrand des **Golfe de Sta Manza** (genau 5 km weiter südlich) fahren alle WOMOs vorbei, denn sie ist nicht beschildert. Lediglich eine Fels- und Schotterbahn verschwindet nach links in der Hügellandschaft.
Wir folgen ihr bei »km 6,2« nach links und holpern auf der miesen Piste (?) nach Osten (2004 war ihr Zustand besonders miserabel). Nach genau 2,5 km haben wir einen herrlichen, weiten, einsamen Sandstrandbogen erreicht. Kein Baum wächst hier, nur Pinienbüsche und Binsenbüschel schmiegen sich in die flachen Dünen! Die Ursache ist ein fast permanent blasender, steifer Westwind, der diese Südostecke Korsikas zu einem Eldorado für Starkwind-Surfer macht. Dies um so mehr, als der gegenüber liegende Strand von **Santa Manza** im Sommer total überlaufen ist.

WOMO-Badeplatz: Plage de Balistra

Position: N 41° 26.198'; E 9° 13.345'. **WOMO-Zahl:** >5.
Ausstattung: Sandstrand (miese Anfahrtspiste)..
Zufahrt: Auf der N 198 weiter nach Süden. Bei »km 6,2« links noch 2,5 km; siehe Text.
Hinweis: Agressiver Besitzer; Camping verboten.

Plage de Balistra

Genau dorthin werden wir Sie nun führen!
Zurück an der Teerstraße fahren wir links und nach weiteren 4 km, 350 m hinter dem Kilometerstein »2« (und einer scharfen Links- und Rechtskurve) biegen wir wieder links in die D 60 zum **Golf von Santa Manza**. Allerdings muss man diesen Hinweis zwischen vielen Reklameschildern von Restaurants, Bars und Hotels suchen, ein Schild gar trägt nur die Bezeichnung ULM, womit sicher keine Stadt in Süddeutschland gemeint ist. Bald werden uns diese Buchstaben jedoch ein Begriff sein!
Gut 3 km sind es, bis wir auf die D 58 treffen. Hier können wir dem Schild "Golfe de Santa Manza" nach links folgen; noch 1700 m sind es bis zum Ortsbeginn von GURGAZO mit Telefonzelle und Obstbude links und weitere 700 m, bis links die Stichpisten zum Strand beginnen. Ein schmaler Strandstreifen mit grobkörnigem Sand ist geboten, mit einigen WOMO-Nachbarn kann man Erfahrungen austauschen – und pünktlich 9 Uhr morgens kommt das Bäckerauto mit frischen „baguettes“ und Rosinenkuchen – was will der Camper mehr?
Nur fliegen ist schöner!
Apropos fliegen, wie wär's mit einem Rundflug über den ganzen Golf? ULM heißt nämlich auf gut französisch "Ultraleger-motorisé" und ist der ganze Stolz von Franck und Stephane, zwei jungen Fliegern, die ihren Mustang-Ultraleicht-Zweisitzer an der Mole von GURGAZO stationiert haben, gleich in unserer Nachbarschaft. Für 40 Euro werfen sie den 52-PS-Rotax-Zweitakter an, und ein Passagier kann sich hinter Franck oder Stephane in den Schalensitz klemmen, der Motor heult auf, die Schwimmkufen durchschneiden die Wellen, und der Vogel erhebt sich in die Luft – fliegen in seiner schönsten Form.

Plage de Santa Manza, Vogelperspektive

Kein Jumbo-Jet bietet diesen Blick, und man kann die wohl aufregendsten Fotos seines Korsika-Urlaubes schießen. Wir haben für unsere Leser (nach eigenem Rundflug) natürlich sofort einen Sonderpreis ausgehandelt: Bei Vorzeigen des Korsika-Bandes gibt es 10 % Rabatt! Sie befürchten, dass der Motor aussetzt? Dann segeln wir, schwören zumindest Franck und Stephane wie aus einem Munde.

Aber nicht jeden Tag kann man sich den Golf von oben betrachten, denn unter Surfern wird er als Geheimtipp gehandelt – und ab 3 Bft. fangen unsere Flieger an, die Flügel ihres ultraleichten Vogels am Boden zu verzurren. Des einen Leid ist aber des anderen Freud, und die Starkwindfans entrollen ihre Sturmsegel und brettern über die gischtenden Wogen. Wer sich weder in die Luft erheben, noch bei einer missglückten Powerhalse in die Fluten stürzen möchte, kann einen 3/4-Stunden-Marsch zum **Turm von Santa Manza** unternehmen:

Mitten in GURGAZO führt ein Schotterweg bergan. Hat man den Kamm erreicht, geht es links, immer nach Nordost. Eine gute Orientierung bietet auch eine Telefonleitung auf hölzernen Masten. Rechts, in einer Senke, ein korsisch-rustikales Schafstallgemäuer: Auf quadratischem Grundriss erhebt sich ein kegelförmiges Dach, alles ohne Mörtel aus Natursteinen aufgeschichtet, das Dach in der "Falsches-Gewölbe-Technik" errichtet, bei der man ohne jegliches Gerüst die flachen Steine Schicht für Schicht immer weiter nach innen legt, bis sie sich oben berühren. Die Telefonleitung endet nach 20 Minuten in einem reichlich vergammelten Gehöft mit Ziegenstall und herumstehenden, verrosteten Autos. Hinter dem Grundstück verlässt man den Schotterweg nach halb rechts und entdeckt nach 100 Metern wieder deutliche Fahrspuren, denen man weiter folgt. Dort, wo sie in einen Ziegenpfad übergehen, taucht der Turm neben zwei Felshügeln auf. Es empfiehlt sich jedoch, nicht 'directement' auf das Ziel loszustürzen. Der bequemere und deutlichere Pfad schwenkt etwas nach links ab, durchquert einen höheren Gebüschstreifen aus Baumheide und Erdbeerbäumen, führt dann an dem vorderen Hügel rechts, dem hinteren links vorbei und auf dem Grat bequem zum genuesischen Turm (Foto).

Dort hat man einen schönen Rundblick, der bei klarer Luft nicht nur bis zur **Ile Cavallo**, sondern bis zu den Gestaden **Sardiniens** reicht. Auf dem Rückweg kann man am vergammelten Grundstück nach rechts auf den Schotterweg schwenken, der bergab zum Ende der Küstenstraße beim Restaurant "Les Tamaris" führt. Dort geht es dann, an vielen schönen Sandbuchten vorbei, zurück zum WOMO.

Wer am Strand von **Santa Manza** übernachtet (**von 21-7 Uhr verboten!**), muss mit verärgerten Polizisten rechnen. Wir haben deshalb für Sie nach Alternativen geforscht.
Genau 6,5 km sind es auf der D 58, der direkten Straßenverbindung nach BONIFACIO. Auf halbem Wege zweigt nach links eine Stichstraße zum **Plage de Calalonga** ab. Nach 3,5 km gabelt sich die Straße: Links geht es zu Ferienhäusern, geradeaus zu einem schönen **Sandstrand** (Foto)!

Das letzte Stück ist jedoch eine üble (?) Schotter-/Felspiste (für die ich 4 min. zu Fuß brauchte). Unten, am schönen Sandstrand [N 41° 23.487'; E 9° 14.117"], fand ich voller Verwunderung 2 WOMOs vor, deren Besitzer die Zufahrt zwar "très mauvais", aber nicht "impracticable" fanden. **Tipp:** Selbst gucken!
Zwischen weißen Kreidefelsen turnen wir hinab nach BONIFACIO und am Ortsbeginn scharf links zwischen weißen Kreidefelsen wieder hinauf zum **Leuchtturm am Capo Pertusato**

(Wegweiser: Phare de Pertusato). An der nächsten Straßengabelung halten wir rechts, parken bei den Ruinen eines alten Forts und laufen vor zum Steilhang (Foto) – Prachtblick auf die **Falaises** (= Steilküste) und BONIFACIO aus Südost.

WOMO-Stellplatz/Wanderparkplatz: Falaises
Position: N 41° 22.568'; E 9° 10.602'; 102 m. **WOMO-Zahl:** 3-4.
Ausstattung: keine.
Zufahrt: Am östlichen Ortsende von Bonifacio rechts Richtung Phare; siehe Text.

Die Weiterfahrt war früher wegen des miserablen Straßenzustandes nur bedingt zu empfehlen! Jetzt ist die Straße bis zum **Leuchtturm** (Phare de Pertusato) gut geteert, rechts und links des Weges bieten sich jede Menge weiterer schöner Übernachtungsplätze – und falls es am Strand von STA MANZA mal wieder Ärger geben sollte ....

Strandstern *(Astericus maritinus)*

Im Leuchtturm werden von 10-12 und 14-18 Uhr Führungen angeboten, besser gefällt uns jedoch der Spaziergang durch die hellblau blühende Rosmarinheide am südlichsten Punkt Frankreichs. Als Zeitpunkt bietet sich dafür der späte Abend an, denn wenn die Sonnenglut durch keinen Windhauch gekühlt wird, wünscht man sich sofort 100 m tiefer in die frischen Fluten. Da dies auf direktem Wege nur Möwen überleben, rollen wir zur letzten Abzweigung zurück, biegen rechts (und nach 500 m wieder links). Nach weiteren 3,3 km landen wir am winzigen Fährhafen zu den **Inseln Lavezzi und Cavallo** mit kleinem **Sandstrand (Plage de Piantarella)** und geringem Parkraum.

Immerhin sind wir gut erfrischt, als wir 300 m nach der Leuchtturmabzweigung den ersten Parkplatz BONIFACIOS (beim Supermarkt Spar) ansteuern (bis zum meist überfüllten Parkplatz am Hafen brauchen Sie nur weiter zu rollen, wenn Sie im Morgengrauen kommen!).
Alternativ biegen Sie links bergauf Richtung „Haute Ville/ Marine“, durchqueren das Stadttor oder fahren vor ihm rechts wieder hinab zu einem der neuen, großen Parkplätze oberhalb des Hafens (hohe Parkgebühren!).

Unseren Rundgang starten wir vor dem Stadttor! Eine Orientierungstafel links muss genau studiert werden, bis wir das kleine Kreuzchen 'Hier bin ich' entdecken. Direkt neben der Straße bricht die Küstenlinie steil ab, und ein prachtvoller Blick (Foto) bietet sich an den **Kreidefelsen (Falaises)** entlang bis zu einem Radarturm.

Wir steigen die Treppen hinab und schlendern am Fuße der Steilwand entlang, in tiefen Zügen das Panorama genießend. Kaum bemerken wir die steile Treppe, die wie ein Schmiss die Wand zerschneidet. Zunächst setzen wir jedoch unseren Weg bis zum Ende des Steiges fort, werfen dort einen Blick in eine dunkel gähnende Höhlung, Reste der Trinkwasserspeicher BONIFACIOS, die die befestigte Stadt früher fast unbesiegbar machten, denn an eine Ersteigung der Felsen war natürlich nicht zu denken – es sei denn, man schlug in einer Nacht unbemerkt 187 Stufen in den Fels, um am nächsten Morgen die Festung zu erstürmen, wie es angeblich 1420 die Truppen des Königs von Aragón machten.
Wir stürmen nicht besonders schnell empor, denn die Stufen haben fast doppelte Höhe, und die Treppe ist dadurch so steil, dass wir dauernd das Gefühl haben, nach hinten umzukippen. Oben angekommen, wenden wir uns nach links (linker geht's nicht, denn da hat sich die französische Armee hinter Stacheldraht verschanzt) und gelangen an einem Kriegerdenkmal vorbei zur **Kirche Saint Dominique**, einem schönen Beispiel genuesisch-gotischen Stils, die man endlich wieder besichtigen kann, nachdem man sie aus dem Fremdenlegionsareal ausgegliedert hat.
Auf dem Rückweg benutzen wir die **Rue St. Dominique**, und Katja belebt den Umsatz eines Andenkengeschäftes, indem sie 10 Euro in einen Anhänger mit den Umrissen Korsikas investiert – in Sterling-Silber, versteht sich!

Hinter dem kleinen **Platz Fondaco Montepagano** geht es halb links weiter, in die **Rue Doria** hinein. Am Beginn des ersten Gässchens links steht der Eingang zur **Kirche St. Jean Baptiste** einladend offen, und in erfrischender Kühle erspähen wir gleich hinter der Tür links, bereitgestellt für die nächste Prozession, die Enthauptung des Schutzpatrons, eine unschuldig blickende junge Dame hält eine goldene Schüssel, der silberbronzene Säbel ist schon erhoben...

Das dritte Seitengässchen der **Rue Doria** führt zur gotischen Hauptkirche **Sainte-Marie-Majeure**, deren seitliche Stützbögen (Foto) das Regenwasser von den umliegenden Hausdächern zu der **Zisterne** unter dem Kirchenvorplatz leiten. Über dem marmornen Hochaltar schwebt im blauen Sternenhimmel der Heilige Geist in Form einer Taube im feurigen Strahlenkranz. Unseren Kindern gefällt es sehr!

Beim Verlassen der Kirche wenden wir uns rechts und stoßen nach wenigen Schritten auf ein großes Tor, den Eingang zur genuesischen Bastion – für uns der Ausgang, denn nach ein paar Metern die Rampe hinab, mit schönem Blick auf den inneren Hafen, gelangen wir wieder nach links zu unserem WOMO. Die Straße führt weiter hinab, dann links zur Anlegestelle der Fähre nach Sardinien und rechts ins Hafeninnere.

„Wollen Sie Bootchen fahren?"

Dann lassen Sie Ihr WOMO noch eine Weile in der Sommersonnenhitze schmoren und schlendern weiter zum Beginn des Jachthafens mit den Anlegestellen der Ausflugsschiffchen, die mit den Schlagworten "Falaises" und "Grotte du Sdragonato" um Kunden werben. Es gilt ein Einheitspreis von 10 Euro/Person, Rabatt wird nur in Form kostenloser Kinderpassagen gewährt. Man sucht sich tunlichst ein schon reichlich gefülltes

Bonifacio, Falaises mit Escalier du Roi d'Aragón

Boot aus, denn gefahren wird erst, wenn es sich lohnt.
Eine gute halbe Stunde schwanken wir nun mit zerbrechlichem Kahn, fahren in die Drachengrotte mit der eingestürzten Decke ein, deren Loch werbewirksam die Form der korsischen Insel hat und genügend Licht für das Gedeihen einer bunten Unterwasserflora liefert. Der Blick auf die '**Escalier du Roi d'Aragón**' ist wesentlich bequemer als ihre Ersteigung, und bei der Betrachtung der vordersten Häuser BONIFACIOS, die eigentlich eher über dem Meere stehen als auf festem Grund, gruselt es einen schon bei dem Gedanken, darin wohnen zu müssen. Wir kehren zurück in den Hafen, dessen Steilwände weiland auch Odysseus' Kameraden Schutz zu bieten schienen:

Und dann kamen wir hin zu dem herrlichen Hafen, den ringsum schroffer Felsen umgibt, der beiderseits ununterbrochen; steile ragende Küsten, einander grad gegenüber, reichen tief in die Mündung hinein, und eng ist die Einfahrt; dorthin lenkten sie alle die Schiffe, die doppeltgeschweiften. Ich allein mit dem schwarzen Schiff hielt draußen vorm Hafen.

Er war schon ein schlauer Fuchs, unser griechischer Sagenheld, wie die Fortsetzung zeigt:

Aber er ließ seinen Ruf durch die Stadt ertönen; ihn hörend, kamen die kräftigen Lästrygonen von hier und von dort her, viele Tausende, Männern nicht gleichend, sondern Giganten. Und herab von den Felsen mit männerzermalmenden Steinen warfen sie; unter den Schiffen entstand da ein schreckliches Krachen von zugrundegehenden Menschen und berstenden Schiffen; und sie spießten gleich Fischen sie auf zum traurigen Mahle. Glücklich hinaus aufs Meer von den überhängenden Felsen kam mein Schiff; die anderen gingen dort alle zugrunde.

Heute werfen die Nachkommen der Lästrygonen keine Steine mehr, sie sind damit beschäftigt, Pizza und Eis an die hin- und herwogenden Touristenmassen zu verkaufen. Wir zwängen uns mit unserem WOMO durchs Gewühle, halten am Hafenende links Richtung SARTENE.

Wichtiger Hinweis: Die Bucht von **Santa Manza** ist (vor allem im August) von (meist) italienischen Wohnmobilen völlig überfüllt. Die Anwohner haben mit Fels- und Erdbarrieren bereits Teile der Strandzufahrten blockiert, der schönste Strandabschnitt ist durch eine WOMO-Sperre nur noch mit dem PKW anfahrbar. Regelmäßige Polizeikontrollen (vor allem nachts von 21-7 Uhr) mit Platzverweis finden statt.

TOUR 5 (70 km / 2-3 Tage)

Plage de Tonnara – Golf von Figari – Gianuccio – l'Uomo di Cagna – Plage de Roccapina

Freie Übernachtung:	Eremitage de la Trinité, (Plage de la Tonnara), Plage de Figari, Gianuccio, (Plage de Roccapina).
Trinkwasserstellen:	u.a. Pianottoli, Monacia.
Campingplätze:	u. a. Pianottoli (2x), Plage de Roccapina.
Baden:	Plage de la Tonnara, Plage de Ventilegne, Plage de Figari, Plage de Roccapina.
Besichtigungen:	Montagne de Cagna, "Löwe von Roccapina".
Wandern:	l'Uomo di Cagna, "Löwe von Roccapina", Plage d'Erbaju.

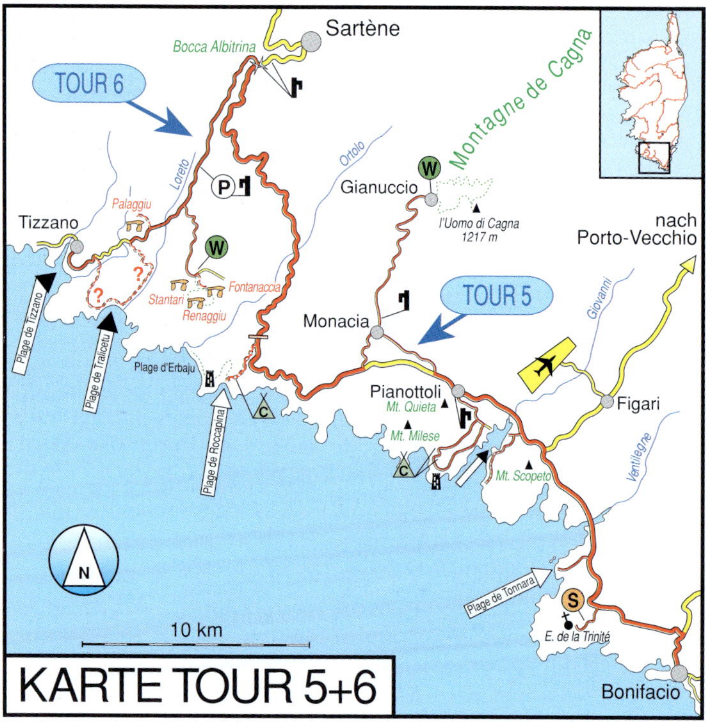

KARTE TOUR 5+6

Kaum haben wir BONIFACIO Richtung SARTENE verlassen, stoßen wir an einem Kreisverkehr auf die N 196, der wir an der Westküste Korsikas in weiten Passagen über SARTENE bis AJACCIO folgen werden.

Diese Straße ist zunächst breit und neu, führt völlig kurvenfrei kerzengeradeaus nach Westen. Plötzlich, als hätten sich die

Straßenbauer anders besonnen, schwingt sie sich in weiten Schleifen durch eine rauhe Felsenlandschaft von bizarrer Schönheit.
Nach 4 km auf der N 196 kann man einen Abstecher nach links zur **Eremitage de la Trinité** machen. Die kleine Wallfahrtskapelle (13. Jahrh.) bietet nicht nur Ruhe und Einkehr und einen tollen Blick über die Küstenbereiche bis hinüber nach Sardinien, sondern auch einen schönen Übernachtungsplatz.

WOMO-Stellplatz: Eremitage de la Trinité
WOMO-Zahl: 2-3. **Ausstattung:** keine.
Zufahrt: Von Bonifacio auf der N 196 Richtung Sartène. Nach 4 km auf der N 196 links.
Hinweis: Auf halbem Wege 2,50-m-Balken, davor zwei Stellplätze.

Kaum haben wir wieder Meersicht (nach 6 km), biegt nach links ein geteerter Fahrweg zu zwei Gaststätten an der **Plage de Tonnara** ab. Große Parkflächen davor stehen allen zur Verfügung. An den Zufahrten zum **Tonnara-Strand** sichteten wir überall ziemlich neue Holzschranken ...
An den nächsten Metern auf der N 196 schützen bereits vergammelte, rostende Barrieren schon halb zugewachsene Pisten vor "wildern Campern".
Nach 1400 m konnte man links einschwenken und zu kleinen Sandstränden mit Felsflanken im **Golf von Ventilegne** schaukeln. Auch diese Zufahrten sind inzwischen verbarrikadiert.
Wir fahren weiter auf der N 196, vorbei an der Abzweigung PORTO-VECCHIO/Flughafen FIGARI. 1100 m nach dieser Abzweigung, bei »km 119,9«, führt erneut ein Teersträßchen nach links, die Gaststätten "Le Cormoran" und "Bar Restaurant du Golfe" werden angezeigt. Nach 700 m verzweigt sich das Sträßchen: Hält man sich rechts, so kommt man zu den beiden Gaststätten im innersten, seichten Bereich der **Baie de Figari**. Schwenkt man nach links, so erreicht man nach weiteren 500 m einen kleinen Jachthafen, dessen grober, flacher Sandstrand bereits durchaus zufriedene Mienen unserer Kinder hervorruft.

WOMO-Badeplatz: Plage de Figari
Position: N 41° 28.342'; E 9° 4.618'. **WOMO-Zahl:** 3-4.
Ausstattung: Baum- und Buschschatten, grober Sandstrand.

Falls die verrostete Schranke an der Sandpiste nach Südwesten auch bei Ihrem Besuch geöffnet sein sollte, steht Ihrer Fahrt ins WOMO-Paradies nichts im Wege:
Bucht auf Bucht reihen sich malerisch aneinander. Hinter den Sandstreifen wächst baumhohes Macchie-Gesträuch aus Erdbeerbäumen und Mastixsträuchern, Steinlinden, Wacholder, Myrten und Cistrosen. Freundliche Mitmenschen haben Parkbuchten und Verandaplätze hineingeschnitten, die nur auf

Bucht von Figari

WOMO-Urlauber warten – eine Traumlandschaft!
Die Bucht von FIGARI ist im innersten Teil sehr flach und windgeschützt, ideal für Baby- und Bootchenbesitzer, Trainingsgelände für Surfanfänger. Zum offenen Meer hin jedoch fegt es ordentlich, jedermann kann nach seiner Fasson selig werden. Bizarre Felsgestalten liegen im Meer und am Strand. Wer findet das "Liegende Lamm", das "Schweineohr"?
Auf freien Sandflächen blühen ganze Wiesen von blendendweißen Pankrazlilien, dazwischen leuchtet gelber Hornmohn.

Die Umgebung biete viele Ausflugsmöglichkeiten an: Da ist die **Felsenburg Monte Quieta** am Ortsrand von PIANOTTOLI-CALDARELLO; **Monte Scopeto** und **Monte Milese** sind auch nicht weit. Es handelt sich um grandiose Naturschöpfungen aus Granit, die bei ihrer Entstehung unter dem Gestein geborsten sind und durch Sikkerwässer mit harten, eisenoxidhaltigen Krusten überzogen wurden. Nach Erosion und Wegspülung des lockeren Gesteins trotzen sie nun wie riesige Kastelle den Naturgewalten.
Am Nordwestufer der Figari-Bucht wacht der genuesische **Tour de Caldarello**. Die Bucht hinter ihm beherbergt ebenfalls einen schönen Sandstrand. Die Besucher der beiden Campingplätze "**Le Damier**" und "**Kevano**" müssen allerdings 900 bzw. 400 m bis zu ihm spazieren (die Zufahrt zu den Campingplätzen ist in PIANOTTOLI ausgeschildert).

Genau nördlich von uns (Kompass), an der Horizontlinie der **Montagne de Cagna**, scheint ein kleiner, fingerförmiger Kamin zu stehen. Es ist die 'Krone' der gewaltigsten Felsenburg Korsikas, ein freigelegter, fast kugelförmiger Felsbrocken von über dreihundert Tonnen, der auf einer Grundfläche von nur wenigen Quadratzentimetern ruht, so dass er durch kräftige Männer in Schwingungen versetzt werden kann – **l'Uomo di Cagna**, der größte Wackelstein Korsikas.
„Können wir da hochklettern?" heißt es nach ausgiebiger Bewunderung durch den Ferngucker. So haben wir es am

Geht's hier zum Uomo di Cagna?

liebsten, wenn die Initiative von den Kindern kommt. „Klar, aber dann müsst ihr früh aus den Federn!"
Wir stellen uns den Wecker auf 6.30 Uhr und schaffen es immerhin, um 7.30 Uhr aufzubrechen. Auf der N 196 geht es 5,9 km nach Nordwesten, dann über MONACIA-D'AULLENE ins Gebirge hinein. Während wir uns das schmale, aber gut unterhaltene Teersträßchen hinaufschrauben, notieren wir rechts einen **Brunnen** (1000 m nach MONACIA), links einen Wasserfall und erschreckend weit über uns das Ziel unserer Tour – ein winziges Staubkorn auf der Spitze eines Berges. Noch zwei saftige Serpentinen, dann ist das Bergdörfchen GIANUCCIO (476 m) erreicht. Es ist sinnlos, in den Ort weiter hineinzufahren als bis zum Kirchplatz gleich hinter der Telefonzelle links; einen anderen Parkplatz gibt es nicht!

WOMO-Wandertipp: l'Uomo di Cagna (1217 m)

Position des Wanderparkplatzes: N 41° 33.920'; E 9° 2.375'; 477 m.
WOMO-Zahl: 1-2. **Ausstattung:** ruhig, Sitzbänke.
Gehzeit: 6 Std. **Schwierigkeit:** mittel. **Höhenunterschied:** 740 m
Strecke: Es existieren zwei Wanderwege zum Wackelstein; wir beschreiben nachfolgend die "alte" Tour unseres verstorbenen Freundes und Korsikapioniers Hans Schymik. Die "neue", bereits am Ortsbeginn nach rechts ausgeschilderte Route ist genau so lang, genau so anstrengend und trifft am Fuße des Wackelsteins auf "unsere" Strecke, so dass Sie auch beide Strecken kombinieren können.

Zeitvergleich, nachdem wir uns Rucksäcke, Feldflaschen, Kameras, Kompass und Schirmmützen umgehängt bzw. aufgesetzt haben: 8.00 Uhr. Die Dorfstraße geht es empor, an der Bar/Epicerie mit dem verheißungsvollen Namen "U Ritornu" (Zur Rückkehr) vorbei. Bei der darauf folgenden Rechtskurve der Straße halten wir weiter geradeaus (neue Tour rechts) und freuen uns, dass wir nicht versucht haben, bis hierher mit dem WOMO zu fahren – selbst das Wenden wäre ein mittleres Problem geworden. Auf einem sandig/felsigen Fahrweg kommen wir flott voran, weil er keinerlei Steigung hat.
Die Abzweigung rechts in eine steile Schlucht hinein kann man eigentlich nicht verfehlen: Erstens sind etwa 15 Minuten vergangen, zweitens wird 50 Schritte vorher der Fahrweg sehr schlecht bzw. für Fahrzeuge unpassierbar und drittens hat eine freundliche Seele die Abzweigung mit gelben Strichen markiert (wenn Sie die Abzweigung verpassen, überqueren Sie einen Bach und entdecken nach weiteren 2 min. die nächste Piste, deren Beginn mit einem auffälligen roten Pfeil markiert ist . Dieser Weg ist falsch, Sie müssen umkehren!!!).

Der felsige, reichlich mit Steinmännchen markierte Steig, der jetzt etwa zwei Stunden unser ganz privates Vergnügen sein wird, führt genau nach Osten. Der Hang ist aber so steil, dass wir die morgendliche Sonne kaum erblicken. Sonst wäre vermutlich der Aufstieg schon eine Strapaze, denn er beginnt bei 500 m über dem Meeresspiegel und nicht bei alpinfrischen 1500 m wie bei der **Bergerie Capannelle** oder in **Haut-Asco**. Schon werden die Knie leicht wacklig, da flacht sich der Hang ab, verbreitert sich, und aus der kargen Macchie-Umgebung wird eine Adlerfarn-Wildnis, die schließlich von brusthoher Heide abgelöst wird.
Hier, auf dem **Plateau de Presarella**, fällt die weitere Orientierung schwer. Wir empfehlen deshalb, bis zur letzten, großen Pinie an seinem linken Ende weiter zu wandern. 25 m links von ihr finden wir unter einem fischmaulförmigen Felsen frisches Quellwasser, um unsere Limo-Vorräte aufzufrischen, die schon bedenklich geschrumpft waren. Während alle rasten und vespern, trabe ich noch ein paar hundert Meter weiter bis zu einer grasigen Viehweide, von derem rechten Ende ich nicht nur die schroffen Zinnen der **Cima di Cagna** (1224 m), sondern auch den **l'Uomo** neben dem höchsten Gipfel sehen kann.
Jetzt fällt die Orientierung leichter. Neben unserer Vesperpausen-Pinie liegt ein großer Felsklotz. Auf ihm stehend, erblickt man die Zinnen genau im Südwesten, nicht jedoch den Wackelstein. Wir müssen also von unserer bisherigen Marschrichtung im spitzen Winkel nach rechts zurücklaufen!

Zunächst kämpfen wir uns durch das hohe Heidegestrüpp, nachdem wir einen Punkt in Südwest anvisiert haben. Nach Erreichen des

felsigen Randes des Plateaus finden wir bald wieder die ersten Steinmännchen, denen wir blindlings und stets geradeaus nach S/W über Geröll und Fels, durch Macchie und Matten folgen. Geht die Markierung verloren, laufen wir auf unseren Fußspuren zurück und orientieren uns neu!
Eine ganze Stunde vergeht, bis wir rechts an der **Cima di Cagna** vorbei, über riesige, rundgewaschene Felsklöße hinabkraxelnd, plötzlich diesen ewig balancierenden Stein erblicken, dessen Format inzwischen von Sandkorn- auf LKW-Größe angewachsen ist (1217 m).
Wir brauchen nicht zwischen Bewundern und Kauen zu entscheiden, sondern finden gleich ein bequemes, schattiges Plätzchen, wo wir kauend bewundern können. Aus einem vollen Kindermund höre ich etwas undeutlich, aber nichtsdestoweniger eindeutig: „Hat sich gelohnt, können wir weiterempfehlen!"

Rast am Fuße des Uomo di Cagna

Für ein formatfüllendes Erinnerungsfoto liegt auf der Nordseite des Wakkelsteins günstig ein Aussichtsfelsen. Um diesen zu ersteigen, klettern wir nördlich von ihm durch die Felsen, zwängen uns dann unter ihm durch einen Spalt, der nur für Schlanke geeignet ist und ziehen uns zum Aussichtsfelsen empor – jetzt ist die Riesenkugel mit der aufregend kleinen Grundfläche zum Greifen nahe, formatfüllend für ein 50 mm-Objektiv.

Beim Abstieg orientieren wir uns kaum mehr an den Steinmännchen, sondern, sobald wir sie erspähen, an 'unsere' Pinie. Denn jetzt brennt die Sonne gnadenlos auf die Schirmmützen, und immer häufiger verschwinden stets größer werdende Limo-Schlucke in heißen Kehlen, und Pinie bedeutet so viel wie frisches, kühles Wasser für unser Limo-Pulver.
Trotzdem wird, fast acht Stunden nach unserem Aufbruch, im "U Ritornu" die Tiefkühltruhe mit den Eisbechern gestürmt – und ich wünsche mich angesichts eines 0,25-Liter-Bierfläschchens heimlich in einen Münchener Biergarten!

Die Klamotten kleben uns am Körper – wo ist der nächste Badestrand?
In MONACIA-D'AULLENE nehmen wir diesmal die Abzweigung nach Südwesten, biegen 2 km später rechts in die N 196 ab, kommen bald in Blickweite des Meeres.
Bei »km 109,2« führt ein macchiekratziger Schotterweg nach links zum Strand in der Nähe der **Tour d'Olmeto**. Wir haben ihn nicht getestet (Abenteurer vor!).
Die Straße steigt an, das türkisfarbene Meer wogt tief unter uns. Zwischen rostroten Felsen blitzt plötzlich ein blendenweißer Sandstrandbogen zu uns hinauf – da müssen wir hin!
Bei »km 103« und noch vor der "Auberge Coralli" zweigt links ein staubiger, aber planierter Fahrweg hinab zu dieser Plage de Roccapina. Er führt an einem **Campingplatz** und einem

Plage de Roccapina

"Camping- sauvage-interdit"-Schild vorbei und endet mit einem großen Parkplatzkarree. Das WOMO abstellen und durch ein lauschiges Wacholderwäldchen zum Strand eilen ist eine Sache von Sekunden – dann versinken glutheiße Körper zischend in himmelblauen Fluten.
Die Bucht ist eine nahezu unfassbare Naturschönheit:
Unglaublich blaue Wogen, weißer Pudersand, der sanft ins Wasser absinkt, das schattige, tiefgrüne Wäldchen, rechts und links flankiert von rotgelben, vielgestaltigen Felsgebilden – und als Krönung im wahrsten Sinne des Wortes: "**Le Lion de Roccapina**", eine riesige Felsfigur in Form eines liegenden Löwen, das majestätische Haupt mit einer Krone verziert. Karin behauptet zwar respektlos, das Vieh sähe mehr dem Wahrzeichen unserer Fährlinie ähnlich, einem Wal mit VW-Käfer auf dem Kopf, und Moni erblickt gar einen Schildkrötenschädel – aber ein Wunder bleibt es doch, auch wenn sich die Krone beim näheren Betrachten als Genueserturm entpuppt, den man betrachterfreundlich bis auf königlichen Kopfschmuck abgetragen hat.
Ob man da hinauf kann?
Das Bad hat erfrischt, und die sich tiefer neigende Sonne stört auch nicht mehr: Jeans an und die hohen Turnschuhe mit dem kräftigen Profil – und los geht's!
40 m hinter der Schranke führt rechts ein schmaler Sandweg den Hang empor, stellenweise schon recht zugewachsen. Durch eine Galerie aus Steinplastiken, von denen die schönste eine Art moderne 1-Mann-Hollywoodschaukel darzustellen scheint, geht es in gut 15 Minuten auf den Kamm, dann links auf ihm entlang, Steinmännchen leiten zum Steinlöwen hin. Sofort am Beginn des Felsrükkens, rechts vorbei an einem riesigen Felsfinger mit Pfotenabdruck (Foto), klettert man empor, quert am königlichen Gesäß nach links und landet schließlich, nach weiteren 15-30 Minuten, unterm Kinn oder im Genick des Herrschers der Steinwüste. Das königliche Haupt bleibt unbesetzt, ich wage mich nicht hinauf, das Risiko scheint mir zu groß. Dies wird auch

Blick vom Löwen zum Plage de Roccapina

der Grund gewesen sein, weshalb die Genueser ihren Wachturm auf diesen glatten Brocken gesetzt haben.
Aber auch in der zweithöchsten Etage ist der Blick prächtig – nach Süden über unsere Badebucht bis vor zu einem weiteren Wachturm am **Cap de Roccapina**.
Im Westen spannt sich ein mindestens 3 km langer Sandstrandbogen, die **Plage d'Erbaju**, der den Schwemmlandfächer des **Ortolo-Flusses** zum Meer hin begrenzt. Kein Fahrzeug ist zwischen den Bäumen und Sträuchern zu sehen, keine Menschenseele, nur ein paar weidende Kühe. Wie kommt man da hin?
Zunächst aber machen wir, zum Parkplatz zurückgekehrt, eine 'Lagebesprechung' mit zwei italienischen WOMO-Besitzern. Unnachahmlich die wegwerfende Handbewegung, mit der man wortlos sagt: „Lass' die Polizei kommen, dann können wir immer noch fahren!"
Lachend holen wir den Rosé aus dem Kühlschrank und feiern auf dem Parkplatzmäuerchen Verbrüderung. Niemand stört später unseren wohlverdienten Schlummer.

Hinweis: Die beiden Zufahrten zum Roccapina-Strand werden neuerdings von einer 2,10-m-Barriere blockert (VW-Busse passen durch!). Nach Auskunft des Campingplatzwarts ist nur in der Vorsaison, wenn der Campingplatz noch geschlossen ist, die Zufahrt zu den Parkplätzen am Strand möglich.

WOMO-Campingplatz-Tipp: Arepos Roccapina
Position: N 41° 30.122'; E 8° 56.292'. **Öffnungszeiten:** 10.4.-30.9.
Zufahrt: Von der N 196 bei »km 103« links.
Ausstattung: wenig Schatten; Strand: 800 m; Laden; nächster Ort: 10 km.

TOUR 6 (70 km / 1-2 Tage)

Bocca Albitrina – Alignement de Stantari – Dolmen de Fontanaccia – Alignement de Palaggiu – Plage de Tralicetu – Tizzano (Karte siehe Tour 5)

Freie Übernachtung:	Cauria, Plage de Tralicetu, Plage de Tizzano.
Trinkwasserstellen:	D 48 »km 6,0«.
Campingplätze:	Tizzano.
Baden:	Plage de Roccapina, Plage de Tizzano.
Besichtigungen:	Alignement de Stantari, Alignement de Renaggiu, Dolmen de Fontanaccia, Alignement de Palaggiu.
Wandern:	Megalithiker-Runden.

Ein blaues Auto mit einem verräterischen Blaulicht auf dem Dach nähert sich unserem Übernachtungs-Parkplatz, als ich gerade, gut ausgeschlafen und bester Laune, süddeutsche Himbeermarmelade auf korsischem Baguette verteile. Vier neugierige Augenpaare betrachten die „Wilden Camper", derweil der Wagen eine Runde dreht. Aber während ich mir noch nicht einmal darüber im klaren bin, wie man sich einen französischen Polizisten in solch einer Situation gegenüber verhält, verschwindet das Auto wieder. Schade, wir hätten gern ein bisschen diskutiert, und wegschicken hätte man uns auch können – denn ein Parkplatz ist natürlich nur eine Notlösung für verwöhnte Leute wie uns, und außerdem spukt mir immer noch der Riesenstrand auf der anderen Seite unseres Löwen im Kopf herum.

Oben, an der "Auberge Coralli" biegen wir links und starren nach genau 1000 Metern, bei »km 101,9«, enttäuscht auf ein verriegeltes und verrammeltes Tor, das zudem mit Verbotsschildern gepflastert ist: Ade, du einstiger Traumstrand an der Mündung des **Ortoli-Flusses**. Einziger Trost: Die Zufahrt war stets eine 4-km-Strapaze für Fahrer und Fahrzeug; vielleicht ist es besser so. Wer trotzdem mal die seinen Körper an der **Plage d'Erbaju** aalen möchte – von **Roccapina** aus führt ein Mulipfad hinüber ....

Wir rollen weiter zu Tale, überqueren bald den **Ortoli**, nachdem wir uns an einem Obst- und Gemüsestand kurz davor reichlich eingedeckt haben und halten auf SARTENE zu. Die Straße schlängelt sich bis auf 250 m Höhe auf der **Bocca Albitrina** hinauf (kurz vorher, bei »km 92«, rechts der Straße ein schön angelegter Picknickplatz).

Auf dem Col angelangt, halten wir nicht nach rechts auf SARTENE zu, sondern biegen im spitzen Winkel nach links auf die D 48, die im Gegensatz zu ihrer mickrigen Darstellung auf den Karten weitestgehend gut ausgebaut ist, komfortabel rollen wir wieder hinab zum Meer.

Ein Brunnen nach 6,0 km ist nicht zu übersehen. Die Straßenausbuchtung ist gut anfahrbar, Steinbänke unter Schattenbäumen versüßen dem Wasserholer die Wartezeit.

Eindecken! An den nächsten Stränden gibt's keine Wasserstellen!

Schwieriger ist nach 7,2 km auf der D 48 der kleine Wegweiser "Cauria" zu entdecken, denn nach der Michelin- Karte erwartet man ihn erst nach 9 km!

Das nun folgende Sträßchen nach links hat dringend einen neuen Belag verdient, denn die vielen Schlaglöcher sind nur lieblos zugeschmiert. Aber dadurch fährt man wenigstens langsam genug, um nicht vor lauter Kühen die Kälbchen zu übersehen, die in großer Zahl am Straßenrand grasen und nicht wie ihre Mütter ruhig weitermuffeln, sondern aufgeregt vor dem WOMO hin- und herhopsen. Nach 4,3 km ist an dem Hinweisschild "Dolmen - Menhirs" das Gerumpel zu Ende.

WOMO-Wandertipp: Mégalithes de Cauria

Position des Wanderparkplatzes: N 41° 32.123'; E 8° 54.948'; 149 m.
WOMO-Zahl: 3-4. **Ausstattung:** ruhig, schattig.
Gehzeit: 30 min. **Schwierigkeit:** leicht. **Höhenunterschied:** 20 m
Hinweis: Wegen weiterer Ausgrabungen zeitweise geschlossen.

Hier kann man rechts oder links der Straße parken oder einen stellenweise furchigen und felsigen Sandweg 1 km hinabfahren. Wir entscheiden uns für einen zehnminütigen Spaziergang, der uns zunächst zum **Alignement de Stantari** führt.

Alignement de Stantari

Jetzt lernen wir endlich die Bewohner von **Cucuruzzu** kennen, die Torreaner, zumindest 'Verwandte' von ihnen! Denn nach den Forschungsergebnissen des 1975 verstorbenen französischen Archäologen Roger Grosjean sind die Menhire Skulpturen torreanischer Krieger, erschaffen von ihren Feinden, den steinzeitlichen Megalithikern. Auch aus anderen Gebieten der Welt kennt man den Glauben, dass Tote von ihren erschlagenen Feinden im Totenreich bedient werden müssen, wenn man sie auf diese Weise bannt.

Zwei der Stelen sind besonders sorgfältig gearbeitet: Kopf, Arme und Hände, Waffen und Bekleidung sind zu erkennen. Auffällig und gleichzeitig aufschlussreich sind die Bohrungen in der Gegend der Ohren. Sie könnten der Befestigung von Hörnern gedient haben – und damit würden die Torreaner verblüffend den auf ägyptischen Tempelreliefs dargestellten shardanischen Kriegern ähneln, einem räuberischen Seefahrervolk. Eine Theorie nur, gewiss. Aber auch den Namen 'Sardinien' bringt man mit den Shardana in Bezug – und dahin ist es ja nun wirklich nicht weit.

Hinter den beiden Steinreihen führt ein Treppchen über einen Weidezaun und ein Trampelpfad 400 m nach Süden. In einem lichten Steineichenwäldchen liegen und stehen 46 Menhire herum, das **Alignement de Renaggiu**. Keiner zeigt Andeutungen künstlerischer Verfeinerung.

Alignement de Renaggiu

Im spitzen Winkel geht es zurück, noch 300 m sind es bis zum größten Dolmengrab Korsikas, dem **Dolmen de Fontanaccia**. Die 1,80 m hohe Grabkammer bietet ungefähr das Raumangebot eines VW-Busses (mit Hochdach) – für eine einzelne Leiche ganz schön komfortabel!

Dolmen de Fontanaccia

Wenn man dann noch bedenkt, dass der Monolith, der das Ganze wetterfest nach oben abschließt, gute drei Tonnen wiegt, dann ist gewiss: Einen 'gewöhnlichen' Toten hat man hier ganz sicher nicht bestattet! Genaueres wird man allerdings nie mehr erfahren, denn als Prosper Mérimé (ja, ja, der französische Schriftsteller war auch 'Generalinspektor der historischen Bauwerke Frankreichs') ihn 1840 entdeckte, war er längst durch Grabräuber geplündert.

Wir kehren zum **Alignement de Stantari** zurück und stoßen nach wenigen Minuten wieder auf unser WOMO.

Hat der Ausflug in die Steinzeit gefallen? Noch mehr gefällig? Zunächst geht es wieder zurück zur D 48 und links Richtung Meer. Nach 2,1 km führt ein etwa 1000 m langer Sandweg zum **Alignemet de Palaggiu**. Falls der historische Wegweiser fehlt, richtet man sich nach dem Hinweis "**Stella di l'Ária**". An dieser Feriensiedlung vorbei kommt man zu einem Tor, hinter dem man parken soll (Parking obligatoire). Eine zweite Zufahrt folgt 1200 m später.

Ob Sie nun fahren oder spazieren gehen wollen – nach etwa 1000 m kommen Sie an das eingezäunte Areal mit mehreren Menhirreihen. Einige der "Steinsoldaten" stehen noch

Alignement de Palaggiu

stramm in Reih' und Glied, andere sind (auch noch recht soldatisch) auf dem Fleck in einen Erschöpfungsschlaf gefallen.

Besonders im Frühjahr lohnt es sich, den Weg 'per pedes' zurückzulegen, denn die blühende Macchie verzaubert uns mit tausenden von Schmetterlingsorchideen, Affodil, Lavendel, Gänseblümchen und unzähligen weißen Cistrosen.

Kein Interesse?

Dann heißt es aufpassen, damit man 500 m weiter die nächste Abzweigung nach links nicht verpasst. Nur Pfeile, mit gelber Farbe an den Felsen gepinselt, zeigen in den sandigen Fahrweg hinein, der uns zwischen Weidezäunen hindurch und dann oberhalb des **Navara-Flüsschens** (auf der Michelin-Karte heißt er **Loreto**) schließlich auf mieser Piste (**?**) zum wunderschönen **Strand von Tralicetu** im **Golf von Mortoli** führt.

Plage de Tralicetu

WOMO-Badeplatz: Plage de Tralicetu
Position: N 41° 31.499'; E 8° 52.491'. **WOMO-Zahl:** 3-4.
Ausstattung: Sandstrand.
Zufahrt: Von der Bocca Albitrina auf der D 48 Richtung Tizzano. Nach 10 km (500 m nach der Abzweigung "Alignement de Palaggiu"/Stella di l'Aria) nach links schlechte Piste.

Natürlich sind wir auch hier nicht die ersten, die zwischen den Tamarisken und Mastixsträuchern hinter den Dünen oder am Ufer des Flüsschens ihr Lager aufschlagen wollen, aber freie Plätzchen finden sich an dem zwei Kilometer breiten Sandstrand allemal. Jedenfalls ist die Zahl der Camper groß genug, um jeden Tag einen fliegenden Händler herzulocken, der vom Brot bis zu gegrillten Hähnchen alle Wünsche erfüllen kann.

Plage de Tizzano

Für einen gepflegten Restaurantaufenthalt oder gar einen Campingplatz muss man sich jedoch bis TIZZANO bemühen. Entweder man fährt die gleiche Piste zur Teerstraße zurück, oder man nimmt den westlichen Weg über den Hügel, der zwar 500 m länger, aber dafür nicht ganz so zerfurcht ist.
Hinweis: In der Vorsaison sind beide Wege fürchterlich ausgewaschen (?), die Regenrinnen werden erst zu Beginn des Sommers planiert.
Kurz vor der Einmündung in die D 48 vor TIZZANO passiert man den **Campingplatz L'Avena**.

WOMO-Campingplatz-Tipp: L'Avena

Position: N 41° 32.067' E 8° 51.805'. **Öffnungszeiten:** 1.6. - 15.9.
Zufahrt: Von der Bocca Albitrina 15 km auf der D 48 nach Süden. Vor Tizzano links.
Ausstattung: ruhig; Schatten; Gaststätte; Strand: 500 m; nächster Ort: 1 km.

Auch TIZZANO hat eine traumhafte Sandbucht, eingerahmt von rotbraunen Felsen. Wer sich hier niederlassen möchte, fährt 200 m **nach** dem Ortsschild "TIZZA" (wer weiß, wo das 'NO' geblieben ist – oder ist dies der korsische Name?) aber noch 50 Meter **vor** der Telefonzelle links und dann parallel zur Straße auf einem Schotterweg zurück. Das kleine Wacholderwäldchen inmitten des wilden, turmhohen Dünengeländes (tolles Kinder-Rutsch-Paradies) ist für WOMOs wegen seines tiefen Sandes kaum befahrbar, nur am hinteren Ende findet man auf einem Wiesenstück sicheren Untergrund.

Dünen am Strand von Tizzano

WOMO-Badeplatz: Plage de Tizzano

Position: N 41° 32.148' E 8° 51.470'. **WOMO-Zahl:** 2-3.
Zufahrt: Von der Bocca Albitrina 15 km auf der D 48 nach Süden. In Tizzano links.
Ausstattung: Baumschatten, Dünen. Sandstrand.

Hier gibt es am nächsten Morgen die größte Aufregung des bisherigen Korsika-Aufenthalts. Keine schrägen Sandpisten und gefährlichen Kletterstellen haben eine solche Wirkung gehabt – wie eine Invasion in unserem Konservenfach: Hunderte von winzigen Grasameisen haben den Weg durch die Türdichtung gefunden und marschieren bereits eifrig hin und her, Keks- und Brotkrümel abtransportierend. Es vergeht eine geschlagene Stunde, bis alles ausgeräumt, ausgesprüht und wieder eingeräumt ist. Wenig später wird ein einziger Grashalm als 'Zugangsrampe' entlarvt und hartherzig ausgerissen. Seitdem versorgen unsere Kinder die Ameisen auf direktem Wege mit altem Weißbrot und matschigen Pfirsichen – und wir haben unsere Ruhe.

TOUR 7 (165 km / 3-4 Tage)

Sartène – Spin a Cavallu – Bain de Caldane – Plage de Capu Laurosu – Porto Pollo – Filitosa – Ajaccio

Freie Übernachtung:	Fiumicicoli-Fluss, südl. + nördl. Rizzanèse-Mündung, Tour de la Calanca, Filitosa, Col de Celaccia, östl. + westl. Ajaccio.
Trinkwasserstellen:	u. a. Porto Pollo, Sollacaro, Grosseto, Col de St. Georges.
Campingplätze:	Campomoro, nördl. Propriano (3x), Porto Pollo (2x).
Baden:	Fiumicicoli-Fluss, südl. + nördl. Rizzanèse-Mündung, Tour de la Calanca, östl. + westl. Ajaccio.
Besichtigungen:	Sartène, Spin a Cavallu, Bain de Caldane, Filitosa, Ajaccio.
Wandern:	Campomoro, Filitosa, Tour de la Parata.

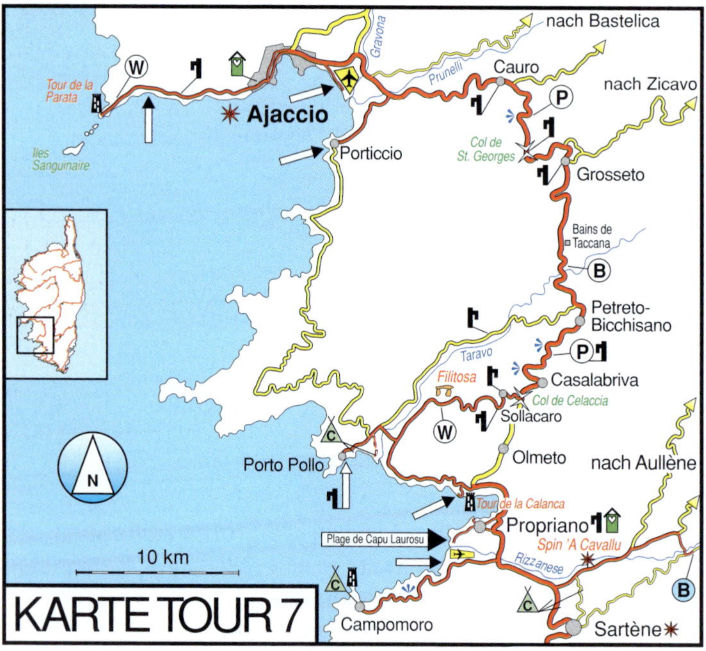

Zur Weiterfahrt sollte man nicht nach 16 Uhr aufbrechen! Zunächst geht es bis zur **Bocca Albitrina** zurück und dort auf der N 196 nach links auf SARTENE zu. Gleich rechts, vor und hinter dem Ortsende von BOCCA ALBITRINA, plätschern zwei **Brunnen** (Fontaine di Bocca Albitrina und Fontaine di Buttiglionu), am zweiten Brunnen, der (meist) reichlicher fließt und mehr Parkraum hat, sollte man sich gut eindecken, denn sogar die Einheimischen bemühen sich hierher.

SARTENE ist ein eng gebautes, mit Autos verstopftes Städtchen. Deshalb versuchen wir erst gar nicht, das Verkehrschaos zu vervollständigen, sondern fahren gleich am Ortsanfang, vor der ESSO-Tankstelle, rechts zum großen Parkplatz vom Supermarkt "Super U" und beginnen den Stadtbummel mit einem preiswerten Einkauf.
Es sind wirklich nur wenige Schritte bis ins Zentrum, und wer sieht, wie hier geparkt wird, der beglückwünscht sich spätestens dort zu seiner Entscheidung.
Lesertipp: Bei der Weiterfahrt Richtung PROPRIANO, nach 400 m, vor einer ELF-Tankstelle links und gleich wieder links, gibt es schöne, ruhige, waagerechte Parkplätze.
Der **Place de la Liberation** ist das Herz SARTENES. Halb links gelangen wir in die **Kirche Sainte-Marie**, in der Holzkreuz und Kette des 'Großen Büßers' bestaunt werden. Alljährlich, zur Karfreitagsprozession, schleppt der **Catenacciu** (kors. 'Kettenträger'), ein nur dem Pfarrer bekannter, freiwilliger Büßer, unter einem blutroten Kapuzenmantel versteckt, 14 kg Ketten und das über 30 kg schwere Kreuz durch die Straßen der Stadt. Einstmals eine tiefreligiöse Handlung, sozusagen die letzte Chance, dem Fegefeuer zu entgehen, ist der Büßergang heute zu einem folkloristischen Massenspektakel entartet.

Place de la Liberation

Die Stadtväter haben inzwischen überall schöne, braune Hinweisschilder anbringen lassen. So finden wir auch ohne Mühe den Weg zum "Musée de la Préhistoire" (10-12, 14-18 Uhr; unterhalb öffentliche **Toilette** und **Brunnen** an der Straße nach GRANACE), in dem in gepflegter Atmosphäre, didaktisch ausgezeichnet aufbereitet, die Funde aus den umliegenden Ausgrabungsstellen ausgebreitet werden, in erster Linie Tongefäße und Schmuckstücke aus der zehntausendjährigen Geschichte des Sartenais.
Zwanzig Schritte rechts des Museumstores entdecken wir den meistfotografierten Winkel SARTENES, ein blumengeschmücktes Gässchen, in dem die Omas vor den Türen sitzen – und wir

haben ganz plötzlich das Gefühl, dass wir die Beguckten sind. Von SARTENE geht es auf der N 196 hinab Richtung AJACCIO/PROPRIANO. 800 m nach dem Ortsendeschild rechts **Campingplatz** "U Farrandu" direkt unterhalb der Straße mit steiler Abfahrt. 500 m später der **Campingplatz** "Merendella" links oberhalb der Straße mit steiler Auffahrt.

Achtung!

Schon nach 3,7 km machen wir einen Abstecher nach rechts Richtung ST. LUCIE/LEVIE. 1000 m später geht es rechts auf der D 69 zum empfehlenswerten Campingplatz "Olva" (man kann ihn auch direkt von SARTENE aus anfahren, wenn man sich durchs Zentrum quält).

WOMO-Campingplatz-Tipp: Olva

Position: N 41° 38.422'; E 8° 58.493'; 74 m. **Öffnungszeiten:** 1.4. - 31.10.
Zufahrt: Von Sartène Richtung Ajaccio, nach 3,7 km rechts Richtung Levie und nach 1 km wieder rechts (noch 1000 m).
Ausstattung: sehr schattig; Pizzeria; Laden; Gaststätte; Pool, neuer, schattiger Spielplatz; kostenloser Bus nach Sartène.

Rollt man an der Abzweigung der D 69 vorbei, so **muss** man bereits 1500 m später die Parkbuchten rechts der Straße ansteuern. Die **Spin a Cavallu**, das Objekt unserer Suche, eine grazile genuesische Brücke aus dem XIII. Jahrhundert, kann man nicht mehr übersehen. Einst idyllisch hinter Weiden,

Spin a Cavallu

Pappeln und Erlen versteckt, steht sie nach übertriebenen Rodungen nun wie auf dem Präsentierteller. Autos oder andere, vierrädrige Fortbewegungsmittel haben dieses Unikum sicher nie überquert, sie wären im 'Zenit' der Brücke, der steil wie ein Hauszelt ist, mit Sicherheit aufgesessen. Trotzdem halte ich die Luft an, als ein PKW in flottem Tempo links der

Brücke aufspritzend in den Fluss rollt – und ihn mühelos auf der anderen Seite wieder verlässt. Die betonierte Furt entdecke ich erst anschließend knapp unter dem Wasserspiegel.
Langsam nähert sich die Sonne den Felszacken im Nordwesten. Neben dem Brückchen kann man fein picknicken – aber sicher nicht ruhig übernachten ....
Folgen Sie uns also zu einem lauschigen Plätzchen in der stillen Natur – und tun Sie vor dem Schlafen noch etwas für Ihre Gesundheit!
Nach 5,7 km auf der D 69 (also noch 3,2 km nach der **Spin a Cavallu**) wechseln wir auf die D 268, dann rechts auf die D 148 und direkt hinter der auffälligen Metallgitterbrücke über den Fiumicicoli links auf die D 548 (Wegweiser: Bain de Caldane/ PANTANO). Wenig später stoppen wir links der Straße an der **heißen Quelle von Caldani** und schreiten zum Bade:

In der Bar "U Vecchiu Mulinu" bezahlen wir pro Nase 3,50 Euro (Kindernasen die Hälfte), durchqueren mit unseren Handtüchern rechts des Gebäudes ein Wiesenstück und stehen vor dem heilkräftigen Wasser: 6 auf 2 Meter misst das Becken, darin liegen würfelförmige Ruhesteine. Nach dem Niedersetzen guckt gerade noch der Kopf aus dem 37° C.-Wasser. "Oben" und natürlich auch "unten ohne" ist verpönt, und obwohl wir im Mai die einzigen Badegäste sind, ziehen wir uns brav in den Umkleidekabinen am Beckenrand um.

Einst erhielten wir von der Besitzerin der Bar „Zur alten Mühle“

für alle WOMO-Urlauber die Erlaubnis, vor oder nach dem Bade auf der großen Wiese gegenüber zu nächtigen. Leider ist die freundliche, alte Dame verblichen und hat einen griesgrämigen Krauter hinterlassen, der das Übernachten (warum auch immer) nicht duldet. Dies ließ uns natürlich zu Hochtouren auflaufen – und so präsentieren wir (stolz) 2800 m weiter flussaufwärts links der Straße eine Parkmöglichkeiten am Fluss mit einer schönen, großen Badegumpe.

WOMO-Badeplatz: Fiumicicoli-Fluss

Position: N 41° 40.450'; E 9° 4.845', 140 m. **WOMO-Zahl:** 1-2.
Zufahrt: Von der Spin a Cavallu erst auf D 69, dann D 268, dann D 148, dann D 548.
Ausstattung: Badegumpe mit Sandsträndchen und Liegefelsen.

Badegumpe im Fiumicioli

Am nächsten Morgen rollen wir zur N 196 zurück und nähern uns PROPRIANO. Unmittelbar vor der Brücke über den Rizzanese-Fluss zweigt eine Straße (D 121) nach links zum **Flughafen Tavaria** ab. Hinter ihm, so hörten wir, solle sich ein schöner, freier Strand befinden. Wir suchen und suchen, verfranzen uns im Geflecht der Weidewege, kommen nicht vor bis zum Wasser.

Ein Plätzchen haben wir trotzdem entdeckt: Nach 2300 m passiert man die Abzweigung zum Flugplatz und nach weiteren 1700 m findet man rechts, unterhalb der Straße, zwischen Büschen reichlich gemütlichen Parkraum auf Wiesenflächen.

WOMO-Badeplatz: Plage de Portigliolo

Position: N 41° 39.033'; E 8° 52.778'. **WOMO-Zahl:** 3-4.
Zufahrt: Vor der Rizzanèse-Brücke links, am Flugplatz vorbei und 1700 m später rechts.
Ausstattung: Super-Sandstrand: 200 Schritte.

Düne hinter dem Strand von Portigliolo

Von dort aus sind es 200 Schritte auf einem Weideweg bis zu der blütenübersäten Düne hinter dem prächtigen Sandstrand. Das Meer ist einsame Spitze!

Die D 121 zieht weiter nach Südwesten, verlässt den Sandstrandbogen bei einem Feriendorf, turnt aussichtsreich den Hang der Steilküste entlang (mehrere Parkmöglichkeiten am Straßenrand), schwingt sich hinab zum Fischerdörfchen CAMPOMORO, das genuesenturmbewacht in einer "süßen" Sandbucht liegt.

Schnell stellen wir fest, dass wir (aus Platzgründen) als Wohnmobilisten hier nicht erwünscht sind – es sei denn, man schwenkt unmittelbar vor dem Strand links in den **Campingplatz** "La Vallée" ein.

WOMO-Campingplatz-Tipp: La Vallée

Position: N 41° 37.682'; E 8° 48.993'. **Öffnungszeiten:** 1.6. - 30.9.
Zufahrt: Vor der Rizzanèse-Brücke links, auf der D 121 ca. 12 km bis Campomoro.
Ausstattung: ruhig; wenig Schatten; Gaststätte; Strand: 100 m.
Hinweis: Empfehlenswerte Wanderung zum aussichtsreichen Genuesenturm, der bestiegen werden kann (hin und zurück 35 min.)

Auch rechts der **Rizzanèse**-Mündung, zugänglich von PROPRIANO aus, hatte man uns einen breiten **Sandstrand** empfohlen. Nach diesem Platz haben wir lange gesucht, um so größer war dann die Überraschung, ja unsere Begeisterung!

Hier die Zufahrtsbeschreibung:

Am Ortsbeginn von PROPRIANO biegen wir am Kreisverkehr links und nach 800 m, vor der BP-Tankstelle, wieder links (man kann sich auch nach den Fährwegweisern der SNCM richten). Rollt man nun Richtung Hafen, über zwei Kreisverkehre, so landet man am sommers total überfüllten Hausstrand von

PROPRIANO – und ist natürlich enttäuscht, denn Parkplätze oder gar WOMO-Plätze sind rar.
Fährt man jedoch 250 m hinter dem zweiten Kreisverkehr scharf links, so kommt man links am Hotel "Arena Bianca" vorbei zur über 1500 m breiten **Plage de Capu Laurosu**, die erst an der nördlichen **Rizzanese**-Mündung endet. Im Frühjahr ist selbst der Strand übersät mit einem Blütenmeer, im Sommer muss er ein Kindertraum sein: Auf Felsen kann man herumklettern, an der Flussmündung im Süßwasser baden, zu einem kleinen Inselchen schwimmen oder zu Inseln im Salzwasser vor dem endlos scheinenden Sandstrand. Wer hier nicht herfährt, und das auf einer bequemen Teerstraße (man erinnere sich an die Torturen weiter südlich), der ist selber schuld....

WOMO-Badeplatz: Plage de Capu Laurosu
Position: N 41° 39.878'; E 8° 52.915'. **WOMO-Zahl:** >5.
Zufahrt: Beim Ortsbeginn Propriano am Kreisverkehr links, nach 800 m vor BP wieder links, über 2 Kreisverkehre, 250 m später scharf links, am Hotel "Arena Bianca" vorbei.
Ausstattung: Super-Sandstrand: 200 Schritte.

Badestrand am Capu Laurosu

Übrigens: PROPRIANO hat natürlich einen Yachthafen; rechts sind viele **Wasserhähne** auch für WOMOs bequem anfahrbar. Ganz am rechten Rand liegt die **Tourismusinformation** mit Duschen und öffentlicher **Toilette**.
Durchreisende umfahren das überlaufene PROPRIANO, kommen am **Strand Baraci** vorbei, dessen Zufahrten alle verrammelt sind und biegen 2 km dahinter in die kurvige D 157 Richtung PORTO POLLO/FILITOSA ab.
Bereits 900 m später folgen wir dem Wegweiser steil links hinab zum **Tour de la Calanca**. Nach 500 m passieren wir einen

naturbelassenen **Campingplatz**, den gepflegten Turm (auf Privatgelände) und landen nach 800 m vor einem Fußballplatz mit reichlich Parkraum direkt am ausgedehnten Sandstrand, der von blütenüberschütteten Felshängen flankiert ist.

**WOMO-Badeplatz:
Tour de la Calanca**

Position: N 41° 41.440'; E 8° 53.180'.
WOMO-Zahl: 2-3.
Zufahrt: Von Propriano auf der N 196 nach Norden, dann auf der D 157 noch 900 m nach Westen. Steil links hinab zum Strand.
Ausstattung: Sandstrand.

Badestrand am Tour de la Calanca

Noch knapp 7 km sind es auf schmaler Bahn, die rechts und links gesäumt ist von **Campingplätzen** und Gaststätten, bis man, direkt unterhalb des **Tour de Micalona**, erneut an eine Straßengabelung kommt.
Unser weiterer Weg führt gerade aus Richtung **Filitosa**, vorher machen wir jedoch einen Abstecher nach links Richtung PORTO POLLO, überqueren den **Taravo-Fluss** kurz vor seiner Mündung in den **Golf von Valinco**, biegen dahinter links.
1900 m später lockt uns das Campingplatzschild "Cyrnos" nach links in einen welligen Staubweg, der nach 800 m in ein Wiesengrundstück mit stramm ausgerichteten Pappeln einschwenkt. Der weite, einsame Sandstrandbogen, der die Mündung des **Taravo** flankiert, liegt direkt vor dem Platz.

Strand an der Mündung des Taravo neben dem Campingplatz "Cyrnos"

WOMO-Campingplatz-Tipp: Cyrnos

Position: N 41° 42.857'; E 8° 49.002. **Öffnungszeiten:** Hauptsaison
Zufahrt: Hinter der Taravo-Brücke links, nach 1900 m wieder links zum Sandstrand.
Ausstattung: ruhig; wenig Schatten; am Strand; Nächster Ort: 4 km.
Hinweis: Wenn geschlossen, kann man rechts vorbei direkt bis zum Strand fahren.

Direkt am Ortsschild von PORTO POLLO liegt linkerhand, schön schattig im Pinienwald, der Campingplatz "U Caseddu" zwischen Straße und Sandstrand.

WOMO-Campingplatz-Tipp: U Caseddu

Position: N 41° 42.743'; E 8° 48.253'. **Öffnungszeiten:** Hauptsaison
Zufahrt: Hinter der Taravo-Brücke links bis zum Ortsbeginn von Porto Pollo.
Ausstattung: viel Schatten; Gaststätte; am Strand.

Die Straße endet am Jachthafen von PORTO POLLO (am rechten Rand ein Wasserhahn mit Schlauch). Parkverbot für WOMOs von 22 - 7 Uhr.

Wir kehren über den **Taravo** zur bereits erwähnten Straßengabelung zurück, biegen links in die D 57 ein, FILITOSA, das Zentrum megalithischer Kultur und deutlichstes Zeugnis ihrer Niederlage gegen die Torreaner, ist unser nächstes Ziel.

Nach 4 km beleben sich die Straßenränder – **Filitosa** ist touristischer Hauptanziehungspunkt! Am besten, man fährt am Eingang zur Fundstätte vorbei und parkt ein paar Schritte weiter, auf dem großen Platz rechts. Vielleicht erwischt man dort noch einen (schrägen) Schattenplatz.

WOMO-Stellplatz: Filitosa

Position: N 41° 44.643'; E 8° 52.288'; 75 m. **WOMO-Zahl:** 3-4.
Zufahrt: Vor der Taravo-Brücke rechts, auf der D 57 noch 4,5 km bis zum Parkplatz.
Ausstattung: Mülleimer.

Am Eingang zur Anlage begrüßt uns Herr Jean Cesari persönlich, Sohn von Charles-Antoine Cesari, der 1946 die ersten Menhir-Statuen am Fuß des Hügels von Filitosa entdeckte.
Nachdem Roger Grosjean, der anerkannt beste Kenner der korsischen Frühgeschichte, die Bedeutung der Funde bestätigt hatte, wurden die Grabungen intensiviert. Seitdem verwaltet die Familie Cesari die Fundstätte.

Für knapp 4 Euro/Person (Kinder unter 10 J. kostenlos, über 10 J. voller Preis) dürfen wir dann eine schattige Pinienallee durchschreiten, die uns für eine halbe Stunde in eine ferne Vergangenheit führt, in der in Rüstungen steckende Torreaner, durch Stierhörner furchterregend geschmückt, mit ihren Bronzeschwertern auf die megalithischen Krieger vernichtend einschlugen. Trotzdem blieb wohl ab und zu auch einer der Steinaxt-Krieger der Überlegene – und ließ sich sein Opfer als Trophäe in Stein meißeln. Kein Wunder, dass die Torreaner diese Steingestalten nach ihrem endgültigen Sieg zerschlugen und, wo sich die Gelegenheit erbot, ins Mauerwerk ihrer Festungsbauwerke einbezogen.
Im Museum, das wir nach unserem Rundgang nicht auslassen, wird die vermutete Verwandtschaft (oder Identität) der **Torreaner** mit den **Shardana**

anschaulich erläutert.
Besonders überzeugen uns die Interpretation der 'Grätenmuster' auf dem Rücken der Menhire, die die korsettähnliche Schnürung der Brustpanzer darstellen sollen und die der Kopfform: Hier fällt es nicht schwer, sich im Original einen flachen Helm mit Hörnern vorzustellen.
Weiter geht es auf dem Sträßchen, das relativ neu, schmal und steil einen Olivenhain durchkurvt, dessen lanzettliche Blättchen mal silbrig, mal grau-grün in der Sonne glitzern. Zunächst durchqueren wir das Dörfchen CALVESE (**Brunnen** rechts). Wir turnen weiter bergauf, halten an einer Gabelung rechts auf SOLLACARO zu (**Super-Brunnen** links). Nun wird die Straße breiter; alte, weit ausladende Steineichen bestimmen wieder das Bild.
Am **Col de Celaccia** (582 m; Pizzeria "Santa Lucia" mit großen, ebenen Parkplätzen) ist wieder die N 196 erreicht, auf der wir sehr angenehm, bundesstraßenbreit, nach Norden ziehen. Ein schattiger **Rastplatz** mit (trockenem) Brunnen rechts lädt 3,4 km hinter CASALABRIVA bei »km 50« dazu ein, die wunderschöne Aussicht über die Berghänge des **Taravo-Tales** bei einem Kaffee in Ruhe zu genießen. Dann durchqueren wir den malerischen Gebirgsort PETRETO-BICCHISANO, in dessen Ortsmitte rechts und am Ortsende links wieder **Brunnen** reichlich Wasser spenden.
Mitten im Gebirge treffen wir wieder auf den **Taravo**. Hier ist er jedoch kein träger Schwemmlandfluss, sondern ein munterer Bach, der über Felsen schäumt und manche Badegumpe füllt. 400 m hinter der Brücke kann man rechts der Straße parken (der schöne Wiesenplatz ist durch Felsklötze blockiert) und zum Wasser hinabklettern, wo eine große **Badegumpe** wartet.

Badegumpe im Taravo

1700 m nach der **Taravo**-Brücke passieren wir das **Thermalbad von Taccana**, das tief rechts unterhalb der Straße schlummert (von Juni - September kann man dort im Mineralwasser kuren).
GROSSETO, 10 km später, trumpft mit einem schattigen Dorfplatz auf, dessen **Brunnen** gleich aus vier Mäulern speit.
Am **Col de St. Georges** (747 m) locken eine Bar und ein Restaurant mit korsischen Spezialitäten, kurz dahinter plätschert rechts ein richtiger **Mineralwasserbrunnen**, und auf den nächsten Kilometern kann man auf den alten, stillgelegten Straßenschleifen picknicken und einen ersten Blick hinab ins **Prunelli-Tal** im Norden riskieren.
Kurz vor AJACCIO wird erst der **Prunelli** und dann der **Gravona-Fluss** überquert. Dann stoßen wir an einem Kreisverkehr auf die N 193, die uns nach AJACCIO hineinträgt.
AJACCIO-Besucher haben besonders mit Parkplatzproblemen zu kämpfen. Wir machen uns die Sache leicht, indem wir 400 m hinter den Supermärkten 'Carrefour' und 'Super U', den wohl preiswertesten Einkaufsmöglichkeiten Korsikas, links abzweigen, dem Fährschiffsymbol über die Schienen folgend (ACHTUNG! Rechtzeitig links einordnen).
Beim 'Gare Maritime' finden wir genügend Parkraum, wo wir für 0,5 Euro/Stunde unser WOMO ohne schweißtreibende Parkplatzsuche direkt am Zentrum abstellen können.
Das Gebäude hinter den vier Palmen auf der anderen Straßenseite beherbergt nicht nur das Rathaus, sondern, direkt vor unserer Nase (blaues Tor, bis Mittag geöffnet) auch die Fischhalle und (um die Ecke links) die Touristeninformation. Dort erwerben wir einen Stadtplan und wissen nun, dass das Napoleondenkmal (Foto) schräg gegenüber, vor dem sich die Touristen fotografieren, auf dem **Place Marechal Foch** steht.

Rechts neben dem Rathaus befindet sich der **Square Campinchi**. Hier findet allmorgendlich das bekannteste Markttreiben Korsikas statt. Wir sind also denkbar ungünstig dran! Deshalb promenieren wir nur ein bisschen auf dem **Cours Napoleon**, der 'Prachtstraße' AJACCIOS, nach Norden, wobei wir auch eine ganze Reihe von Bancomaten entdecken. Ja, das Geld ist schon wieder alle, und es wird auch diesmal nicht lange reichen, denn auf dem Rückweg entdecken wir ein Lädchen, das nur aus roten Korallen zu bestehen scheint. Was halten Sie, meine Herren, von einer Korallenkette, einem Korallenarmband oder Korallenohrsteckern – als Geschenk für Ihre Angebetete ....

Solchermaßen für einen eleganten Abendausgang gerüstet, statten wir zunächst den **Iles Sanguinaires**, den **Blutinseln**, einen Besuch ab. Etwa 12 km geht es auf der **Route des Sanguinaires**, an der sich die Luxus-Hotels drängeln (**Brunnen** rechts), nach Westen.

So unglaublich es klingt, hier haben wir sogar ein passables Übernachtungsplätzchen entdeckt (Foto):

Genau 4,8 km nach dem Ajaccio-Ortsende-Schild befindet sich, links hinter dem Strandrestaurant 'Le Week End', ein durch Buschgruppen unterteiltes Gelände, das Platz für viele WOMOs bietet, der Sandstrand davor mit einem Kriegermonument (La Borne de la Terre sacrée) ist fast zu schön für ein einmaliges Bad.

WOMO-Badeplatz: Route des Sanguinaires

WOMO-Zahl: 3-4. **Ausstattung:** Sandstrand, Stranddusche.

Zufahrt: Von Ajaccio nach Süden bis zur Bushaltestelle "Borne de la Terre sacrée" beim Restaurant "Le Week End".

Ein ähnliches Gelände 300 m weiter westlich beim Strandrestaurant 'Macumba' könnte ebenfalls empfohlen werden. Der Besitzer "sieht jedoch WOMOs nicht gern". Die Speisekartenangebote schweben jedoch bei erträglichen 12-15 Euro, und man kann schön außen am Strand sitzen.

Blick zu den Iles sanguinaires

Zunächst aber geht es, wie gesagt, bis zum Ende der Straße (700 m vor Ende der Straße großer Parkplatz gegenüber einem Tennisplatz). Dort absolvieren wir die geradezu pflichtgemäße **Rundwanderung** um die **Pointe de la Parata** mit **Genuesenturm** und Blick auf die berühmten **Iles Sanguinaires**, die Blutinseln, die ihren schaurig klingenden Namen wohl nur einem Irrtum verdanken: Ursprünglich waren es wohl die **Iles Sagonares**, die Inseln am Golf von SAGONE.
3,4 km sind es zurück zu unserem Übernachtungsplätzchen. Aber wir fahren noch 500 m weiter. Dort liegt über der Straße das Restaurant 'Nausicaa', vor dem wir in lauschiger Laube im Freien sitzen können. Eine Fischsuppe für 12 Euro/Person kann man außer einem Getränk noch empfehlen, dann geht es auf der Speisekarte steil aufwärts ....
Die Nacht verläuft ungestört (das Meeresrauschen übertönt den Autoverkehr), und am nächsten Morgen bestaunen wir, wie in der Fischhalle am Hafen die korsischen Hausfrauen und Köche fachmännisch zwischen Langoustes, Crevettes, Bicorneaux, Merlan, Murenes, Chapons, Pagéots, Dentis und, und, und ..... wählen; das Angebot ist umwerfend, und vor den meisten Namen kapituliert sogar unser sonst so zuverlässiger Langenscheidt. Wesentlich vertrauter geht es für unsere Augen (und Ohren) auf dem benachbarten Obst- und Gemüsemarkt zu, wo auch die korsischen Käse- und Metzgereispezialitäten angeboten werden.
Darf's auch etwas Geistiges sein? Zeitungen, Zeitschriften, Landkarten, Asterix auf Korsika – das alles gibt's im "Maison de la Presse" schräg gegenüber dem Napoleonbrunnen.
Apropos 'Napoleon'! Man begegnet ihm in AJACCIO, wen

wundert's, auf Schritt und Tritt. Heldenverehrung, Stolz auf den 'größten Sohn' der Stadt?
Mitnichten!
Schlichte Geschäftemacherei im Stile 'Echter Schwarzwald-kuckucksuhren' oder 'Original Bayerischer Bierkrüge' treibt üppigste Blüten.
Das berühmte **Musée Fesch** ist nach langer Renovierungszeit endlich wieder geöffnet. Kardinal Fesch, ein Onkel Napoleons und Freund der Malerei, nutzte die Gunst der Kriegswirren und seine Beziehungen und 'besorgte' sich in ganz Europa, was an wertvollen Gemälden gerade keinen Besitzer hatte. Wir finden das Museum in der **Rue Cardinal Fesch**, der Parallelstraße zur Hauptstraße, dem **Cours Napoleon**, schrecken jedoch vor dem hohen Eintrittspreis zurück und trösten uns mit einem (kostenlosen) Bummel durch die Altstadt südlich des **Place Maréchal Foch**.
Auf dem **Place de Gaulle**, den die Einheimischen immer noch **Place du Diamant** nennen, gucken wir Napoleon eine Weile beim Reiten zu, überzeugen uns dann in der Kathedrale **Notre-Dame-de-la-Misericorde** davon, dass rechts des Eingangs noch 'Napoleons Taufbecken' vorhanden ist und lassen uns vom Marmor des gewaltigen Hochaltars blenden.
In der Kirche **Saint-Erasme**, schon nahe der 'Südspitze' AJACCIOS, gibt es wieder etwas für die Kinder zu sehen: Modelle von Schiffen, die Seeleute in Dankbarkeit gestiftet haben. Über den **Boulevard Casanova** am Fuße der Zitadelle und den **Quai Napoleon** gelangen wir wieder zurück zum Meer, dem Parkplatz und unserem WOMO.
Zum **Place d'Austerlitz** fahren wir lieber mit dem WOMO (vom

Napoleondenkmal auf der Place d'Austerlitz

Place Maréchal Foch immer nach Westen, rechts am **Place de Gaulle** vorbei, die **Avenue de Paris** hinauf). Dort oben fühlt man sich an die Nürnberger Architektur eines anderen Größenwahnsinnigen erinnert:
Auf einer schiefen Ebene, von Treppenaufgängen flankiert, sind die Siege Napoleons eingemeißelt, ganz oben steht er, persönlich, in der bekannten Pose. Unten, auf dem gepflegten Areal, spielen die Einheimischen Boule und würdigen ihn keines Blickes (Sie werden vielleicht an der öffentlichen Toilette vor der Anlage interessiert sein!?).
Die Jugend AJACCIOS geht im Sommer natürlich baden – aber wo?
Wir verlassen AJACCIO nach Osten, passieren eine SHELL-Tankstelle mit Autogas und eine ESSO mit dem gleichen Angebot. 1000 m später zweigen wir rechts ab zum **Flughafen Campo dell'Oro**. Die Straße, eine schöne Pinienallee, führt zwischen Flugplatz und einem endlosen **Sandstrand** entlang, der nur noch von seinem gewaltigen Parkplatzangebot in den Schatten gestellt wird.
AJACCIO ist nicht FRANKFURT und das Start- und Landeaufkommen ist nur gering. Folglich kann man den Lieblingsstrand der Jugend von AJACCIO auch für den Nachtschlaf empfehlen.

WOMO-Badeplatz: Campo dell'Oro

WOMO-Zahl: >5. **Ausstattung:** Sandstrand; Camping verboten.
Zufahrt: Von Ajaccio nach Osten bis zum Flugplatz Campo dell'Oro.
Ausweichplatz: Über die Gravona- und Prunelli-Brücke. Dann auf D 55 nach Süden bis PORTICCIO. Hinter dem Hotel "Coralia" rechts zum Sandstrand.

Riesenbadestrand vor dem Flugplatz Campo dell' Oro

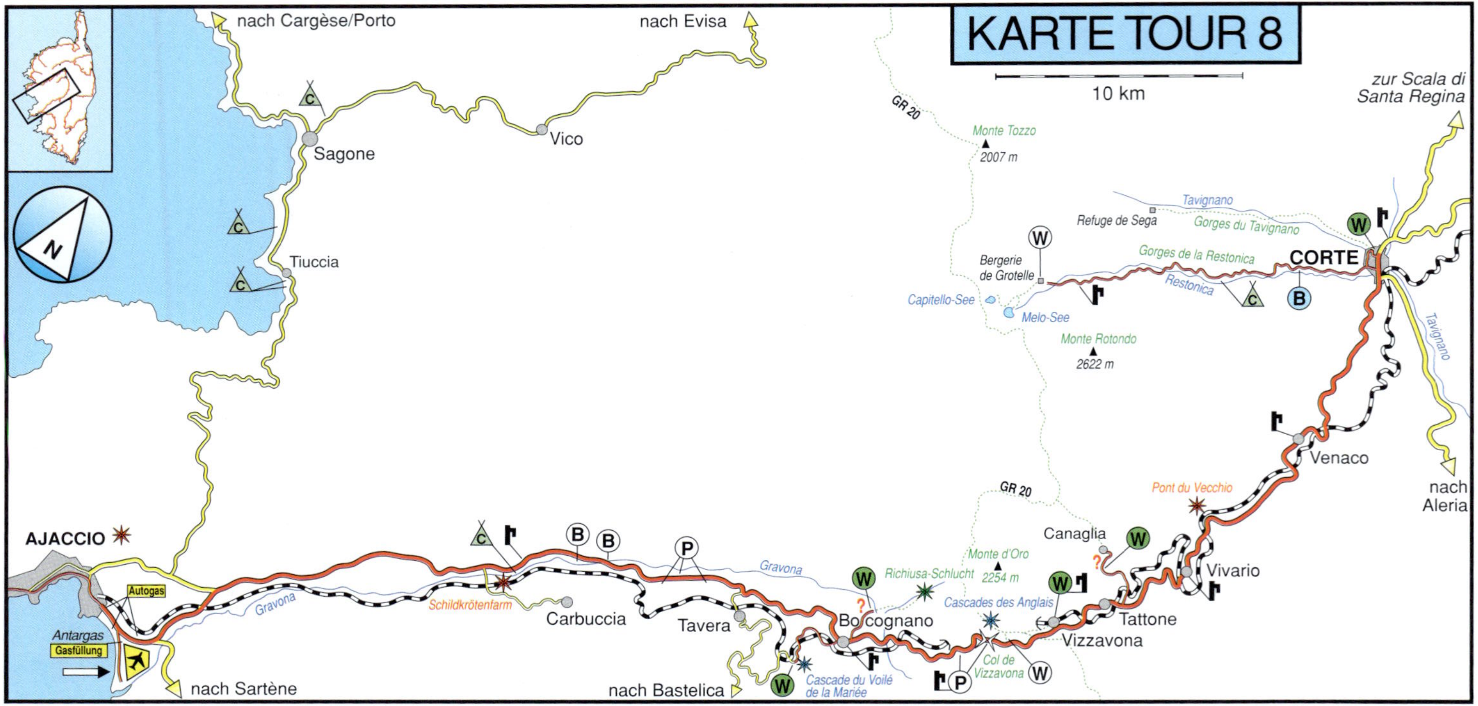
KARTE TOUR 8
10 km
nach Cargèse/Porto
nach Evisa
zur Scala di Santa Regina
nach Aleria
nach Sartène
nach Bastelica
Sagone
Vico
Tiuccia
AJACCIO
Autogas
Antargas
Gasfüllung
Gravona
Schildkrötenfarm
Carbuccia
Tavera
Bocognano
Richiusa-Schlucht
Cascade du Voilé de la Mariée
Monte d'Oro
2254 m
Cascades des Anglais
Col de Vizzavona
Vizzavona
Tattone
Canaglia
Vivario
Pont du Vecchio
Venaco
CORTE
Tavignano
Restonica
Gorges de la Restonica
Gorges du Tavignano
Refuge de Sega
Bergerie de Grotelle
Capitello-See
Melo-See
Monte Rotondo
2622 m
Monte Tozzo
2007 m
GR 20

TOUR 8 (120 km / 3-4 Tage)

Gravona-Tal – Bocognano – Col de Vizzavona – Cascades des Anglais – Corte – Restonica-Schlucht – Tavignano-Schlucht

Freie Übernachtung:	Campo dell'Oro, Cascade du Voile de la Mariée, Busso, Vizzavona, Vecchio-Fluss, Corte.
Trinkwasserstellen:	u. a. Bocognano, Vivario, Venaco, Corte.
Campingplätze:	Gravona-Tal, Corte.
Baden:	Gravona-Fluss, Richiusa-Schlucht, Cascades des Anglais, Vecchio-Fluss, Restonica-Schlucht, Tavignano-Schlucht.
Besichtigungen:	Ajaccio, Schildkrötenfarm, Col de Vizzavona, Pont du Vecchio, Corte.
Wandern:	Richiusa-Schlucht, Cascades des Anglais, Manganello-Tal, Melo-/Capitello-See, Tavignano-Schlucht.

Wir verlassen AJACCIO vierspurig nach Osten, wie wir es betreten hatten, biegen dann kurz vor der **Gravona**-Brücke links nach Nordosten auf die N 193 Richtung CORTE ins **Gravona-Tal** ab (oder wollen Sie – hinter der Gravona-Brücke auf der D 55 nach Süden – erst den Badeplatz in PORTICCIO testen?).
Als 'Konkurrent' zum **Gravona-Tal** hatte sich das **Prunelli-Tal** angeboten, durch das man, vorbei an Schluchten, Stauseen und über das einsam gelegene Gebirgsörtchen BASTELICA ebenfalls zum **Col de Vizzavona** gelangen kann. Bald werden wir unserer Bequemlichkeit dankbar sein, die der breiten, 'roten' Straße den Vorzug gab!
Zunächst einmal aber ragt vor uns eine riesige, braune Rauchsäule hoch in die Luft, ein roter Hubschrauber hängt daneben und dirigiert Feuerwehrfahrzeuge und Löschflugzeuge an die günstigsten Stellen – korsischer Waldbrand-Alltag. Jährlich fallen durch Unachtsamkeit, aber auch durch solchermaßen veranstaltete 'Rodungsmaßnahmen', für die sich nie ein Täter findet, obwohl der Nutznießer stets bekannt ist, riesige Wälder, aber auch Tiere und Menschen den Flammen zum Opfer. Ist der Baumbestand einmal vernichtet, darf in dem Gebiet gebaut werden, vorher nicht – und die Hirten bevorzugen nun einmal junges, saftiges Grün für ihre Schafe und keine harten, dornigen Macchiesträucher.
Brenzliger Harzgeruch begleitet uns noch kilometerweit, ein bitterer Geschmack liegt auf der Zunge.

Waldbrandgebiet im Gravona-Tal

Wo versteckt sich eigentlich der Fluss, der dieses anfänglich breite Schwemmtal geschaffen hat? Ein Bad wäre nach Stadtstaub und Brandgestank nicht schlecht! Zunächst bekommen wir aber nur einen Baum- und Gebüschstreifen zu Gesicht, nach 14 km, vor der Abzweigung nach CARBUCCIA, entdekken wir schließlich die erste **Bademöglichkeit**, zu dem man mühsam von der Straße hinabsteigen muss.
700 m nach dieser Abzweigung liegt rechts die **Schildkrötenfarm "A Cupulatta"** mit einem Picknickplatz für die Besucher (offen: April-November 10-17.30, Saison 9.30-19 Uhr; 7 EUR). Vom winzigen "Schlüpfling" bis zu 3-Zentner-Riesen wird hier ein Überblick über 130 Schildkrötenarten geboten – sehenswert! 500 m nach der Schildkrötenfarm, bei »km 21,6«, geht es rechts hinab zum Campingplatz "Les eaux vives".

WOMO-Campingplatz-Tipp: Les eaux vives

Position: N 42° 1.783'; E 8° 54.842'; 190 m. **Öffnungszeiten:** 1.5. - 31.10.
Zufahrt: Von Ajaccio auf der N 193 Richtung Corte.
Ausstattung: sehr schattig; am Fluss mit Badegumpen; Snackbar, nächster Ort: 3 km.

Bei »km 25,6«, hinter den rostigen Aufbauten eines Schotterwerkes, kann man auch das WOMO neben der Straße parken und zum Fluss marschieren. Hier flutet das erfrischende Nass schon gemächlich zwischen schön gerundeten Steindekorationen hindurch, die uns zum Ablegen sämtlicher Klamotten und zum Auflegen unserer edlen Körper nach dem Bade dienen. Auch im Bereich der GRAVONA-Brücke hinter »km 27« kann man noch parken und bequem zum Fluss hinabsteigen, dann steigt die Straße steiler an, lässt den Fluss weit unter sich. Wir genießen die weiten Schwünge der breiten, bestens ausgebauten Straße. Eine ganze Reihe von Picknickplätzen

liegt an den stillgelegten Schleifen der alten Straße ...
Plötzlich reitet uns der Teufel, und wir versuchen, über TAVERA (Richtung BASTELICA) zum Wasserfall **Cascade du Voile de la Mariée**, dem 'Brautschleier-Wasserfall', zu gelangen. Zunächst ist die Straße – wie erwartet, nur steil und schmal, hinter TAVERA wachsen aber die Schlaglöcher langsam zusammen, manchmal ist überhaupt kein Teerbelag mehr zu erblicken. Auch dieses 'zurück zur Natur' hätten wir bzw. die Reifen unseres WOMOs vermutlich noch ertragen. Doch an der nächsten Gabelung – rechts nach BASTELICA, links zum Wasserfall und nach BOCOGNANO, verwehrt uns ein schlichtes, aber aussagekräftiges (?) Sperrschild die Weiterfahrt.
Grübelnd stehen wir davor.
Ein einsames, staubverdrecktes Fahrzeug nähert sich aus Richtung BASTELICA. Seine schwäbischen Insassen berichten 'erschröckliches' über den Straßenzustand, freuen sich dann über unsere Auskunft, dass sie es bald geschafft haben. Da naht auf der gesperrten Straße die Erlösung (?) in Form eines knatternden Motorrads! Dumpf tönt jedoch die schlimme Kunde aus der Tiefe des Integralhelmes: „Pas de passage!" Die Straße sei abgerutscht, sie sei nur für Zweiräder und Fußgänger passierbar. Ja, der Wasserfall sei sehr schön und nur wenige hundert Meter dahinter!
Nachdem wir uns reihum in den Hintern gebissen haben (und Sie jetzt wissen, warum das **Prunelli-Tal** z. Zt. die schlechtere Wahl ist), machen wir uns auf den Rückweg, freuen uns über jedes wieder auftauchende Stückchen Teer, überfahren fast noch einige Mitglieder einer kohlrabenschwarzen Schweinefamilie und biegen staubig und eine Stunde älter und erfahrener wieder in die N 193 ein.
Jetzt müssen wir erst recht zum Wasserfall!
Erstens wegen des Staubes und zweitens wegen der Psyche; wir lassen uns doch nicht unterkriegen!
7 km sind es bis BOCOGNANO. Dort, 200 m hinter dem Ortsschild, hat man die Hinweisschilder Richtung BASTELICA entfernt, auch der Wasserfall wird nicht erwähnt (die Straße ist nur für Anlieger frei – aber wir sind Anlieger!).
Nach 3400 m auf der gesperrten D 27, die sich erst unterhalb, dann über der Bahnlinie dahinwindet, gelangen wir an eine Brücke über ein Bächlein. 200 m hinter ihr parken wir rechts auf einem schönen Wiesenfleck (übernachtungsgeeignet).

WOMO-Badeplatz: Cascade du Voile de la Mariée
Position: N 42° 3.897'; E 9° 2.712'; 629 m. **WOMO-Zahl:** 2-3.
Zufahrt: Von Bocognano (200 m hinter dem Ortsschild) auf der D 27 3,4 km.
Ausstattung: Picknickwiese, Wasserfall mit Badegumpen.

Cascade du Voile de la Mariée (im Frühjahr)

Wir marschieren zur Brücke zurück und steigen links des Baches (weiß markiert) auf schmalem Pfad in zehn Minuten bis zum Fall. Das Wasser 'fällt' jedoch meist nicht frei, es rutscht, gleitet am Hang, sprüht in einem weißen Schleier hinab. Man kann sich an die Wand anlehnen, das Nass über den Körper strömen lassen oder sich in eine der nahezu körpergeformten Steinbadewannen legen – ein fast tierisches Vergnügen. Für rechte Badefreuden ist der Tiefgang jedoch zu knapp bemessen. Aber bachabwärts, knapp vor der Brücke, wartet eine reichlich dimensionierte Badegumpe in idyllischer Einsamkeit auf uns. Hier erreicht die Stimmung wieder ihren urlaubsgemä-

Badegumpe bei der Cascade du Voile de la Mariée

ßen Höchststand. (Wasser 19°C.)
Das Bergdorf BOCOGNANO bietet im Ortskern rechts einen 'Stereobrunnen', die Bäckerei ist direkt darüber.
Solchermaßen ausgerüstet kann das nächste Abenteuer kommen!
Nach 1200 m, direkt am Ortsende, geht es schlecht beschildert links hinab nach BUSSO. Bereits nach weiteren 1000 m folgen wir, noch steiler hinab, den Wegweisern "Richiusa" und "Mulinu". Das sehr schmale (?) Teersträßchen (mit nied-

Der Bäcker von Bocognano

rigen Ästen) endet zwischen einer ehemaligen Kastanienmühle und einem kleinen Wasserkraftwerk direkt vor dem **Gravona-Fluss**; der Parkraum reicht für drei WOMOs. Der Beginn der Richiusa-Schlucht ist direkt im Norden zu erkennen!

Parkplatz bei der Kastanienmühle

WOMO-Wandertipp: Richiusa-Schlucht

Position des Wanderparkplatzes: N 42° 5.542'; E 9° 4.068'; 588 m.
WOMO-Zahl: 2-3. **Ausstattung:** Wanderweg.
Gehzeit: 1 1/2 Std. **Schwierigkeit:** leicht. **Höhenunterschied:** 65 m

Strecke: Das Gravona-Brückchen überqueren, dahinter links und im Bogen nach rechts, Richtung NNO (markiert mit Steinmännchen und roten Klecksen), auf die höchsten Gipfel der Migliarello-Gruppe und die Schlucht zu.
Bald geht es am linken Hang des Cordiccia-Baches bergauf (im Frühjahr durch ein Blütenmeer). Dort, wo die Felsen immer näher zusammenrücken, überqueren wir den Bach und marschieren rechts des Baches (und z. T. im Bach) bis zur Klamm (die 60-80 m hohen Wände sind an manchen Stellen nur 2-3 m voneinander entfernt).
Hinweis:
Im Frühjahr kann der Bach so reißend sein, dass eine Querung unmöglich ist!

Die Straße hinter BOCOGNANO, die nun doch recht schlängelig in 9 km die restlichen 400 Höhenmeter bis zum **Col de Vizzavona** überwindet, bietet verschwenderische Ausblicke auf die grünen, steilen Wände des **Monte d'Oro** und seiner kleineren Geschwister der **Migliarello-Gruppe**.
Die Eisenbahn hat es besser, ihr hat man einen 4 km langen Tunnel unter dem Pass hindurchgegraben, erst bei dem Dörfchen VIZZAVONA erblickt sie wieder das Tageslicht.
Dort, wo die Bahnlinie im Tunnel verschwindet, bietet sich ein schattiger **Parkplatz** zur Kaffeepause an, gegenüber spendet ein **Brunnen** garantiert kalkarmes Wasser. Unser WOMO tuckert aber gerade so zufrieden vor sich hin, ich brauche noch nicht mal zum ersten Gang zurückzuschalten. Also steht ein etwas zorniges Eheweib die letzten Meter mit dem Kaffeefilter in der Hand hinter mir – Gott sei Dank ist der 1161 m hohe **Col de Vizzavona** mit einem wunderschönen Parkgelände gesegnet...

WOMO-Stellplatz: Col de Vizzavona

Position: N 42° 6.740'; E 9° 6.805'; 1156 m. **WOMO-Zahl:** >5.
Zufahrt: Von Ajaccio auf der N 193 ca. 34 km bis zum Pass.
Ausstattung: Picknickwiese, Pfad zur Ruine vom alten Fort.

Links, wo riesige Rotbuchen ein Wiesengelände umsäumen, spielen die Kinder mit ein paar zudringlichen, schwarz-weißkarierten Müllschweinen, die sich kaum davon abhalten lassen, das WOMO nach etwas Essbarem zu durchwühlen und ich ersteige die Höhe links (Norden) und auf ihr die Ruinen des alten Forts, wo man einen prächtigen Rundblick hat.

900 m hinter der Passhöhe und noch unterhalb des Hotels "Monte d'Oro" ist links der Straße eine Parkmöglichkeit mit Hinweistafel und dem kürzesten Wanderweg zu den berühmten **Cascades des Anglais**, einer Aneinanderreihung schönster Badegumpen!
Also nichts wie die Badeklamotten geschnappt und durch den schattigen Buchenwald in 10 min. bis zu den Picknicktischen, wo ein Fußgängerbrückchen die erste Kaskade des Agnonebaches überquert (an dieser Stelle kommt der Wanderweg von VIZZAVONA herauf mit der rot-weißen GR-20-Markierung). Marschiert man jetzt links des Baches weiter, so hat man die Qual der Wahl, in welche der traumhaften Badegumpen man als erstes hopsen soll ....

Einer der Badegumpen der Cascades des Anglais

Kurz vor 20 Uhr passieren wir das **Forsthaus** von VIZZAVONA (Maison forestière), 2000 m weiter bergab Richtung CORTE (dort auch **Brunnen**). Früher konnte man hier eine kostenlose Erlaubnis zum Campen erhalten, heute werden alle WOMOs zum Übernachten an den Bahnhof von VIZZAVONA geschickt. Auch wir rollen noch 700 m weiter, biegen dann links in ein schmales, geteertes Sträßchen, das durch dichten Buchenwald zu reichlichem Parkraum (mit Dusche und WC) neben der nachts nicht befahrenen Schienenstrecke führt, ein Restaurant/ Bar „Refuge“ bietet korsische Spezialitäten an.
Bei 'Rouge' und 'Limo' fällt der Familienrat eine wichtige Entscheidung: Einerseits möchten wir von hier aus zu den CASCADES DES ANGLAIS wandern, andererseits den 'wildesten' Streckenabschnitt der „Chemin de Fer de la Corse“ mit dem Bähnle befahren. Wir entwerfen ein zunächst recht umständlich aussehendes Programm, das jedoch im Laufe des

folgenden Tages zur Zufriedenheit abrollt:
Am nächsten Morgen geht es gegen halb neun Uhr hinab nach CORTE. Unterwegs interessieren wir uns natürlich besonders für den komplizierten Verlauf des Schienenstranges, der von CORTE bis VIZZAVONA, wo der Tunnel beginnt, immerhin 510 Höhenmeter gewinnen muss. Immer wieder können wir halten und staunen, denn der Straßenverlauf wurde in den letzten Jahren begradigt und viele der alten Kurvenabschnitte bieten heute bequeme und aussichtsreiche Picknickplätze. Die Bahnlinie überquert Schluchten und Sturzbäche, bohrt sich durch Felswände, klebt förmlich an steilen Wänden. Der technische Höhepunkt ist die 300 m lange **Pont du Vecchio**, Monsieur Eiffels korsische Orgie in Stahlstreben und Nieten, zwischen VIVARIO und VENACO (Foto).

Wanderfreunden sei vorher (4 km nach VIZZAVONA, am Ortsende von TATTONE) ein Abstecher nach CANAGLIA empfohlen. Das sehr schmale (?) Teersträßchen endet nach 3,7 km in dem kleinen Bergdorf und findet seine Fortsetzung in einem Forstweg, der gleichzeitig der Beginn unseres Wandervorschlages ist:

WOMO-Wandertipp: Kaskaden des Manganello-Baches

Position des Wanderparkplatzes: N 42° 9.685'; E 9° 8.330'; 720 m.
WOMO-Zahl: 1-2. **Ausstattung:** Brunnen, Wanderweg.
Gehzeit: max. 4 Std. **Schwierigkeit:** leicht. **Höhenunterschied:** 480 m
Strecke: Dem Forstweg (rot markiert) links des Manganello-Baches bis zu den Bergeries de Tolla (1 1/2 Std.) folgen. Auf diesem Abschnitt bereits schöne Badegumpen. Den Bach überqueren und rechts weiter bis zu einer Kaskadenserie mit schönsten Badegumpen (2 Std.).
Hinweis: Die Parkmöglichkeiten in Canaglia sind sehr knapp. Es empfiehlt sich, bereits 2,7 km seit Tattone, direkt hinter der Brücke über den Vecchio-Bach, links zu parken und die restlichen 1000 m zu marschieren.

Vor dem Ortsanfang von CORTE (für die 30 km ab VIZZAVONA sollte man eine Stunde Fahrzeit einplanen) geht es rechts zum Bahnhof mit guten Parkmöglichkeiten. Täglich verkehrt das schnaufende Dieselross viermal in jeder Richtung:

CORTE	8.29	10.35	16.55	So 18.05
VIZZAVONA	9.10	11.20	17.45	So 18.50
VIZZAVONA		9.38	16.08	So 17.19
CORTE		10.34	16.55	So 18.05

(Diese Angaben aus dem Jahr 2001 sind Anhaltsdaten für eine evtl. Planung. Sie haben sich seit Jahren aber nur um Minuten geändert. Aber Sie haben am Bahnhof von VIZZAVONA ja den neuesten Fahrplan vor der Nase. Eher ist es unwahrscheinlich, dass der Zug auch einigermaßen pünktlich ist.)

WOMO-Wanderparkplatz: Bahnhofsparkplatz Corte

Position des Wanderparkplatzes: N 42° 18.260'; E 9° 9.468'; 406 m.
WOMO-Zahl: >5. **Ausstattung:** Waschbecken und Toiletten bei den Gleisen neben dem Wasserbehälter, Schattenbäume, Pizzastand.
Zufahrt: Am Ortsbeginn von Corte rechts (ausgeschildert).
Alternativplatz: Vor dem Schwimmbad Nähe Bahnhof.

Wir stehen jedenfalls rechtzeitig auf dem Bahnsteig, haben für die Rückfahrkarte (Billet d'aller et retour) CORTE-VIZZAVONA pro Person 12 Euro berappt (Kinder kosten die Hälfte) und harren der Dinge, die zunächst einmal (s.o.) nicht kommen. Als schließlich der neue Triebwagen vor uns einschwebt, sind die besten Plätze längst besetzt. Trotzdem genießen wir die 33 km lange Bahnfahrt; die Streckenführung ist eine wahre Meisterleistung des vorigen Jahrhunderts. Wir blicken empor zu schrof-

Auf der korsische Eisebahne

fen Zinnen, die scheppernd durch Tunnels unterfahren werden und erschauern vor tiefen Schluchten, an deren Hängen der Schienenstrang eingekerbt wurde: Gähnender Schlund mal links, mal rechts, dann wieder scheinen Felswände den Triebwagen zu streifen.

Das Fauchen, mit dem die 'hautengen' Tunnelröhren durchwackelt wurden, noch in den Ohren, verlassen wir das Bahnhofshäuschen von VIZZAVONA, während das Bähnle im Tunnel Richtung AJACCIO verschwindet.

Rechts geht es auf der Fahrstraße, vorbei an unserem letzten Übernachtungsplatz, zwischen verbarrikadierten, baufälligen Hotels bis zum Ortsende. Wer (uns unverständlicherweise!)

Badegumpe mit Wasserfall (Cascades des Anglais)

nicht auf Bahnfahrt 'steht', der konnte bis jetzt dem Müßiggang frönen und sich uns nun anschließen....
Ab dem Waldbeginn führt ein Wanderweg (Markierungen: Gelber Punkt, GR-20-rot/weiß und grüne Plakette) nach rechts, fast nur durch schattigen Kiefern- und Buchenwald, zu den **Cascades des Anglais**. (Bahnhof-Wasserfall max. 1 Stunde). Nach der Wanderkarte handelt es sich um drei Kaskaden, aber in Wirklichkeit sprudelt es überall, schießt durch Rinnen, füllt Becken und Löcher, Wannen und Tümpel. Jedes Frühjahr, bei der Schneeschmelze, wenn die Wassermassen Geröll, Baumstämme und Fels mit sich reißen, ändert sich das Bild. Badegäste bauen zusätzliche Stauwehre, so dass jeder im eigenen 'pool' schwimmen kann. Die Wassertemperaturen sind allerdings recht frisch. Bei 17,5° C. stockt einem zunächst fast der Atem – aber dann können wir uns fast nicht trennen von diesem behaglichen Fleckchen.
Aber jetzt schnell zurück! Die letzten Meter werden ein Wettlauf mit der Uhr – die in Korsika eben völlig anders geht ....
Wieder warten wir eine halbe Stunde, um uns dann mit einem Stehplatz begnügen zu müssen. Spürt denn niemand die müden Beine unserer Kinder? Das junge Mädchen mit den blitzblanken Pantoletten ist sicher heute noch nicht gewandert. Oder der sportliche Italiener, der ihr feurige Blicke zuwirft? Keiner erbarmt sich, schlapp schleppen wir sie ins WOMO, bahnfahren ist plötzlich anstrengender als bergwandern.
Wer will jetzt noch CORTE besichtigen?
Niemand will jetzt noch CORTE besichtigen – zumindest nicht zu Fuß! Ich improvisiere eine Stadtrundfahrt, finde sogar die Auffahrt zur Zitadelle, jongliere das WOMO durch schmale Gassen, biege es fast um parkende Autos und schlüpfe mit Müh' und Not unter einem Balkon hindurch, dessen abgekratzte Ecken wie Trophäen wirken. Wer will die Zitadelle besichtigen?
Jetzt bekomme ich schon gar keine Antwort mehr, hinten hängt alles in den Seilen.
Endlich fällt bei mir der Groschen. Ich kämpfe mich durch das Gassengewirr zurück zur Hauptstraße, finde auch gleich am südlichen Ortsende die Abzweigung rechts: **Gorges de la Restonica** (Zufahrt eigentlich nur bis 1,90 m Breite erlaubt).
Als ich genau 3 km später, links hinter einem kleinen, achteckigen Kapellchen und den stacheldrahtbewehrten Mauern der ehemaligen Pump- und Filterstation für das cortesische Trinkwasser ein prima Plätzchen gefunden habe und mich lobheischend umdrehe, sehe ich nur weggeworfene Klamotten und unten, in den tiefen, kristallklaren Badegumpen der **Restonica**, ertönt schon wieder fröhliches Gekreische.

Badegumpe im Restonicatal

WOMO-Badeplatz: Restonica-Tal
Position: N 42° 17.198'; E 9° 7.485'; 515 m. **WOMO-Zahl:** 1-2.
Zufahrt: Von Corte 3 km ins Restonica-Tal hinein, hinter der kleinen Kapelle links.
Ausstattung: Badegumpen.

Geierschnabel-Tafoni

Fünf Schritte rechts der kleinen Kapelle stehend, erspähe ich am gegenüberliegenden Hang nicht nur eine bizarre Tafoni-Bildung in Form eines Raubvogelschnabels oder einer Mönchskapuze – je nach Interpretierkunst, sondern auch Zeugnisse menschlicher Hand. Torreaner?

Eine spontan zusammengerufene Expedition in Badehosen und Turnschuhen entdeckt mehrere Ziegen- (oder Hirten-) Notunterkünfte, die deutlich zeigen, dass auch den zeitgenössischen Korsen noch genügend Megalithikerblut in den Adern fließt, um vorgegebene Felsüberhänge durch Mauerergänzungen in wohnliche Einzimmerwohnungen zu verwandeln.

Niemand nimmt Anstoß an unserer Anwesenheit. Dabei hatte man uns gerade vom **Restonica-Tal** über rigorose, allabendliche Wohnmobil-Räumungsmaßnahmen berichtet. Nur unten, am Wasser, macht uns am nächsten Vormittag eine 'blöde Henne' (Entschuldigung, da ist mir der Originalton unserer

Kinder durchgerutscht!) klar, dass wir eigentlich auf 'ihrem' Lieblingsplätzchen liegen. Wir versprechen feierlich, es ihr morgen wieder zu überlassen.
Von unserer Gumpe geht es auf schmalem Teersträßchen, dessen Belag meist den Eindruck macht, als hätte man ihn einfach zwischen die Felsen gegossen, so 'lieblich' wellt er sich, weiter steil bergan. Nur noch wenige WOMO-Plätzchen sind zu sehen, dann kommt nach 2,5 km der Campingplatz "Tuani", der viele schöne Stellplätze direkt am Wasser bietet.

WOMO-Campingplatz-Tipp: Tuani
Öffnungszeiten: 1.4.-30.9. **Zufahrt:** Von Corte 6 km ins Restonica-Tal.
Ausstattung: viel Schatten; Badegumpen; Gaststätte; Laden; nächster Ort: 6 km.

Hinweis: Ab hier ist die Weiterfahrt (offiziell) nur für Fahrzeuge bis 1,90 m Breite gestattet. Aber auch für schmalere Fahrzeuge gilt: Fahren Sie das RESTONICA-Tal bergauf so früh, bergab so spät wie möglich am Tage. Sie können davon ausgehen, dass ab 11 Uhr der Parkplatz bei der Bergerie total überfüllt ist. Jedes entgegenkommende Fahrzeug bereitet bei der geringen Breite der Straße Probleme.
Übrigens: Wer sein WOMO in CORTE stehen lassen möchte, kann sich per Zubringer-Minibus (Fa. Rinieri; Tel.: 0495-460212; Auskunft Tourismusamt Corte) morgens zur Bergerie Grotelle und abends wieder zurückschaukeln lassen.
Ab dem Campingplatz ist es zunächst aus mit Bachnähe, der Weg sucht sich weiter oben ein Durchkommen. Erst etwa 2 km vor Ende der 14,5 km langen Stichstraße bis zur **Bergerie Grotelle**, vor allem nach dem reichlich schüttenden **Brunnen** links, gibt es wieder lauschige Plätzchen unter schattenspendenden Kiefern an sprudelnden **Badegumpen**.
Der Endpunkt der Straße ist ein staubiger, schotteriger, überfüllter und zudem diebstahlsgefährdeter (!) Parkplatz. Hier steigen die Wanderlustigen aus, der (faule, bequeme, müde) Rest rollt 1,5 km zurück zu einem der schönen Badeplätze.

Von der **Bergerie Grotelle** führt ein von vielen Touristen ausgetretener, orange markierter Pfad in etwa einer Stunde zum idyllisch gelegenen **Lac de Melo**. Die beiden Kletterstellen, vor denen in allen Reiseführern gewarnt wird, sind inzwischen durch Kettengeländer entschärft worden, so dass auch Kinder ab sechs Jahren hier gut hoch (und wieder hinunter) kommen. Der die Steilstellen umgehende Umweg zweigt dort links ab, wo man nach Überwinden der ersten Steilstufe ein Plateau erreicht hat (20 min.). Hier, wo Sie zurückblickend zum ersten Mal nicht mehr den Parkplatz sehen, müssten Sie sich noch vor den ersten, großen, vom eiszeitlichen Gletscher glattgeriebenen Felsplatten nach links durch die **Restonica** auf den Wasserfall am gegenüberliegenden Hang hinbewegen. Dieser nur steinmännchenmarkierte Umweg ist staubig und von lockeren Wackersteinen übersät, an denen die sieben Geißlein mehr Freude gehabt hätten als sie den

Melo-See (1460 m)

Wanderern bereiten. Der orange markierte Weg ist auf jeden Fall der schönere!
Am 1460 m hoch gelegenen **Melo-See** angekommen (**Quelle** vorher rechts), dessen glatte Oberfläche petrolgrün die Farbe der Steilwände reflektiert, teilt sich unsere Wandergruppe nochmals auf. Die einen schaffen es nur noch rechts vorbei, bis zu seinem Südwestende, wo zwischen Erlenbüschen Wiesen zum Lagern ein laden und einige Felsen Sprungplätze ins 18° C. warme Wasser bieten. Die anderen zweigen nach rechts ab. Hier führt eine gelbe Markierung in 20-30 min. steil hinauf zum noch 219 m höheren (und fast 2° C. kälteren) **Capitello-See**. Beim Anblick seines atemberaubenden Bühnenbildes – er ist umrahmt von Steilwänden und blütenübersäten Almen – reicht uns ein Sitzplätzchen am Südufer – genießen!
Erst die Erinnerung an die jetzt sicher fröhlich Plantschenden 219 m bzw. 630 m weiter unten bewegt uns zur Umkehr.

Eineinhalb Stunden später tuckert unser WOMO gemächlich wieder das RESTONICA-Tal hinab, voll beladen mit Erinnerungen und frischem Quellwasser.
Unterhalb der **Zitadelle** von CORTE liegt ein weiterer, empfehlenswerter Campingplatz.

WOMO-Campingplatz-Tipp:
U Sognu
Öffnungszeiten: 1.3.-31.10.; in der Saison überfüllt. **Zufahrt:** Von Corte 300 m ins Restonica-Tal.
Ausstattung: wenig Schatten; Gaststätte; Stadtzentrum: 10 min.

Biegt man beim Verlassen des **Restonica-Tales**, zu Füßen der **Zitadelle**, nicht rechts, sondern links (Richtung Centre ville), nach 100 m wieder links und umrundet auf sehr schmalem (?) Sträßchen den Burgberg im Uhrzeigersinn, so landet man nach

Die Zitadelle von Corte

900 m, völlig unerwartet, auf einem großen, ruhigen **Parkplatz** nördlich der **Zitadelle** (durchs Zentrum erreicht man diesen Platz, wenn man den Wegweisern "Musée de la Corse" folgt). Dieser Platz ist nicht nur ideal als Ausgangpunkt für einen Bummel durch die Altstadt, sondern auch Wanderparkplatz für das zweite Schluchten-Highlight CORTES – die **Tavignano-Schlucht**. Dieses bewandernswerte Tal hat einen Riesenvorteil gegenüber dem Restonica-Tal: Es führt keine Straße hindurch – und folglich ist es wesentlich weniger bekannt und bevölkert wie seine Schwester.

WOMO-Wandertipp: Tavignano-Tal

Position des Wanderparkplatzes:
N 42° 18.487'; E 9° 8.847'; 445 m.
WOMO-Zahl: >5.
Ausstattung: Wanderweg.
Gehzeit: beliebig.
Schwierigkeit: leicht.
Höhenunterschied: max. 310 m
Strecke: Vom Parkplatz der orangeroten Markierung folgend, vorbei an der Kapelle St. Remo (Foto) über Stock und Stein immer rechts oberhalb des Tavignano-Baches bis zur Hängebrücke (2 1/2 Std.) (im oberen Teil mit vielen schönen Badegumpen) .
Hinweis:
Der Wanderweg führt kaum durch Wald, für Sonnenschutz sorgen!

Beginn des Wanderweges ins Tavignano-Tal

Genug gewandert?
Dann bestaunen wir bei einem schönen Kaffee bequem die Zitadelle! Dieses gebieterische Bauwerk haben wir dem gleichen König zu verdanken, der bereits die vielen Treppen in den Kreidefelsen von BONIFACIO geklopft hatte – im Jahre 1420 wurde sie im Auftrag des Königs von Aragón aufgetürmt. Aber schon 1434 saßen die Genueser darin und im 18. Jahrh. wechselte sie gleich mehrfach den Besitzer. Zuletzt waren auch hier die Fremdenlegionäre ungebetene Gäste, seit kurzer Zeit ist sie wieder der Öffentlichkeit zugänglich.
Dann schlendern wir durch die Zitadelle (mit sehenswertem anthropologischem Museum) links hinab, vorbei an der Touristeninformation (Stadtplan) in die Altstadt, zum **Place Gaffori**.

Place Gaffori mit dem Denkmal des Volkshelden

Dort steht die Bronzestatue von General Pietro Gaffori, dem korsischen Freiheitskämpfer. Die Fassade seines Wohnhauses hinter ihm trägt noch die Einschusslöcher der genuesischen Kugeln. Am Sockel des Denkmals sind zwei Reliefs angebracht: Das eine zeigt den gefangenen Sohn Gafforis, den die Genuesen als Schutzschild missbrauchten. Auf dem anderen bedroht Gafforis Frau Faustina die eigenen Leute, um sie von der Kapitulation abzuhalten.
Südlich des Platzes liegt die **Verkündigungskirche** (Eglise de l'Annonciation), die dem Hl. Theophil geweiht ist (dem einzigen Korsen unter den vielen Heiligen der katholischen Kirche). In

der Kirche fällt der Blick auf eine schöne, holzgeschnitzte Kanzel und ein Kruzifix aus dem 17. Jahrhundert.
Marschiert man vom **Place Gaffori** nach Osten, so ist man gleich auf dem **Place Paoli** (natürlich mit entsprechendem Bronzedenkmal). Der "Vater des Vaterlandes" und Gründer der Universität von CORTE blickt in die (bescheidene) Bummelmeile von CORTE hinein, den **Cours Paoli**.

Über gemütliche Treppenwege und durch schmale Gässchen schlendern wir wieder zur Zitadelle und unserem WOMO hinauf.

Typisches Seitengässchen in Corte

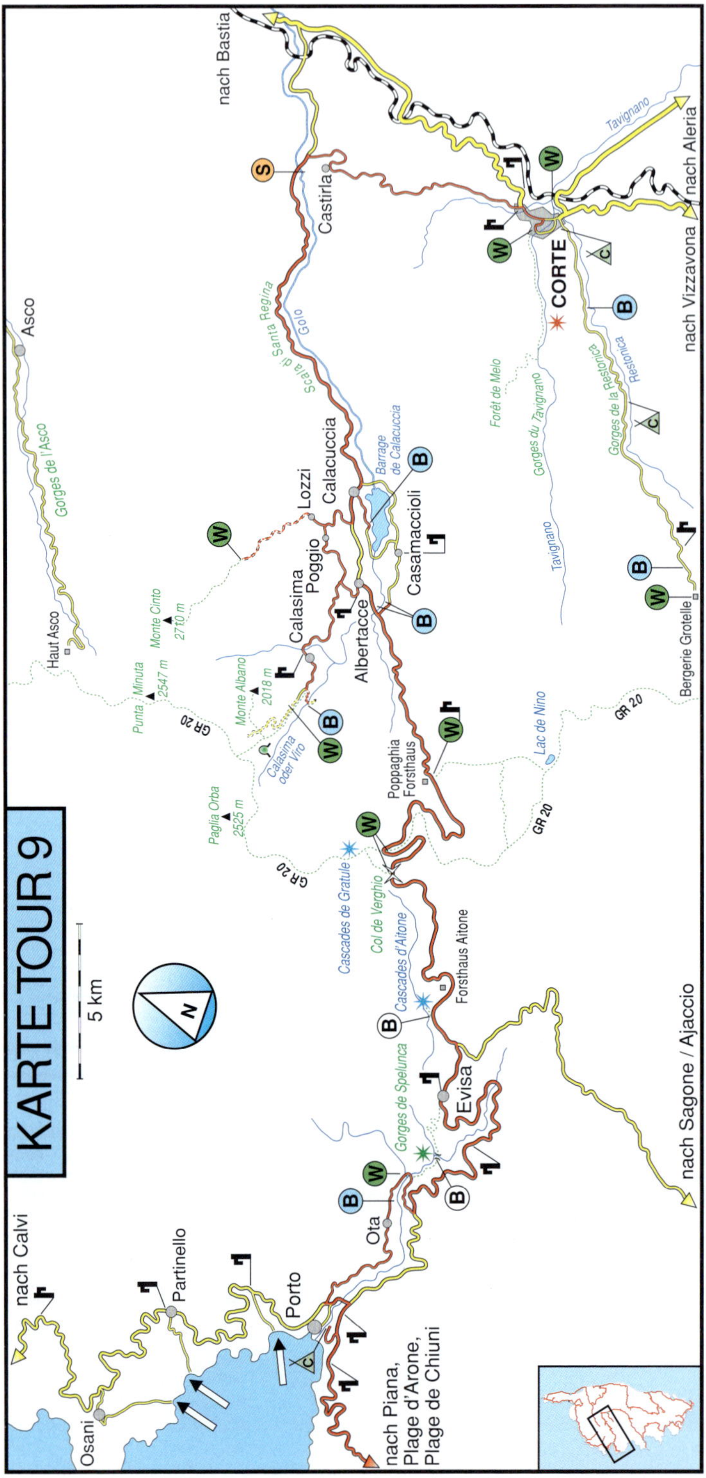
KARTE TOUR 9
5 km
N
nach Bastia
nach Aleria
nach Vizzavona
nach Sagone / Ajaccio
nach Calvi
nach Piana, Plage d'Arone, Plage de Chiuni
CORTE
Castirla
Tavignano
Scala di Santa Regina
Golo
Asco
Gorges de l'Asco
Haut Asco
Forêt de Melo
Gorges du Tavignano
Gorges de la Restonica
Restonica
Barrage de Calacuccia
Calacuccia
Lozzi
Casamaccioli
Poggio
Calasima
Albertacce
Monte Cinto 2710 m
Punta Minuta 2547 m
Monte Albano 2018 m
Calasima oder Viro
Paglia Orba 2525 m
GR 20
Lac de Nino
Bergerie Grotelle
Poppaghia Forsthaus
Cascades de Gratule
Col de Verghio
Cascades d'Aïtone
Forsthaus Aïtone
Evisa
Gorges de Spelunca
Ota
Porto
Partinello
Osani

TOUR 9 (165 km / 3-4 Tage)

Corte – Scala di Santa Regina – Calacuccia – Monte Albano – Cascades d'Aitone – Gorges de Spelunca – Porto – Plage d'Arone – Plage de Chiuni

Freie Übernachtung:	Corte, Stausee von Calacuccia, Lozzi, Calasima-Bach, Col de Verghio, Spelunca-Schlucht, westl. Piana, Plage de Chiuni.
Trinkwasserstellen:	u. a. Calasima, Albertacce, Forsthaus Poppaghia, Evisa.
Campingplätze:	Corte, Porto, Plage d'Arone.
Baden:	Stausee von Calacuccia, Calasima-Bach, Cascades d'Aitone, Spelunca-Schlucht, Porto, Plage d'Arone, Plage de Chiuni.
Besichtigungen:	Corte, Scala di Santa Regina, Col de Verghio, Calanche.
Wandern:	Monte Cinto, Monte Albano, Lac de Nino, Golo-Gumpen, Cascades d'Aitone, Spelunca-Schlucht, Calanche.

Von unserem Zitadellen-Plätzchen durchqueren wir schnell den Norden von CORTE.
Am nördlichen Ortsende (**Brunnen** links) überqueren wir ein Flüsschen (l'Orta) und zweigen unmittelbar hinter der Brücke nach links auf die D 18 Richtung CASTIRLA ab (noch bevor wir auf die N 193 stoßen).
Plötzlich fühlen wir uns nach Griechenland versetzt!
Das schmale Sträßchen durchschlängelt ein ödes, sonnenverbranntes Bergland, wie wir es aus dem sommerlichen Thessalien kennen.
Aber bereits nach wenigen Kilometern ändert sich wieder die Landschaft, hinter CASTIRLA geht es in Serpentinen bergab, nach links biegen wir in die D 84 nach CALACUCCIA/EVISA ein. Auf der **Pont de Castirla** überqueren wir den **Golo** (vor der Brücke nach links neues Teersträßchen, Brunnen, Picknickgelegenheit, Paddlertreff).
Der Fluss hat große Mühe gehabt, sich einen Weg durch das Gebirge zu waschen. Aber auch die Arbeit der Wegebauer früherer Zeiten ist nicht zu verachten: Ab und zu halten wir an und suchen die Reste des alten Maultierpfades, der, schmal und

Drehbrunnen in Castirla

In der Scala di Santa Regina

schwindelerregend am Hang entlanggemauert, lange die einzige Verbindung von der Küste ins **Niolo** darstellte.

Scala di Santa Regina, Treppe der Himmelskönigin, diesen Namen verdiente die abenteuerliche Strecke wahrhaft – im wörtlichen und im übertragenen Sinne, denn an manchen Stellen hat sicher nur ein Stoßgebet vor dem Sturz in die Tiefe gerettet. Inmitten der Schlucht finden wir denn auch eine liebevoll aus Tafonisteinen zusammengesetzte Wand, **Notre Dame de Niolu** gewidmet.

Aber auch das Flusstal selbst birgt ungeahnte Gefahren! Wie alle anderen lockt es zum Bade, und mancher Zelturlauber hat früher dort unten ein kleines Paradies gefunden – um dann plötzlich von unerwarteten Wassermassen zu Tale gerissen zu werden! Die vielen Warnschilder stehen nicht zum Spaß in der Landschaft, denn der **Stausee von Calacuccia** hat Schleusen, und wenn die aus technischen Gründen geöffnet werden, dann geht alles ganz schnell ....

Wir hüten uns also, den Verlockungen der Tiefe nachzugeben, bewundern lieber besonders schöne Tafoni-Bildungen und die elegante Führung der neuen Straße.

Am Stausee bietet die Umgebung ein völlig neues, weiträumiges, aber nicht weniger aufregendes Bild: Im Kreis um die blinkende Wasseroberfläche ordnen sich gewaltige Berge, beschauen ihre schneebedeckten Häupter im spiegelnden Wasser.

Am Ortsbeginn von CALACUCCIA biegen wir nicht in die erste Seitenstraße nach CASAMACCIOLI, sondern in die zweite (500 m nach dem Ortsschild) Richtung SIDOSSI ein, folgen dem Sträßchen am **Nord**ufer des Sees entlang.

Bis zum Ortsschild von SIDOSSI sind es 1600 m. 300 m später schwenken wir nach links zum See. An ihm kann man entlang-

Bade- und Surfplatz am Stausee von Calacuccia, Blick nach Süden

Bade- und Surfplatz am Stausee von Calacuccia, Blick nach Norden

fahren, zunächst auf einer Art 'Strandpromenade', dann endet der Teerbelag unter schattigen Bäumen am Seeufer.

WOMO-Badeplatz: Sidossi/Stausee von Calacuccia
Position: N 42° 19' 32,9"; E 9° 0' 15,3"; 796 m. **WOMO-Zahl:** 2-3.
Zufahrt: Von Calacuccia auf der D 218 am nördlichen Seeufer 2 km bis Sidossi.
Ausstattung: Picknickwiese, Badestrand.

Auf felsigem Sandweg kurven wir noch 200 m weiter und finden zwischen Felsen einen freundlichen Wiesenplatz. Wir wünschen Ihnen, dass der Wasserspiegel bei Ihrem Besuch einen badefreundlichen Höchststand hat. In besonders trockenen Sommern sinkt er leider weit ab und legt unschöne, festgebackene Ödflächen frei.
Der Stausee, auf dessen fast zwei Quadratkilometern Fläche ein einziger Surfer seine Bahn zieht, liegt in einem Hochbekken, 800 m über dem Meeresspiegel. Im Norden haben die gewaltigsten Bergriesen Korsikas Aufstellung genommen: von links nach rechts die **Paglia Orba**, die mit ihrer spitzen Nase nicht verwechselt werden kann, dann der **Monte Albano** mit den **Cinque Frati**, den fünf Brüdern davor, noch weiter rechts verschiedene Gipfel des **Monte-Cinto-Massivs**.
Diese Szenerie müssen wir natürlich noch aus geringerer Entfernung bewundern – von wo aus sieht man Riesen am besten (wenn man nicht direkt auf den **Monte Cinto** klettern möchte)? Von einem Berg in ihrer Mitte aus – der **Monte Albano** wäre dafür bestens geeignet!
Wie auch immer – zunächst geht es auf der gleichen Bahn zurück nach CALACUCCIA, dort links und nach 1200 m wieder rechts (Wegweiser: LOZZI/Monte Cinto).
Das schmale Sträßchen turnt zwischen goldgelben Ginsterflä-

chen 2000 m hinauf bis zu einer Gabelung: Monte-Cinto-Wanderer biegen rechts nach LOZZI, Monte-Albano-Wanderer links gen POGGIO/CALASIMA.

Schauen wir zunächst rechts: Nach 300 m passieren wir in LOZZI einen **Brunnen** links und schwenken nach 800 m (bei einer scharfen Linkskurve) rechts in eine (zeitweise stark ausgewaschene, kaum befahrbare) Piste (?), die noch ca. 7 km das **Ercu-Tal** hinaufführt.

WOMO-Wandertipp: Monte Cinto

Gehzeit: 6 Std. **Schwierigkeit:** mittel. **Höhenunterschied:** ca. 1000 m.
Strecke: Vom Ende der Piste (mit Snackbar) durch Steinmännchen und Farbkleckse markiert über einen Höhenrücken hinab zur Ercu-Hütte (1/2 Std.). Über ein Geröllband und den Südostgrat nach oben. Bei klarer Sicht reicht der phänomenale Blick von der Ostküste bis zur Westküste.
Hinweis: Für den Aufstieg unbedingt den frühesten Morgen wählen, d. h. am besten bei der Snackbar übernachten!

Die Monte-Albano-Wanderer sind an der Gabelung links abgebogen und über POGGIO und CALASIMA (mit 1095 m der höchstgelegene Ort Korsikas) zum 1700 m dahinter am **Viro-Bach** gelegenen Standquartier gefahren. Die Abzweigung zum Fluss am Denkmal mit dem Flugzeugpropeller (unten kostenfreier Picknick- und Übernachtungsplatz von Herrn Joseph Adolphi mit kleiner Snack- und Getränkebude) war bei unserem letzten Besuch sehr ausgewaschen.

WOMO-Wandertipp: Monte Albano (2018 m)

Position des Wanderparkplatzes: N 42° 19.838'; E 8° 55.930'; 1059 m.
WOMO-Zahl: 2-3. **Ausstattung:** Wanderweg, Badegumpe.
Gehzeit: 4 Std. **Schwierigkeit:** leicht. **Höhenunterschied:** 960 m

Fußfaule können seit neuestem noch 1000 m weiter auf einem Schottersträßchen bis zu einem Parkstreifen fahren und – falls dort die Holzschranke nicht geschlossen ist, bis zum Ende des neuangelegten Forstweges am Fuße des **Monte Albano**.

Auf diesem Forstweg stapfen wir wenig später in Jeans und Bergschuhen nach Westen, das WOMO steht schön schattig unten am Bach, wo eine herrliche Badegumpe auf unsere Rückkehr wartet. Nach etwa 20 Minuten schwenkt der Weg immer weiter nach Norden, kommt fünf Minuten später an eine scharfe Rechtskurve.

Da der Anfang des Hirtenpfades zum **Monte Albano** leicht zu übersehen ist, hier eine genaue Beschreibung des entsprechenden Gebietes:

Entweder man folgt weiter den Serpentinen des Forstweges bis 100 m vor seinem Ende (Wendeplatte). Dort ist ein auffälliger Wanderwegweiser aufgestellt. Oder man hält ab der ersten Rechtsserpentine weiter geradeaus (zerfurchter Pfad) bis zu der Stelle, wo er wie durch ein Tor zwischen zwei Felsen hindurchführt, von denen der rechte mit einem blauen Streifen bemalt ist (10 min.). 100 m nach diesem Felsen wendet man sich nach rechts (Nord/Ost) und steigt (weglos) bis zum bereits erkennbaren Wanderwegweiser hinauf.

Bade- und Wanderparkplatz am Viro-Bach mit Blick auf die Paglia Orba (2525 m)

Auf allen Karten ist hier auch die **Grotte des Anges** eingezeichnet. Es handelt sich nicht etwa um das mit Steinmauern flankierte Felsenloch 10 Meter links vor unserem Felsentor, sondern um einen wesentlich größeren Bruder davon, noch 150 Meter weiter vorher, etwas abseits links der Straße. Eigentlich sind es drei Riesenbrocken, die, pyramidenförmig zueinandergeneigt, unter sich eine Höhlung bilden. Kuhmist bedeckt den Boden, so dass Wandergruppen lieber das ebene Gelände vor der Öffnung belagern. Vom Wanderwegweiser "Bergerie de Tilarba 1 h" leiten uns orangefarbene Farbkleckse und Steinmännchen durch niedrigen Stechginster auf den flachsten Teil eines Höhenrückens, den wir nach 30 Minuten erreichen. Neben einer bleichen Baumleiche wächst aus den Grundmauern einer verlassenen Bergerie schon wieder ein Kiefernbäumchen.
Jetzt biegt der Pfad nach rechts (Osten) ab. Wer will, kann nun die langen Hosen ausziehen, denn nur noch Zwergwacholder bedeckt vereinzelt den Boden. Schon kurz vor der verfallenen Bergerie war der **Monte Albano**

hinter dem Vorgebirge hervorgetreten, wir brauchen also nur noch darauf zuzuhalten. Als wir 15 Minuten später einen trockenen Wasserlauf gequert haben, gabelt sich der Pfad. Geradeaus geht es zur **Bergerie Tilarba**, rechts steil hoch, an der letzten "Zwillingskiefer" vorbei (Foto), direkt auf den Gipfel zu.

Der nun folgende Teil des Aufstiegs ist steil, staubig, öde und stinkig vom reichlich herumliegenden Ziegenmist. Jedoch jeder Blick zurück wird schöner, beflügelt die Schritte, und nach 50 Minuten ist der Riesensteinmann auf dem Gipfel erreicht (Gesamtzeit gute 2 Std.).

Jetzt haben wir einen wahrhaft gigantischen Rundblick: Tief unten im Dunst der Stausee, direkt vor unserer Nase Kletterer an den Wänden der **Cinque Frati** und auf der anderen Seite das Halbrund von **Paglia Orba** bis **Capu Larghia**.

In einer Edelweiß-Felsspalte finden wir Vesperschatten, eine Eidechse frisst aus der Hand zum ersten Mal leckere schwäbische Dosenwurst, ein Schwalbenschwanz flattert vorbei – und das Tuckern in den Waden lässt

langsam nach – **schön!**
Nur den Durst haben wir unterschätzt! Wir hätten eben schon am Abend unser Standquartier am **Viro-Bach** aufschlagen sollen, dann müssten wir jetzt nicht in der heißesten Tageszeit absteigen.
Aber Not macht erfinderisch!
Wir halten uns beim Abstieg etwas weiter rechts und biegen bei den letzten hohen Felsen rechts zur **Bergerie Tilarba** ab. Durch Erlengestrüpp schlängelt sich ein Ziegenpfad, und Gott sei Dank entdecken wir gleich rechts vom hölzernen Häutegestell (das eine Hausfrau vielleicht eher als Teppichklopfstange ansehen würde) eine gefasste **Quelle**. Die ersten Schlucke pur, dann warten wir, schon wieder etwas anspruchsvoller, auf das Limopulver.
Nur in der Not lernt man auch bescheidene Genüsse schätzen!
Jetzt stimmt sogar jemand ein Lied an, und ich glaube, eine winzige Staubfahne hinter uns zu erkennen, so flott marschieren wir hinab – platsch, platsch, platsch, platsch, plumps (das war ich) schlägt das Wasser der Gumpe über uns zusammen.

In ALBERTACCE (**Brunnen** rechts) stoßen wir wieder auf die D 84, in die wir nach rechts einbiegen. 700 m hinter dem Ort überquert die Fahrstraße den **Golo**, der dort eine sehr schöne Bademöglichkeiten bietet (Foto): Die große Gumpe wartet direkt unter der großen Brücke neben einer alten, kleinen Brücke (Parkplatz vor der Brücke links). Besser steht das WOMO, wenn man 100 m nach der Brücke links Richtung CASAMACCIOLI fährt und nach weiteren 400 m links der Straße auf der Wiesenfläche parkt.

WOMO-Badeplatz: Albertacce/Golo
Position: N 42° 19.028'; E 8° 58.772'; 814 m.
WOMO-Zahl: >5. **Ausstattung:** Picknickwiese, Badegumpen.
Zufahrt: 800 m westlich Albertacce links Richtung Casamaccioli und noch 400 m.

Wir kurven bald oberhalb des Flusses durch den dichten Kiefernwald von **Valdu-Niellu**, nur selten wird der Blick frei auf die langsam vorbeiziehende Karavane der Berggiganten.
Nach 8 km Bergfahrt

plötzlich eine Ansammlung von WOMOs und parkenden Autos. Hier, am **Forsthaus Poppaghia**, beginnt ein wunderschöner Wanderweg, meist durch dichten Tann, zum **Lac de Nino**. Zum Übernachten scheint uns die Örtlichkeit jedoch etwas laut.

WOMO-Wandertipp:
Lac de Nino

Position des Wanderparkplatzes:
N 42° 17.070'; E 8° 55.243'; 1062 m.

WOMO-Zahl: 2-3.
Ausstattung: Wanderweg, Brunnen links im Wald 20 m.

Gehzeit: 4 1/2 Std.
Schwierigkeit: leicht.
Höhenunterschied: 680 m
Strecke: Zunächst (gelb markiert) bequem durch den schattigen Kiefernwald, ab der Bergerie de Colga etwas mühsam über Geröll und Felsplatten bis zu einem Sattel (1762 m) und hinab zum See inmitten tiefgrüner Matten.

Weiter geht es in Schleifen durch den stattlichen Hochwald, der nach Kiefernharz duftet. Nach 5 km rechts ein Aussichtsparkplatz. Dann bekommen die Kiefern geduckte, sturmzerzauste Häupter, Birken mischen sich unter sie. Bei »km 7,7«, in der Schlinge einer Linksserpentine, ein birkenumringter Parkplatz, der unter Wandern als "Le Fer à Cheval" bekannt ist. Es ist beliebter Ausgangspunkt für eine Genusstour zu den Badegumpen des Golo – oder Beginn einer anspruchsvollen Bergtour aufs "korsische Matterhorn", die **Paglia Orba** (2525 m).

WOMO-Wandertipp: Golo-Gumpen I

Position des Wanderparkplatzes: N 42° 17.823'; E 8° 53.118'; 1330 m.
WOMO-Zahl: >5. **Ausstattung:** Wanderweg.
Gehzeit: max: 4 Std. **Schwierigkeit:** leicht. **Höhenunterschied:** max. 210 m
Strecke: Die Straße überqueren und gelb markiert durch den lichten Niederwald. Nach 10 min. stößt man auf den GR-20 und es geht rot-weiß nach rechts weiter zur Bergerie Gratule. Oberhalb eines Wasserfalles (Cascade de Gratule) wird der Golo überquert, an seinem rechten Ufer geht es weiter bergauf bis zum Plan de la Croix, wo herrliche Badegumpen zum Verweilen einladen.
Hinweis: Die Besteigung der Paglia Orba (2525 m) über die Bergerie de Tula und die Hütte Ciottuli di i Mori erfordert eine Gesamtgehzeit von ca. 8 Std. und hat am Gipfelanstieg einige schwierige Kletterstellen (II).

Auf den letzten 4 km scheinen die Birken den Preis im Höhenturnier gewinnen zu wollen, nur noch einige, trutzige Pinienriesen stehen zwischen ihnen – bis am **Col de Verghio** (1464 m) plötzlich alle den Kampf aufgeben. Nur noch nackter Fels umgibt uns.

Christusstatue auf dem Col de Verghio (1475 m)

WOMO-Wandertipp: Golo-Gumpen II

Position des Wanderparkplatzes: N 42° 17.415'; E 8° 52.673'; 1475 m.
WOMO-Zahl: >5. **Ausstattung:** Snackbar, Picknickwiese, Wanderweg.
Gehzeit: max: 4 1/2 Std. **Schwierigkeit:** leicht. **Höhenunterschied:** max. 70 m
Hinweis: Vom Col de Verghio führt der GR-20 rot-weiß nach Norden zur Bergerie Gratule und trifft nach 20 min. auf den oben genannten Weg vom Parkplatz "Le Fer à Cheval".

Der **Col de Verghio** wird dominiert von einer gewaltigen Jesusstatue mit der Inschrift: „Liebet einander alle, so wie ich euch geliebt habe!“
Nebenan kann man in frischer Luft auf ebenen Wiesenflächen nicht nur picknicken, sondern auch abseits der Straße ruhig übernachten!
Nun geht es wieder hinab, bald beleben die ersten Pinien des **Forêt d'Aitone** die Hänge, rücken zusammen zu einem dichten, dunkelgrünen Tann.
5,3 km nach dem Col, genau bei »km 29«, liegt rechts wieder ein schattiger Parkplatz. Hier beginnt ein beschaulicher Waldrundwanderweg, der mit einem kleinen Vogelsymbol (Sittelle = Kleiber) markiert ist und etwa 2,5 km lang ist.

WOMO-Wanderparkplatz: Sittelle

Position des Wanderparkplatzes: N 42° 16.315'; E 8° 50.722'; 1230 m.
WOMO-Zahl: 2-3. **Ausstattung:** Schatten, Rundwanderweg.
Zufahrt: Vom Col de Verghio 5,3 km hinab bis »km 29«.

Genau 7,6 km nach dem Col, wir sind inzwischen an der Feriensiedlung Paesolo vorbeigerollt und haben durch die Bäume rechts das **Forsthaus von Aitone** hindurchschimmern sehen, liegt rechts ein kleiner Parkplatz mit einer Übersichtstafel. Er ist der erste von zwei (sehr bescheidenen) Parkmöglichkeiten, von denen man aus zu den herrlichen Badegumpen des Aitone-Baches wandern kann.

WOMO-Wanderparkplatz: Cascades d'Aitone I
Position des Wanderparkplatzes: N 42° 15.823'; E 8° 50.080'; 1038 m.
WOMO-Zahl: 2-3. **Ausstattung:** Wanderweg, herrliche Badegumpen: 10 min.
Zufahrt: Vom Col de Verghio 7,6 km hinab bis »km 26,7«.

Von hier aus kann man auf den Resten eines alten, gepflasterten Fahrweges in 10 min. zu den **Kaskaden** (mit **Picknicktischen**) steil hinabspazieren – oder man fährt die Hauptstraße

Badegumpe bei den Cascades d'Aitone

900 Meter weiter Richtung EVISA hinab. Dort entdeckt man einen (gesperrten) Fahrweg, auf dem man eben und bequem in 8 min. zu dem gleichen Kaskadenparadies spazieren kann – ideal für Fahrradfahrer (das WOMO muss man allerdings auf den nächsten 100 Metern an den Straßenrand stellen).
Die **Cascades d'Aitone** sind genau das Richtige für knallheiße Tage, denn sie liegen im Schatten hoher Bäume. Allerdings erwärmt sich das durch Huminsäuren leicht bräunlich verfärbte Wasser auch entsprechend langsam. Morgens gehört schon einige Überwindung dazu, ins 16° C. kalte Nass zu hüpfen.

Wir rollen weiter bis EVISA hinab, ein ehemals verträumtes Bergdörfchen. Jetzt ist es durch parkende Autos verstopft, zwischen denen sich der Durchgangsverkehr abgasstinkend hindurchquält.
Wir haben Glück! Vor uns brummt ein riesiger Sight-Seeing-Bus, fegt die Entgegenkommenden nur so zur Seite. Wir kommen in seinem Fahrwasser prima voran. Hinter dem Ort lässt er uns auch noch vorbei, denn die Insassen wollen natürlich an jeder Parkbucht die **Gorges de Spelunca** fotografieren, laut korsischer Fremdenverkehrswerbung die schönste **Schlucht** der Insel. Zunächst sehen wir nur, dass sie sehr tief sein muss, denn von der Straße aus können wir nicht ihren Grund erspähen.

Straße oberhalb der Gorges de Spelunca

Etwa 14 km schlängeln wir uns an ihrem kurvigen Hang entlang, weichen im letzten Moment unbekümmerten Motorradfahrern aus, flüchten vor Reisebussen in kleine Ausweichstellen (von denen aus man ungefährdet den Panoramablick in die Tiefe wagen kann), biegen dann von der D 84 nach rechts Richtung OTA ab. In der Talsohle, direkt vor der Doppel-Brücke

über die zwei Gebirgsbäche, die sich unterhalb der Brücken zum **Porto-Bach** vereinen, beginnt der Wanderweg durch die Schlucht, Hinweisschild "Spelunca, Evisa".
Das WOMO parken wir am Straßenrand, bei starkem Andrang kann man auch vor den Brücken hinab auf einen großen Park- und Sportplatz fahren (und dort auch übernachten).
Hinweis: Die betonierte Abfahrt zum Sportplatz ist sehr steil und hat unten einen Absatz, den man vorher in Augenschein nehmen sollte!

WOMO-Wanderparkplatz: Spelunca-Schlucht
Position des Wanderparkplatzes: N 42° 15.367'; E 8° 45.890'; 218 m.
WOMO-Zahl: >5. **Ausstattung:** Badegumpen flussabwärts, Wanderweg.
Zufahrt: Von Evisa 15 km Rtg. Porto, dann scharf rechts Rtg. Ota bis zur Brücke.

Solide Turnschuhe reichen für die 'Eroberung' der **Spelunca**, denn er ist nicht nur ein Ziegenpfad, sondern war einst die "Hauptverbindungsstraße" zwischen PORTO und EVISA. An steilen Passagen ist er gar natursteingepflastert. Die Wanderung ist äußerst abwechslungsreich, führt auch durch urwalddichte Seiten-

schluchten und passiert senkrechte Felspassagen. Immer wieder gleitet der Blick an den Tafoni-Wänden empor und hinab zu dem weißgischtenden Bach mit den türkisfarbenen Badegumpen.
Diese Traumkulisse wird belebt von gelbem Hahnenfuß, weißen Lauch-

Glöckchen, purpurbraunen Zungenstendel-Orchideen, den schon nicht mehr wegzudenkenden Alpenveilchen, roten Fingerhüten, weißen und roten Cistrosen und blühender, mannshoher Baumheide!

Pont de Zaglia in der Gorges de Spelunca

Bereits nach 30 min. erreichen wir den Höhepunkt unserer Kurzwanderung, den zierlichen Bogen der genuesischen Brücke **Pont de Zaglia**. Hinter ihr verlässt der Wanderweg den Schluchtgrund und krebselt den steilen Hang nach EVISA empor.

Tipp: Besonders eifrige Wanderer kann man am Ortsende von Evisa, beim Friedhof aussteigen lassen. Von dort aus wandern sie die steile Schluchtwand hinab und treffen sich mit dem Rest der Mannschaft an der Brücke (nicht zu verfehlen!).

Wir legen uns faul bis zum Hals ins kühlen Nass und lassen den Blick genüsslich an den steilen Wänden emporgleiten – was viel bequemer ist, als sie hochzukraxeln. Dann kehren wir um – und weil wir gerade so schön am Wandern sind, laufen wir, an unserem WOMO vorbei, noch die paar Schritte Richtung OTA bis zu einer weiteren genuesischen Brücke, die besonders elegant den Fluss überspannt. Auch hier eine ganze Reihe von Badenixen und Sonnenanbetern, die glattgewaschenen Felsen und die klaren Fluten sind auch zu verlockend bei Lufttemperaturen um 30° C.

Ponte Vecchiu, genuesische Brücke bei Ota

Ja, aber wie geht es nun weiter? Das Gebiet um PORTO ist touristisch überlaufen. Früher war das Eukalyptuswäldchen an der Mündung des **Porto-Flusses** einer der beliebtesten WOMO-Plätze auf Korsika. Heute ist das Wäldchen gesperrt, dahinter ist ein Campingplatz eröffnet worden – Entfernung zum Wasser fast 1 km! Weiter vorn auf den Parkplatz stellen – selbst das verhindert in der Hauptsaison eine 2-m-Schranke.

WOMO-Campingplatz-Tipp: Camping municipal

Position: N 42° 15.787'; E 8° 41.990'. **Öffnungszeiten:** Mitte 6. - Mitte 9.
Zufahrt: Von Porto Rtg. Piana/Calanche, dann rechts hinab (ausgeschildert)
Ausstattung: wenig Schatten; Strand: 800 m.
Hinweis: Der Kieselstrand von Porto ist in der Saison überfüllt. Die Wassertiefe nimmt schnell zu, speziell bei stärkerer Brandung nichts für kleine Kinder!

Die beste Alternative wäre der Strand von CHIUNI, den man uns schon mehrfach lobend genannt hat – und inzwischen haben wir ihn getestet:
Wir kurven von PORTO nach Süden, heben uns die Besichtigung der nachmittags schwer 'belagerten' **Calanche** für den nächsten Morgen auf, durchqueren PIANA und rollen dann, gut ausgebaut, noch 12,5 km Richtung CARGESE. Im Tal des **Chiuni-Flusses** angekommen, folgt man den Club-Mediterranée-Wegweisern nach rechts, schwenkt nach 400 m nochmals rechts (die direkte Zufahrt zum Strand an der linken Flanke der Chiuni-Mündung verlassend) und an der nächsten Gabelung, nach 800 m, links, einer breiten Schotterbahn 1400 m folgend bis zur rechten Flanke der **Chiuni-Mündung**.
Die Zufahrt endet unter schattigen Eukalyptusbäumen am schönen Sandstrand bei einigen Grundstücken mit Bretter-Urlaubshütten. Das WOMO parkt man links der Piste direkt am Strand mit Blick auf den organisierten Trubel auf der anderen Fluss-Seite.

Badestrand rechts der Chiuni-Mündung

WOMO-Badeplatz: Chiuni-Mündung
Position: N 42° 10.312'; E 8° 35.200'.
WOMO-Zahl: 2-3. **Ausstattung:** Sandstrand.
Zufahrt: 12,5 km südlich Piana rechts, nach 400 m wieder rechts und 800 m links.
Hinweis: Auch am gegenüberliegenden Hauptstrand findet man (500 m rechts des Trubels) schattenlose Parkmöglichkeiten direkt am Sandstrand.

Am rechten Rand der großen Bucht liegt ein großer, kubischer Felsklotz, oben grasbedeckt wie ein alternatives Wohnhaus, umgeben von einigen Riffs, sonst nur Sand, so weit das Auge reicht – bis zu den Klippenrändern an den äußersten Buchtflanken.

Fährt man von PORTO nur 11 km nach Süden und biegt in PIANA, gleich hinter der Kirche rechts, so landet man auf der Stichstraße zum **Plage d'Arone**. Die sehr gute Straße macht bei »km 5,8« (vor einer Snackbar, die wir uns merken wollen) eine scharfe Linkskurve und endet nach weiteren 5 km an der Parkplatzwiese einer Gaststätte. Hier kann man fein im Schatten von Bäumen stehen, eine Buschreihe schützt vor seeseitigem Wind. An der Rückseite des Restaurants sind Wasserhähne und Duschen (gegen Gebühr).

WOMO-Badeplatz: Plage d'Arone
Position: N 42° 12.447'; E 8° 34.867'.
WOMO-Zahl: 2-3.
Ausstattung: Sandstrand.
Zufahrt: In Piana vor der Kirche rechts und noch 11 km bis zum Strand.
Hinweis: Der Campingplatz "Plage d'Arone ist 600 m vom Strand entfernt und geöffnet von Juni - September.

Der Strand ist 'Spitze': feinsandig, flach, sauber, erst später entdecken wir einen kleinen Teerfleck auf der Liegematte. Abends, alle PKWs sind inzwischen verschwunden, macht jedoch der Gastwirt seine Runde, will uns auf die Straße oder den **Campingplatz** im Hinterland (600 m vom Strand entfernt) verweisen.

Nun, privat ist privat und der Campingplatzbesitzer ist sicher ein guter Freund unseres Zapfhahnbedieners – also geben wir Gas und finden noch vor PIANA, am Steilhang des **Golfe de Porto**, ein feines Wiesenplätzchen, wo wir in absoluter Finsternis Sterne, Satelliten und die beleuchteten Fischerboote im Golf zählen, bevor wir in einen ungestörten Schlaf sinken.

Hinweis:

Viele Parkmöglichkeiten entlang der Fahrstraße sind durch Erdwälle verbarrikadiert. Suchen Sie sich bereits bei der Fahrt zum Strand einen freien Platz für die Nacht.

TOUR 10 (180 km / 2-4 Tage)

Calanche – Plage de Bussaglia – Plage de Caspio – Osani – Plage de Gradelle – Fango-Tal – Galeria – Argentella – Calvi – Cirque de Bonifato

Freie Übernachtung:	Plage de Bussaglia, Plage de Caspio, Plage de Gradelle, Fango-Tal, N. D. de la Serra, Forsthaus von Bonifato.
Trinkwasserstellen:	u. a. Piana, Partinello, Bardiana, Forsthaus von Bonifato.
Campingplätze:	Porto, Tuarelli, Galeria, Calvi.
Baden:	Plage de Bussaglia, Plage de Caspio, Plage de Gradelle, Fango-Tal, Galeria, Golfe de Calvi, Forsthaus von Bonifato.
Besichtigungen:	Calanche, Porto, Girolata, Fango-Tal, N. D. de la Serra, Calvi.
Wandern:	Capo Rosso, Calanche, Girolata, Capu di a Veta, Bonifato.

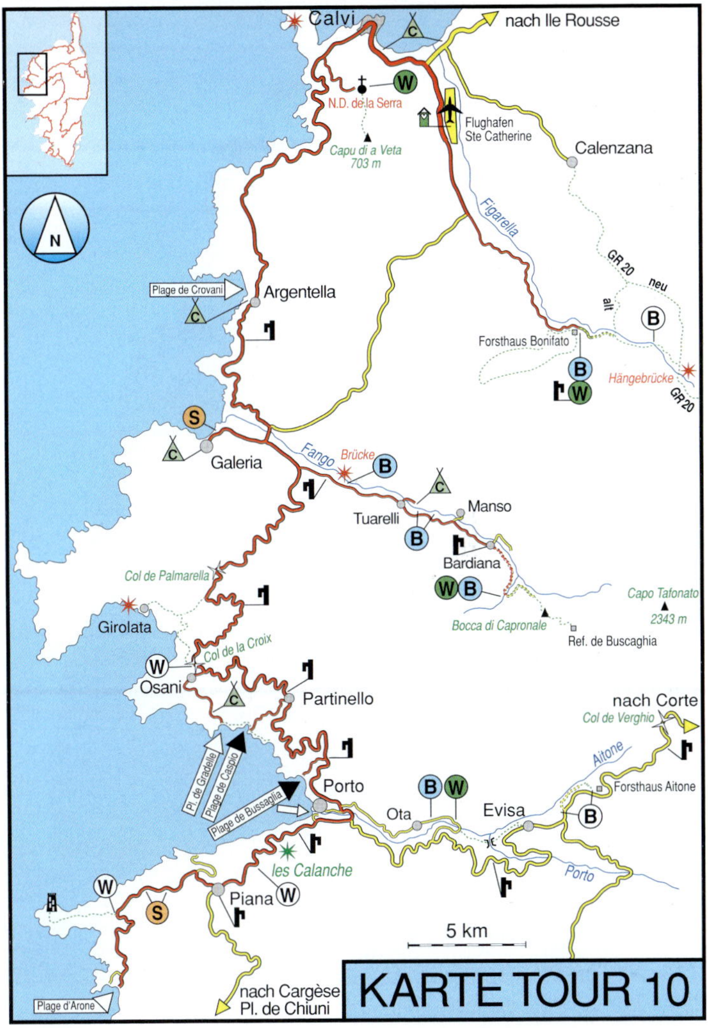

KARTE TOUR 10

Sie kennen die Calanche schon?
Dann wäre die Tour zum Genuesenturm **Tour de Turghiu** am **Capu Rosso** der richtige Tagesauftakt für Sie! Der Wanderweg beginnt an der bereits genannten scharfen Linkskurve 5,8 km von PIANA Richtung **Golfe d'Arone**.

WOMO-Wandertipp: Tour de Turghiu/Capu Rosso

Position des Wanderparkplatzes: N 42° 14.120'; E 8° 35.017'; 310 m.
WOMO-Zahl: 2-3. **Ausstattung:** Wanderweg, Snackbar, Picknickwiese.
Gehzeit: 3 Std. **Schwierigkeit:** leicht. **Höhenunterschied:** 520 m
Strecke: Der Wanderweg ist einer der aussichtsreichsten, den wir in Korsika kennen. Von der Snackbar aus kann man fast den ganzen Tourenverlauf überblicken, so dass sich eine Beschreibung erübrigt. Zudem ist der gesamte Weg mit Steinmännchen und roten Klecksen markiert. Der Genuesenturm auf einem Mini-Matterhorn kann erstiegen werden und bietet einen fantastischen Blick über die steil abfallenden Felskanten und den zerrissenen Steilküstenverlauf ...

Calanche, das Herz der Liebenden

Durch PIANA (»km 0«) fahren wir in die **Calanche** ein, deren märchenhafte Steingebilde noch in ungestörter Morgenruhe zu schlummern scheinen. Wie in einer überquellenden Tafoni-Werkstätte stehen sie überall herum, die Produkte eines komplizierten Verwitterungsprozesses: Zunächst entstehen wohl, ähnlich wie bei den Felsenburgen, unterirdisch harte Eisenoxidkrusten auf Granitblöcken. Nach der Freilegung beginnt die Erosion durch Wind, Regen und Temperaturschwankungen. Natürlich 'frisst' es sich dort am leichtesten, wo die Krusten am dünnsten sind – an der Unterseite, wo die Eisenoxidwässer vorbeiflossen. Ist einmal die harte Schale geknackt, dann schreitet ein schneller Aushöhlungsprozess voran.

Wir können alle Stadien dieses Prozesses im rostroten Felsenchaos ausmachen. Dabei bemüht sich offensichtlich unser Auge, im toten Gestein vertraute Formen zu erkennen!

Natürlich entdecken wir hinter der Gaststätte "U Mulinu" (»km 2,1«) das 'Herz der Liebenden' (»km 2,3«) und den 'Bischof', das 'Felsenschloss' und den 'Adler', die 'Schildkröte' und den 'Dackelkopf' am Ausgang Richtung PORTO, aber unsere Fantasie erfindet immer weitere Namen, je länger der Blick umherschweift. Unbedingt sollte man eine kleine Wanderung durch die Märchenwelt machen. Jetzt sind die meisten der wenigen Parkbuchten noch frei. Der 'Maultierpfad' beginnt in einer scharfen Linkskurve bei einem kleinen Marienstandbild (»km 2,8«; Markierung blauer Punkt), noch am Anfang der **Calanche**. Man blickt von ihm wie ein Vogel in das Felsenchaos und die Bucht von PORTO hinab (Foto).

Am Ende der Schluchtstrecke, beim 'Hundekopf', (»km 3,9«; Foto), wartet ein kleiner Parkplatz. Hier wandern wir in 20 min. zum 'Château fort', treiben Tafo-

Calanche, la Tête de Chien (Hundekopf, von hinten)

ni-Studien, blicken bis hinab zum pisanischen (weil quadratischen) Wachturm von PORTO und überzeugen uns am Ende des Rückweges, dass der Tafoni-'Dackelkopf' kein Innenleben besitzt. „Wie ein Weihnachtsmann!" meint geringschätzig unsere Jüngste und spielt auf die Enttäuschung an, die ihr hohle Schokoladenfiguren stets bereiten.

Dringender Hinweis: Von der **Calanche** wurden uns bereits eine Reihe von Diebstählen gemeldet. Zumindest in der Hauptsaison sollte stets eine Person **im** WOMO bleiben!

Wir verweilen genau 5 min. zu lange! Als ich nördlich PORTO das WOMO sorgsam um die überhängenden Felsen des engen Sträßchens bugsiere, kommen uns mit dem Getöse ihrer Dampferhupen die ersten Ausflugsbusse aus Richtung CALVI entgegen. **Aus!!!**

Die Straße ist einfach zu schmal für uns. Zwei Polizisten auf Mopeds flitzen wie aufgeregte Bienchen hin und her – vergrößern den Stau mit Windeseile. Schließlich, ich hab' Schwielen an den Fingern und meine Beifahrerin Schweißtropfen auf der Stirn, hängt unser WOMO mit eingeklappten Spiegeln in einer Einbuchtung zwischen zwei scharfkantigen Felsvorsprüngen, und die Busfahrer jonglieren mit Bravour ihre Schiffe an uns vorbei.

Glück gehabt!?

Ein fast hörbares Aufatmen geht durch die wartende PKW-Fahrer-Schar, und langsam setzen sich die Blechschlangen wieder in Bewegung.
Die Küstenlinie nördlich PORTO ist schroff und steil. Mühsam haben sich die Straßenbauer einen Absatz hineingesprengt. Spätestens hier beglückwünschen wir uns, dass wir Korsika im Uhrzeigersinn umrunden: Lieber im schlimmsten Fall einen der vorragenden Felsen rechts streifen, als die tief unten aus dem Wasser ragenden Riffe um ein künstliches erweitern!
Nur durch die Arbeit kleiner Flüsschen wurden flache Buchten und Strände geschaffen. Der **Plage de Bussaglia** ist 4 km nördlich von PORTO der erste davon (400 m hinter der Abzweigung gemauerter Kieselsteinbrunnen rechts). Auch hier lag ein Campingplatz im Hinterfeld (seit einer Frühjahrshochwasserkatastrophe ist er jedoch geschlossen und wird wahrscheinlich nicht wieder eröffnet). Vorn, an der wunderschönen Bucht, warten hinter den zwei behaglichen Strandgaststätten nette Wiesenplätzchen am Vetricella-Flüsschen mit einigen Schattenbäumchen.

WOMO-Badeplatz: Plage de Bussaglia

Position: N 42° 16.918'; E 8° 41.332'. **WOMO-Zahl:** 2-3.
Zufahrt: Von Porto auf der D 81 4 km nach Norden, dann links zum Strand.
Ausstattung: Wiese, Feinkiesstrand, Duschen, zwei Gaststätten (offen: ca. 1.5.-30.9.).

Picknickwiese hinter der Plage de Bussaglia

Weiter kurven wir an der steilen Felswand entlang, aus der harte Spitzen herausragen. Nach 5,5 km weit unter uns, unerreichbar, eine kleine Robinsonbucht. Dann begleitet uns eine Eukalyptusbaumreihe nach PARTINELLO hinein. Von der Ortsmitte führt ein steiles, schmales, aber gut gepflegtes Teer-

Plage de Caspio, vom Wanderweg nach Miserinu aus gesehen

sträßchen 2800 m hinab zu seinem Hafen, der **Plage de Caspio**. Dort haben die zwei Strandrestaurantbesitzer ebenfalls nichts gegen WOMOs. Die großen, aber schattenlosen Parkflächen sind sorgfältig mit Mäuerchen umgeben, eine große Mülltonne sorgt (hoffentlich) für Sauberkeit. Wer den Platz unter der großen Steineiche ergattert, ist der King!

WOMO-Badeplatz: Plage de Caspio

Position: N 42° 18.165'; E 8° 39.675'. **WOMO-Zahl:** 2-3.
Zufahrt: Von Porto auf der D 81 nach Norden bis Partinello, in der Ortsmitte links hinab.
Ausstattung: Feinkiesstrand, Mülleimer, zwei Gaststätten (offen: ca. 1.5.-30.9.).

Zwischen den Stränden von **Bussaglia** und **Caspio** hatten wir von hoch oben einen Robinson-Strand, den **Golfe de Miserinu**, gesichtet. Eine Straße führt dort garantiert nicht hin – aber das kleine, blaue Zelt kann ja nicht hingeflogen sein!
In der abnehmenden Hitze des Abends klettern wir am Südrand der **Bucht von Caspio**, direkt am Ende des Restaurantmäuerchens (Wegweiser: Miserinu), den Felsen hoch und marschieren einen Macchiepfad entlang. Es wird einer unserer eindrucksvollsten Spaziergänge! Die Sinne können sich mit Eindrücken geradezu vollsaugen: den Duft der ätherischen Öle, den sattgrünen Bewuchs auf den roten Felsen und darunter das dunkle, schwappende Meer. Der bereits halb zugewachsene Maultierpfad ist nur mit gutem Schuhwerk zu begehen, Jeans und langärmlige Hemden schützen vor kratzigem Buschwerk.
Als wir die Robinson-Bucht schließlich direkt vor uns sehen, bereitet uns sein derzeitiger Besitzer eine arge Enttäuschung: Sein PS-starkes Schlauchboot ist von hier aus deutlich zu erkennen. Wir kehren um und erreichen vor Eintritt der Dunkelheit gerade noch unser WOMO.

Am nördlichen Ortsrand von PARTINELLO haben wir am nächsten Morgen endlich mal Gelegenheit, beim Wasserfassen die korsische Kieselbrunnenbaukunst in Ruhe zu bewundern (Foto), bevor wir uns wieder 8 km ganz auf den Straßenverlauf, vorstehende Felsen, Schlaglöcher, sorglos entgegenkommende Motorradfahrer (den Helm oft am Arm) und die diversen Straßentiere konzentrieren müssen.
OSANI steht auf dem Wegweiser – und durch das Dörfchen hindurch führt ein insgesamt 4,7 km langes, asphaltiertes Sträßchen bis hinab zur **Plage de Gradelle**, passiert kurz vorher einen kleinen Campingplatz.

WOMO-Campingplatz-Tipp: Camping e Gradelle
Öffnungszeiten: 1.6.-31.9. **Zufahrt:** Von Osani hinab zum Strand von Gradelle.
Ausstattung: steile Zufahrt, für WOMOs links ebene Wiese; Schatten; Strand: 400 m.

Wanderweg von der Plage de Gradelle zur Plage de Caspio, Blick zum Capo rosso

An dem kleinen, jedoch äußerst romantischen Kiesstrand findet man Stellplätze direkt am Wasser oder weiter hinten auf einer großen Picknickwiese. Besonders schön ist der Blick vom ruhigen Strand bis hinüber zum Pisaner-Turm von PORTO, der mitten im Trubel der Urlaubermassen steht. Nachts erkennt man auch die Lichter von PIANA hoch über der **Calanche**.
Auch vom linken Rand der **Plage de Gradelle** kann man auf einem Mulisteig (Wegweiser: Caspiu) erst kraxelnd, dann beschaulich spazierend die Hangmacchie durchstreifen.

WOMO-Badeplatz: Plage de Gradelle
Position: N 42° 18.210'; E 8° 38.857'. **WOMO-Zahl:** 2-3.
Zufahrt: Von Porto auf der D 81 22 km nach Norden. Links über Osani zum Strand.
Ausstattung: Feinkiesstrand, Picknickwiese, Gaststätte; Camping verboten.

Plage de Gradelle

Am **Col de la Croix**, bereits nach 1200 m, einige Autos, zwei Imbissbuden.
Von hier aus ist das Fischerdörfchen GIROLATA zu erwandern (4 Std. hin und zurück, auf halber Strecke Bademöglichkeit), das als einziger Ort Korsikas keine Straßenverbindung besitzt. Trotzdem wird man dort keine weltabgeschiedene Idylle antreffen: Man hat die Abgeschiedenheit zur Attraktion gemacht, täglich quellen aus Ausflugsschiffen die Besucher. 1200 m später ist von einem Aussichtsplateau aus fast der gesamte Wanderweg zu überblicken und man muss sich die Frage stellen, ob man sein WOMO an dieser exponierten Stel-

le 4 Std. allein lassen möchte (Foto mit Wanderweg).
Weiter geht es durch die grandiose, rostrote Felsenlandschaft, die sich, fast vollständig von dunkelgrüner Macchie überzogen, im Frühjahr mit einem bunten Kleid schmückt.
Seit PIANA ist der Straßenzustand nahezu überall gleich: Schmal, kurvenreich, gefährlich – aber mit vielen Ausbuchtungen, um anzuhalten und das Panorama in Ruhe zu genießen (2. Gang und 30 km/h sind sozusagen "Standard").
Genau 10 km sind es vom **Col de la Croix** zum **Col de Palmarella** [N 42° 21.832'; E 8° 38.883'; 406 m]; im Talgrund davor schöner **Brunnen** rechts, gegenüber zwei mächtigen Eukalyptusbäumen.
Auch vom **Col de Palmarella** aus kann man, zwar ohne Badestopp, dafür in nur 1,5 Stunden, hinab nach GIROLATA marschieren (zunächst 1,8 km auf der Straße nach Süden!).
Nun geht es auf neuer, breiter Bahn zum **Fango-Tal** hinab.
Erwacht schon wieder die Sehnsucht nach einer kühlenden Badegumpe in traumhafter Umgebung? Dann können Sie das **Fango-Tal** einfach nicht auslassen!
Wir biegen rechts in die D 351 Richtung MANSO (»km 0«). Bei »km 1,0« sichten wir einen Brunnen rechts und bereits 500 m später kann man links hinab fahren bis zum Beginn einer alten Genuesenbrücke, die an einer felsig-dramatischen Engstelle den **Fango-Fluss** überquert. Pfade führen vor und hinter der Brücke zu großen Badegumpen hinab.

WOMO-Badeplatz:
Fango/Genueserbrücke
Position: N 42° 23.792'; E 8° 42.848'.
WOMO-Zahl: 1-2.
Zufahrt: Vor Galeria rechts in die D 351 einbiegen und noch 1,5 km.
Ausstattung: Badegumpen, genuesische Bogenbrücke.

Dann verschwindet der Fango wieder hinter der hohen Macchie, in der sich eine ganze Reihe von Ferienhäusern verbergen, um plötzlich wieder in einem nackten, rotbraunen Steinbett direkt neben der Straße zu fluten.
Bei »km 4,5« sind wir in TUARELLI und biegen links zur Brücke über den **Fango** ab. Falls Sie im Gegensatz zu uns kein Metermaß griffbereit haben – das stabile Geländer hat eine lichte Weite von präzise 2,70 m! Wir busgieren folglich 2,20 m WOMO-Breite besonders vor-

Campingplatz-Badegumpe

sichtig über den Fluss, biegen hinter der Brücke rechts und nach 100 m nochmals rechts, fangoaufwärts bis zum Campingplatz, der sehr schön in einem Pinienwäldchen liegt und einen Direktzugang zu einer geradezu phantastischen Badepumpe hat.

WOMO-Campingplatz-Tipp: Camping Tuarelli

Position: N 42° 23.207'; E 8° 44.997'; 100 m.
Öffnungszeiten: Mitte 3. - Mitte 10.
Zufahrt: Vor Galeria rechts in die D 351 einbiegen; nach 4,5 km links über den Fango.
Ausstattung: viel Schatten; Pizzeria; Badegumpen; Ort: 500 m.

Fährt man an der Abzweigung nach TUARELLI vorbei, so entdeckt man 700 m später, gegenüber einem kleinen Käsekeller (steht zum Verkauf!) eine Abfahrt zu einem Wiesen-Busch-Gelände (Vorsicht, Äste!). Dort kann man sich prächtig einrichten und hinabsteigen zu einer traumhaften Badegumpe, die einen gewaltigen Felsklotz umringt.

WOMO-Badeplatz: Fango-Fluss (»km 5,2«)

WOMO-Zahl: 3-4. **Ausstattung:** Badegumpen, Picknickwiese.
Zufahrt: Vor Galeria rechts in die D 351 einbiegen; nach 5,2 km links zum Fango.

Badegumpe im Fango bei »km 5,2«

Badegumpe im Fango bei »km 5,9«

Eine weitere Abfahrt sichten wir nach 1400 m, direkt hinter einer Brücke. Die Zufahrt durchquert ein kleines Wäldchen und endet ebenfalls in einem Wiesen-Baum-Gelände. Der Fluss bietet jedem etwas: Große Gumpen für die Großen, kleine für die Kleinen – und winzige Badebecken für die Babies.

WOMO-Badeplatz: Fango-Fluss (»km 5,9«)
WOMO-Zahl: 3-4. **Ausstattung:** Badegumpen, Picknickwiese, Schattenbäume.
Zufahrt: Vor Galeria rechts in die D 351 einbiegen; nach 5,9 km links zum Fango.

Nach 3,4 km (»km 7,9«) passieren wir die Abzweigung nach MANSO (wo man hinter der Brücke ebenfalls parken und in die Badegumpe hüpfen kann) und nach weiteren 1,7 km (»km 9,8«) stehen wir neben dem Brunnen von BARDIANA.
Wir kennen noch ein tolles Plätzchen, talaufwärts. Zu diesem Idyll gelangt man, wenn man in BARDIANA beim Friedhof geradeaus auf schotterigem Forstweg weiterfährt (also nicht die Teerstraße links über den Fluss!). Nach gut 3 km kommt man an eine Brücke (Ponte di e Rocce). Davor rechts finden gerade zwei WOMOs Platz. Zum Bächle hinabsteigen, 'stromaufwärts' gehen, genießen ...!

WOMO-Badeplatz: Fango-Fluss (»km 13«)
WOMO-Zahl: 1-2. **Ausstattung:** Badegumpe, Wanderweg.
Zufahrt: Vor Galeria rechts in die D 351 einbiegen; nach 10 km nicht links, sondern geradeaus auf Schotter noch 3 km.
Hinweis: Der Forstweg ist zwar breit genug auch für große WOMOs, aber es hängen immer wieder Äste hinein, so dass wir ihn nur bis VW-Bus-Größe empfehlen können.
Wandertipp: Den Forstweg weiter ins Tal hinein bis hinauf zur **Bocca di Capronale** (1329 m) mit Eisenkreuz (ca. 2 1/2 Std.); evtl. noch 1/2 Std. hinab zur (unbewirtschafteten) **Refuge de Puscaghia**. Gleicher Weg zurück

Zurück auf der D 81 biegen wir rechts, überqueren dann aber nicht den Fango, sondern halten geradeaus auf GALERIA zu. Nach 2,5 km kommt man hinter einem Turm zu einem terrassenförmig angelegten, total schattenlosen Parkplatzgelände, das tagsüber kostenlos ist. Die Höhe der nächtlichen Gebühr (auch in der Vorsaison) beträgt stolze 11 €.

Stellplatz vor Galeria

Von diesem Parkplatz aus führt der einzige Zugang (über eine neu angelegte Steintreppe) zum riesigen Strand in der **Fango-Mündung**.

Bequemer hat man es, wenn man vom Parkplatz am Ortsbeginn zum schönen Ortsstrand hinabsteigt (Foto).

Offiziell ist dieser Platz allerdings für WOMOs tabu, denn 300 m vom Strand entfernt, hinter dem Hotel Stagnolo, wartet der **Ideal-Campingplatz** auf Kundschaft.

WOMO-Campingplatz-Tipp: Ideal Camping

Position: N 42° 24.628'; E 8° 38.662'. **Öffnungszeiten:** 1.5. - 30.9.
Zufahrt: In der Ortsmitte von Galeria hinter dem Hotel Stagnolo.
Ausstattung: viel Schatten; Gaststätte; Sandstrand: 300 m.

Direkt hinter der **Fango**-Brücke können wir wählen, auf welchem Weg wir nach CALVI wollen – durchs "Interieur" oder an der "Côte" entlang. Wir entscheiden uns für die ältere Küstenstraße, die wie die Strecke seit PORTO geradezu genießerisch den gezähnten Küstenverlauf nachvollzieht – schmal, schlecht ausgebaut. **Aufpassen!**

Der einsame Strand an der Fango-Mündung

Zunächst jedoch werfen wir halb bewundernde, halb verzweifelte Blicke hinab auf den völlig menschenleeren, fast schwarzen **Sandstrand** der **Fango**-Mündung. Nur am äußersten linken Rand, beim Turm von GALERIA, tummeln sich einige Badegäste. Mehrfach haben wir versucht, uns einen Weg durch das sommers trockengefallene Schotterbett des Flusses zu bahnen, es geht nicht!
Noch ein Col, wieder hinab, bei der einsam gelegenen Gaststätte "Ferayola" rechts ein **Brunnen**.
Nach gut 10 km seit der Fango-Brücke passieren wir die Ruinen der Bergwerksanlagen von ARGENTELLA. Einst muss sich der Silberabbau rentiert haben, denn die Gebäudereste sprechen von Wohlstand.

Argentella, Plage de Crovani

Hinter ARGENTELLA schwingt sich ein eigenartiger Strand.
Er besteht aus lauter kleinen, braunvioletten Kieseln, wohlsortiert von Erbsen- bis Faustgröße. Dominierend ist jedoch eine Sorte, die verblüffend kleinen Schokoladenostereiern ähnelt. Beim Sammeln fällt uns auf, in wie vielen Varianten es braunviolett gibt: hell und dunkel, gestreift, marmoriert, gepunktet und gefleckt – kein Steinchen gleicht dem anderen (eine Glasvase voller Argentella-Kiesel steht als bleibende Erinnerung auf unserem Kaminsims).
Ihr Inhalt erinnert uns auch daran, dass es einst einen freien Badeplatz in der Mitte der **Plage de Crovani** gab (800 m nach dem Campingplatz "Morsetta"; jetzt dort nur noch Parkmöglichkeit an der Straße).

WOMO-Campingplatz-Tipp: La Morsetta

Position: N 42° 27.908'; E 8° 40.947'. **Öffnungszeiten:** Mitte 5. - September.
Zufahrt: Vor Galeria den Fango überqueren und die Küstenstraße 10 km Richtung Calvi.
Ausstattung: viel Schatten; Pizzeria/Strandrestaurant; Kiesstrand; nächster Ort: 10 km.

Die miserable Piste 1500 m nach dem Camping führt links nach 800 Schritten zu einem kleinen Tamariskenwäldchen am Strand. Wir können sie, wenn überhaupt, nur bis VW-Bus-Größe und nach vorheriger Inspektion in Betracht ziehen.
Erst am späten Nachmittag, als die Sonnenglut nachgelassen hat, durchqueren wir die menschenleere Felsenlandschaft bis CALVI. Bäumen ist es hier zu trocken, selbst die Macchie wirkt dürftig (Ostern entfaltet sie jedoch eine überraschend vielfältige Blütenpracht – von den weißen Cistrosen über violetten Lavendel, rosafarbenen Thymian bis zu ganzen rotvioletten Orchideenwiesen, dazwischen leuchtet der gelbe Ginster).
Abwechslung bieten dagegen die Steilküsten, an die die Brandung gischtet, saharagelbe Tafoni (gleich ganze Felshänge sind voll von ihnen) – und eine riesige, stinkende Müllhalde! Keinesfalls sollte man versäu-

Blühende Tafonilandschaft

men, 4 km vor CALVI, bei »km 29,4«, einen 1,6-km-Abstecher zu der **Wallfahrtskapelle Notre Dame de la Serra** zu machen!

Man durchrollt, steil bergauf, eine herrliche **Tafoni-Landschaft** (Foto).

Der Fahrweg endet zu Füßen der Wallfahrtskapelle an einem lauschigen Pinien-, Picknick- und Übernachtungswäldchen, und von der Kapelle aus hat man den mit Sicherheit zweitherrlichsten Blick über CALVI und seinen silberglänzenden Sandstrandbogen, denn ....

.... von weiter oben sieht man noch mehr!

Blick auf Calvi vom Aussichtspunkt N. D. de la Serra

WOMO-Wanderparkplatz: N. D. de la Serra – Capu di a Veta

Position des Wanderparkplatzes: N 42° 33.107'; E 8° 44.210'; 212 m.
WOMO-Zahl: 3-4. **Ausstattung:** Picknickwäldchen, Aussichtsplateau, Wanderweg.
Zufahrt: 4 km vor Calvi, bei »km 29,4« von der D 81B rechts zur Kapelle.
Gehzeit: 3 Std. **Schwierigkeit:** leicht. **Höhenunterschied:** 490 m
Hinweis: Der Gipfel des Capu di a Veta ist von der Kapella aus im Süden zu sehen.
Strecke: Vom Picknickwäldchen nach SO dem sandigen Wanderweg rechts des Friedhofes (orangerot markiert) folgen und immer nach SSO zum Aussichtsgipfel.

CALVI ist kein Ort für WOMOs! Zwischen 20 Uhr und 8 Uhr ist das Abstellen von WOMOs verboten – falls man überhaupt einen Parkplatz findet.

Folgen Sie am Ortsbeginn nicht den grünen Schildern ILE-ROUSSE/BASTIA nach rechts, sondern halten Sie geradeaus auf die Zitadelle zu. Auf dem großen Parkplatz davor (Place

Calvi, Place Christophe Colomb

Christophe Colomb) stellt man sein Gefährt tunlichst ab, denn von hier aus ist alles zu Fuß leicht erreichbar:
Nur wenige Schritte sind es in die genuesische Zitadelle, die die Altstadt umschließt, mit der **Kathedrale Saint-Jean-Baptiste**, die von einer schönen Kuppel gekrönt ist.
Der Bronzeengel zwischen den vier Marmorsäulen am Parkplatz schaut genau in den **Boulevard Wilson** hinein, die Bummelmeile von Calvi.
Die **Place Christophe Colomb** ist (wie meistens) überfüllt? Dann wenden Sie sich nach rechts und folgen den Wegweisern nach ILE ROUSSE 800 m bis zum Yachthafen. Dort finden Sie direkt links der Straße einen Riesenparkplatz und können, bequem durch den Hafen bummelnd (vorbei an der Touristeninformation), ebenfalls zur Altstadt in der Zitadelle gelangen.
Die Sandbucht von CALVI ist ein Traum!
Rollt man an der Abzweigung zum Yachthafen mit dem großem Parkplatz vorbei, so passiert man 50 m später "Super U" (gegenüber großer Parkplatz, den viele WOMOs nutzen!), 900 m später rechts eine Shell-Tankstelle mit Autogas – und nach 1100 m schwenken wir links in die Pineta hinter dem Traumstrand, in der auch der Camping "La Pinède" residiert. Wir schlängeln uns durch den dichten Pinienwald, vorbei an Clubs, Tennisplätzen, Feriensiedlungen und schließlich rechts zum beliebtesten Campingplatz von CALVI.

WOMO-Campingplatz-Tipp: La Pinède

Position: N 42° 33.197'; E 8° 46.088'. **Öffnungszeiten:** 1.4. - 31.10.
Zufahrt: Calvi nach Osten verlassen und nach 1000 m links in die Pineta.
Ausstattung: viel Schatten; Pizzeria; Laden; Pool; Sandstrand: 200 m; Ort: 1000 m.

Wendet man sich in der Pineta irgendwo nach links, so landet man meist an Parkplätzen von Strandbars oder Gaststätten hinter dem Sandstrand. Falls Sie eine Parkmöglichkeit ohne WOMO-Verbotsschild entdecken sollten – herzlichen Glückwunsch!
Strapazieren Sie aber Ihr Glück nicht über Gebühr. Spätestens in der Nacht wird man Sie aus dem Schlaf trommeln und zur Weiterfahrt nötigen (siehe jedoch gegenüber Super U!).

Ungestört und in frischer Gebirgsluft können Sie nächtigen, wenn Sie 1,7 km östlich des Yachthafens rechts zum **Flughafen Ste Catherine/Forêt de Bonifato** abbiegen (dort Obst und Gemüse direkt vom Feld).
Die D 251, neben dem Flugfeld noch eine Präsentierallee, dann aber Stück für Stück immer schmaler, holpriger, kurviger und steiler werdend, bewältigt die Strecke bis zu ihrem Ende am **Forsthaus von Bonifato** in 17 km. Wieder sind wir ganz begeistert, wie unerschöpflich an Einfällen die Natur bei der Erschaffung der Tafoni-Formen war. Nach dem Forsthaus kommt nur noch eine schmale Brücke, hinter der ein schattiger Platz rechts Steintische und -bänke sowie ein Brünnlein bietet. 100 m weiter endet die Fahrstraße mit mehreren, schön in fünf Etagen angelegten Parkplatzreihen unterhalb der "**Auberge de la Forêt**" (Gebühr ca. 5 EUR/Tag).
Was fangen wir mit dem angebrochenen Abend an? Zunächst entdecken wir an der untersten Parkplatzebene einen Pfad, in 8 Minuten in Serpentinen zum **Ficarella-Bach** hinabführt. Kaum jemand scheint ihn zu benutzen, denn wir haben zwei prima Badegumpen für uns alleine ....

Badegumpe im Ficarella-Bach

WOMO-Wanderparkplatz: Forsthaus von Bonifato
Position des Wanderparkplatzes: N 42° 26.540'; E 8° 51.260'; 536 m.
WOMO-Zahl: >5. **Ausstattung:** Picknickwäldchen, Aussichtsplateau, Wanderweg.
Zufahrt: Östlich Calvi Richtung Flughafen/Forêt de Bonifato 17 km.

Dann machen wir uns fein für das Abendessen, denn beim Anblick der schönen Sitzplätze vor der Auberge und dem Studium der Speisekarte verweigert unsere Privat- und Leibköchin den Dienst.
Man kann sie empfehlen, die Gaststätte! Das einzige Menü kann so vielfältig variiert werden, dass jeder nach seiner Façon selig werden kann. Der Genuss von einigen 'verre rosé' lässt wohlige Zufriedenheit aufkommen, während die Stechmücken mit Erfolg versuchen, etwas davon wieder von uns abzuzapfen.
Der Rückweg zu unserem Schlafdomizil ist stockdunkel. Prompt stolpern wir, schimpfende Stimmen und eine aufleuchtende Taschenlampe belehren uns, dass nicht alle Leute ein gemütliches WOMO haben: Zwei Wanderer liegen im Schlafsack neben ihrem PKW, vor sich das Warndreieck (über das ich gerade gefallen war), mit unbeleuchteten Fußgängern hatten sie nicht gerechnet.
Lange kann man auf dem Parkplatz von BONIFATO nicht ausschlafen! Schon ab 6 Uhr rollen die Wanderlustigen an, lachend werden Bergstiefel geschnürt, Riesenrucksäcke gerichtet, Trupp auf Trupp setzt sich in Bewegung.
Wenn das nicht ansteckt!?
Dabei wollen wir nur ein kleines Stückchen mithalten, überholen also mit leichtem Gepäck manchen 'Schwertransporter':

Zunächst geht es auf einer Forststraße, die sich hinter einer Schranke an den Parkplatz anschließt, in 20 min. bis zur **Furt Roncu**. Bis dorthin können auch Kinderwagen geschoben werden, und ab und zu bieten sich Abstiege zu Badegumpen im **Ficarella** an.
Früher traf man an der Furt auf den GR 20. Da die ersten beiden Etappen verlegt wurden, hat man die weiß/rote Markierung gelb übermalt, jetzt trifft man auf die neue Route erst an der '**Refuge Carozzu**'. Zu ihr steigen wir nun rechts auf schmalem, felsigen Steig weiter, überqueren mehrere 'Wasserläufe', von denen aber nur einer noch diesen Namen verdient. Während nach Wolkenbrüchen oder der Schneeschmelze hier gefährliche Sturzbäche herabstürzen, können wir jetzt die Wassergewalt nur an der Größe der herabgerollten Felsen erahnen.
Über eineinhalb Stunden sind wir schon unterwegs. Eigentlich wäre jetzt eine Pause angebracht. Da, das gibt es doch nicht –ein runder Steintisch im Schatten, steinerne Sitze im Rund und eine plätschernde Quelle daneben. 1-8-1938 zeigt die Gravierung am Tischfuß – wie viele Wanderer mögen seitdem hier verschnauft haben? Wir erhöhen ihre Zahl um weitere fünf und ziehen bald weiter, herankeuchenden Gestalten den Platz räumend.
Nur noch zwei Minuten sind es bis zu einer steinernen Nothütte und weitere sechs zu einer Gabelung, bei der wir auf den weiß/rot markierten GR-20 treffen. Links führt er in einer Minute zur '**Refuge de Carozzu**' (1270 m), wir

biegen nach rechts und gelangen in fünf Minuten, über einen schrägen Plattenschuss, zur **Hängebrücke (Foto)** über den **Spasimata-Bach** – unserem Wanderziel. (Von hier aus sind es nur 3 km Luftlinie bis zur **Bocca Culaghia**, wo wir bei unserer ersten Wanderung von HAUT-ASCO aus den GR-20 verlassen hatten).
Jetzt, in der heißen Jahreszeit, hängt die Hängebrücke ziemlich überflüssig über dem spärlichen Rinnsal – im Frühjahr wäre ohne sie an dieser Stelle kein Weiterkommen! Wir steigen hinab zu einer Badegumpe, vespern und studieren nahezu unbemerkt das Verhalten der Wanderer, denn der Anblick der windigen Konstruktion aus Draht und Brettern sowie die Warntafel: "2 Pers. maxi" machen nicht gerade Mut.
Da ist zunächst der Ignorant – er marschiert an der Brücke vorbei durch den Bach.
Dann kommt der Forsche – er trampelt wie ein Elefant über die ersten Bretter und kommt mit weichen Knien, die Hände um die Seile verkrampft, am anderen Ende an.
Am häufigsten sind die Vorsichtigen, die erst mehrfach kräftig aufstampfen – um dann einzeln hinüberzuschaukeln. Aber erst, als wir es selbst probieren, verstehen wir die verkrampften Gesichtszüge der meisten.
Auf dem Rückweg können wir 600 Höhenmeter hinabsteigen –eine lockere Sache, um so mehr, als der gesamte Weg im Schatten von Steineichen und Kiefern, Buchs und Baumheide, Mastix- und Erdbeerbäumen verläuft.
Wer in Eile ist, kaum Blicke hat für die weite Sicht bis zur Küste bei CALVI und die vielen Tafoni, der kann den Rückweg in eineinhalb Stunden 'schaffen'.

Der Parkplatz ist inzwischen brechend voll, die Badegumpen am Forstweg sind fast alle besetzt – aber an unserer 'Privatgumpe' am Ende des Serpentinenpfades wartet noch ein Plätzchen auf uns!

Hinweis: Der beschriebene Wanderweg ist in der Hauptsaison gut begangen. Wer es einsamer haben möchte, wählt die Rundtour zur **Bocca di Erbaghiolu / Bocca di Bonassa**, die bei dem Brünnlein hinter der Brücke beginnt. Die 4 1/2 Stunden-Tour ist bestens markiert (Aufstieg rot, Abstieg orange) und bietet schöne Ausblicke.

TOUR 11 (90 km / 2-3 Tage)

Algajola – Ile Rousse – Lozari – Desert des Agriates – St. Florent – Nebbio-Rundfahrt – Patrimonio – Plage de Nonza (Karte siehe Tour 1)

Freie Übernachtung: Calvi (Plage Arinella), Lumio, Plage de Lozari, St. Florent, San Michele, Barrage de Padula, Serra di Pigno, Plage de Nonza.

Trinkwasserstellen: u. a. San Gavino, Piève, San Michele, Oletta, Nonza.

Campingplätze: Calvi, Algajola, Ile Rousse, Lozari, Ostriconi-Mündung, St. Florent, Marine de Farinole.

Baden: Calvi, Lumio, Algajola, Ile Rousse, Lozari, Ostriconi-Mündung, St. Florent, Sorio (Aliso-Bach), Plage de Nonza.

Besichtigungen: Ile Rousse, Desert des Agriates, St. Florent, Nebbio mit San Michele, Serra di Pigno, Patrimonio (Weinprobe).

Wandern: St. Florent: Küstentour (Sentier littoral).

Selbstverständlich gibt es im Flughafen von CALVI schöne, gepflegte Toiletten, die sicher überrascht wären, wenn sie einmal mit einer vollen Campingtoilette konfrontiert würden! Wir waren die Stichstraße vom Forsthaus Bonifato wieder hinabgerollt und biegen nach dem Flughafen rechts in die N 197 Richtung ILE ROUSSE.

Bereits nach 1000 m geht es rechts zum Campingplatz "Dolce Vita".

WOMO-Campingplatz-Tipp: Dolce Vita

Position: N 42° 33.253'; E 8° 47.330'. **Öffnungszeiten:** 1.5. - 30.9.

Zufahrt: Östlich Calvi, 1000 m nach der Abzweigung zum Flughafen links.

Ausstattung: viel Schatten; Gaststätte; Laden; am Sandstrand; Ort: 3 km.

Hinweis: Durchfahrtshöhe am Eingang unter der Bahnlinie max. 3,20 m.

Nach weiteren 1500 m kann man, direkt hinter der Brücke über den **Fiume Secco**, nach links die Bahngleise überqueren und steht nach weiteren 500 m verblüfft an der **Plage Sainte Restitude**, einem Kiesstrand (mit Sandstrandstreifen), dessen umfangreiches Stellplatzangebot schattenspendend mit Tamarisken bewachsen ist. Man muss sich wundern, wie wenig Andrang hier herrscht!

WOMO-Badeplatz: Plage Sainte Restitude

WOMO-Zahl: >5. **Ausstattung:** Kies-/Sandstrand, Schattenbäume.

Zufahrt: Von Calvi auf der N 197 am Flugplatz vorbei und nach 2,5 km links.

LUMIO liegt etwas abseits der Küste, leicht erhöht inmitten von Weinfeldern, 3 km weiter nördlich.

Plage Sainte Restitude

Noch vor dem Ortsschild folgen wir nach rechts dem Wegweiser zur pisanischen Kirche **St. Pierre e St. Paul** (XI. Jahr.). Nach 200 m findet man einen schönen, ruhigen Parkplatz vor dem Friedhof, in dem das romanische Kleinod steht. Der schlichte Bau besticht an der Apsis mit verschiedenen geometrischen Mustern, das Portal wird von zwei friedlichen Löwen bewacht (Foto). Auch der Gang über einen korsischen Friedhof ist gewiss eine erlebenswerte Sache!

100 m später kommt das Ortsschild von LUMIO und nochmals 200 m später die Abzweigung zur **Plage de Arinella** (Foto).

Der kleine Sandstrand wird sommers sicher gut besucht sein wie auch das Restaurant an seiner rechten Flanke.

Biegt man jedoch vor dem Strand rechts und nach 800 m wieder links, so kommt man auf bequemem Asphalt zur Ruine

Pisanerturm an der Punta Caldano

eines **Pisanerturms** an der **Punta Caldano**. Er ist umgeben von herrlich glattgewaschenen Granitfelsplatten, die ins Wasser hineinragend besonders die Schnorchler entzücken. Wir begeistern uns an der Ruhe, den vielen waagerechten Stellplätzen im weitläufigen Gelände und dem herrlichen Blick über die Bucht von CALVI.

WOMO-Stellplatz/Badeplatz: Punta Caldano

Position: N 42° 34.970'; E 8° 47.995'. **WOMO-Zahl:** 3-4.
Zufahrt: Von Calvi auf der N 197 10 km bis Lumio. Dort links zum Strand von Arinella. Davor rechts und nach 800 m wieder links.
Ausstattung: Picknickwiese, Felsplattenküste; Camping verboten.
Hinweis: Badeschuhe tragen, badende Kinder beaufsichtigen!

Kurz darauf rollen wir durch ALGAJOLA von West nach Ost, überqueren hinter dem Bahnhof die Bahnlinie (links ein kleines **Fort**, gegenüber ein **Brunnen**). Noch ein paar Hotels, einige Restaurants – und schon sind wir am langen, weißen feinpulvrigen Sandstrand, der **Plage d'Aregno**. Rechts, hinter der Bahnlinie, im schattigen Pinien- und Eukalyptuswald, der **Camping de la Plage**.

WOMO-Campingplatz-Tipp: Camping de la Plage

Position: N 42° 36.513'; E 8° 52.422'. **Öffnungszeiten:** Mitte 4. - Mitte 10.
Zufahrt: Von Calvi auf der N 197 bis Algajola. An der Hauptstraße 1 km weiter östlich.
Ausstattung: viel Schatten; Pizzeria; Laden; Sandstrand: 50 m.

Auch vor ILE ROUSSE nehmen wir die erste Zufahrt Richtung "Le Port", wo die SNCM-Fähre anlegt. Am Meer angekommen, wenden wir uns nach links, passieren auf einer Mole den Jachthafen und die Anlegestellen der Fähren, landen direkt unterhalb des Genuesenturmes auf der Insel de la Pietra mit einem riesengroßen **Parkplatz**.

WOMO-Spaziergehtipp: Ile Rousse - Phare de la Pietra

Gehzeit: 30 min. **Schwierigkeit:** leicht. **Höhenunterschied:** ca. 50 m.
Strecke: Vom Parkplatz zum Genuesenturm hinauf und weiter bis zum Leuchtturm de la Pietra. Ein aussichtsreicher, ja romantischer Klippenspaziergang.
Hinweis: Der Parkplatz sollte auch für den Bummel durch Ile Rousse genutzt werden, denn die Sträßchen der Altstadt sind sehr schmal.

Östlich von ILE ROUSSE passieren wir zwei **Campingplätze**, die wir nicht empfehlen können (wenig Schatten, keine schönen Strände). Da legen wir lieber bei LOZARI einen Badestopp ein. Hier spannt sich vor dem nahezu baumlosen Hinterland ein blendend weißer, langgezogener Sandstrandbogen mit einigen Barackenrestaurants (bis Mai völlig einsam).

Plage de Lozari

Die erste Zufahrt, bei »km 30,1«, ist z. Zt. gesperrt, dann kommt nach rechts die Abzweigung nach BELGODERE und 400 m später, bei »km 31«, die zweite Zufahrt.

WOMO-Badeplatz: Plage de Lozari

Position: N 42° 38.418'; E 9° 0.790'. **WOMO-Zahl:** 3-4.
Zufahrt: Von Calvi auf der N 197 über Ile Rousse bis Lozari, bei »km 31« links.
Ausstattung: Sandstrand, Gaststätten.

Biegt man an der oben genannten Abzweigung nach BELGODERE rechts, so kommt man nach 1,2 km zum Camping "Le Clos des Chênes" (Eichen-Gehöft). Wie der Name sagt, warten Wiesenplätze unter Steineichen auf fahrfreudige Camper.

WOMO-Campingplatz-Tipp: Le Clos des Chênes

Position: N 42° 37.637'; E 9° 0.650'; 18 m. **Öffnungszeiten:** Mitte 4. - Ende 9.
Zufahrt: Von Calvi auf der N 197 bis Lozari. Bei »km 30,6« 1,2 km Richtg. Belgodere.
Ausstattung: Schatten; Gaststätte; Laden; Pool; Strand: 1,2 km; nächster Ort: 6 km.

Der zweite **Campingplatz** von LOZARI liegt wesentlich küstennäher, nämlich 200 m nach unserer Abzweigung zum Strand rechts oberhalb der Straße. Er scheint von einem Sarazenenheer belagert zu sein, denn auf dem Gelände steht eine Unzahl von großen Mietzelten.

WOMO-Campingplatz-Tipp: Les Campéoles

Position: N 42° 38.220'; E 9° 1.200'; 5 m. **Öffnungszeiten:** Mitte 5. - Ende 9.
Zufahrt: Von Calvi auf der N 197 bis Lozari. Bei »km 31,2« rechts.
Ausstattung: wenig Schatten; Bar; Laden; Sandstrand: 300 m; nächster Ort: 8 km.

Am Beginn der **Desert des Agriates**, dort, wo die Straße die Küste verlässt, wurde der Straßenverlauf verändert!
Biegt man bei »km 5« links in die alte Stichstraße (Wegweiser: **Site de l'Ostriconi**), so kann man bald sehnsüchtig-begeisterte Blicke auf den Mäanderlauf des **Ostriconi** werfen, der in einer fast tropisch-üppig-grünen Talaue mit Eukalyptusbaumgruppen einem herrlichen **Sandstrand** zuströmt. Aber ein einziger **Campingplatz** blockiert sämtliche Strandzugänge! Sie können nur wählen zwischen Campingplatzaufenthalt und einem kurzen **Badestopp**, denn vom Parkstreifen an der Fahrstraße führen Trampelpfade hinab zum Traumstrand (WOMO gut verschießen, Wertsachen mitnehmen!).

WOMO-Campingplatz-Tipp: Ostriconi
Position: N 42° 39.227'; E 9° 4.015'; 20 m. **Öffnungszeiten:** April - Oktober.
Zufahrt: Von Calvi über Lozari bis zur Ostriconi-Mündung; bei »km 5« links.
Ausstattung: Schatten; Gaststätte; Laden; Pool; Strand: 700 m; nächster Ort: 14 km.

Wir verlassen die Küstenlinie und biegen etwa 3 km später von der breiten, neuen N 1197 nach links Richtung ST. FLORENT ab. Die **Desert des Agriates** ist tagsüber eine hitzeflimmernde Halbwüste, nahezu menschenleer. Jetzt, am Abend, ist sie gemütlich zu durchfahren.
An der **Bocca di Vezzu** (311 m) zweigt nach links eine Piste ab (Wegweiser: "Malfalcu"). An ihrem Ende, nach etwa 12 km, erwarten den Pistenbezwinger eine Wandererherberge und ein schöner Sandstrand, den man auch von ST. FLORENT aus in schlappen 8 Std. erwandern könnte (wir kommen darauf zurück).
4,8 km hinter dem Col rechterhand die Gaststätte "**Relais de la Fontaine**" mit (nomen est omen) einem handgemauerten **Brunnen** (Foto) und einem großen Parkplatz.

Nach weiteren 5,5 km und noch 100 m vor dem Ortsschild von CASTA, bei »km 204,5«, führt nach links eine weitere Schotterpiste (Hinweisschild: "Saleccia") zu ei-

nem Campingplatz mit dem verheißungsvollen Namen "U Paradisu" [N 42° 43.250'; E 9° 12.187'].
Um diesen Platz und seinen Strand kursieren in Insiderkreisen die tollsten Erzählungen. Folgende Variante dürfte der Wahrheit ziemlich nahe kommen (wir waren, wie Sie gleich verstehen werden, selbst nicht dort!):
Für die 12 km lange Piste bis zur **Bucht von Saleccia** braucht man etwa 3/4 bis 1 1/2 Stunden. Dann gelangt man an den **Campingplatz** (5 Minuten zum Meer, fast nur schräge Stellplätze) und an einen Parkplatz (2 Minuten zum Meer). Wasser, Brot, Restaurant nur auf dem Campingplatz, an 'wilde' Camper wird nichts verkauft. Die Attribute, mit denen der Zustand der Piste beschrieben wurde, wechselten zwischen abenteuerlich, katastrophal und 'stark' (was auch immer das heißen mag!). Der Strand jedoch, da sind sich alle einig, ist ein Südseetraum: Blendendweißer Sand, türkisblaues Meer. „So etwas habe ich bisher nur auf Fotos gesehen ...".
Wir lassen es wie gesagt beim Träumen und beenden unsere 'Wüstendurchquerung' vor der Gitterbrücke über den **Aliso-Fluss** am Ortseingang von ST. FLORENT.
Hier geht es scharf nach links unten ab zum großen Sandstrandrund westlich des Ortes – und geradeaus ins Zentrum.
Im Zentrum von ST. FLORENT, dort, wo schattige Platanen fast ein Kriegerdenkmal verdecken, geht ein schmales Sträßchen rechts ab, Hinweisschild "Cathedrale". 100 m sind es bis zu einem großen **Parkplatz** rechts (idealer Ausgangspunkt für einen Stadtbummel) und 800 m bis zur ehemaligen **romanischen Kathedrale** des NEBBIO (XII. Jahrh.).

Sie ähnelt zum Verwechseln der "Canonica" neben dem Flughafen von BASTIA, ist nur geringfügig jünger als jene: Dreischiffige Basilika, sehr fein gefügtes Mauerwerk aus fast weißem Kalkstein; außer Blendarkaden gibt es nur bescheidenen Schmuck (Säulenkapitelle der Westfassade) an dem trotzdem elegant wirkenden Bauwerk (Foto).
Sonst gibt es (außer einer kleinen Zitadelle) eigentlich nichts aufregendes in ST. FLORENT zu besichtigen, aber man bummelt recht nett durch die Gässchen der Altstadt.
Zurück über den **Aliso** schwenken wir rechts, rollen an mehreren Campingplätzen vorbei (nach 400 m "Calliste", nach 700 m "U Pezzo", nach 1200 m "Acqua dolce") bis zum Ende des

Plage de St. Florent

Teersträßchens am linken Rand der **superflachen Sandbucht** (kleinkinderfreundlich!). Dort stehen wir direkt am Strand, dessen Befahren durch Felsklötze verhindert wird.

WOMO-Badeplatz/Wanderparkplatz: Plage de St. Florent

Position: N 42° 40.597'; E 9° 17.048'. **WOMO-Zahl:** 3-4.
Zufahrt: Vor der Aliso-Brücke westlich St. Florent links 1500 m bis zum flachen Strand.
Ausstattung: Sandstrand, Mülleimer.
Gehzeit: beliebig **Schwierigkeit:** leicht. **Höhenunterschied:** ca. 20 m.
Hinweis: Der Sentier Littoral (Chemin du Littoral) führt an der gesamten Küste der Desert des Agriates entlang zu traumhaften Badestränden, die man sonst nur per Piste bzw. über See erreicht.

Strecke: Wo die Teerstraße endet, zu Fuß weiter auf einer Achsenbrecherpiste 30 min. bis zu einer ersten Bucht (Anse de Fornali mit kleinem Türmchen; Foto). Hier rechts hinab (nicht geradeaus weiter!) und dann immer an der Küste entlang auf dem Wanderweg. Nach insgesamt 1 1/2 Std. Buggiu-Strand, 2 Std. Santu-Strand, 3 Std. Leuchtturm an der Punta Mortella, 4 Std. Loto-Strand (hier in der Hauptsaison Rückfahrt mit dem Boot möglich), 5 Std. Saleccia-Strand mit dem Campingplatz "U Paradisu".

Leider ist ungestörter Badespaß nur tagsüber bzw. in der Nebensaison möglich (offiziell ist von 20 - 7 Uhr für WOMOs Parkverbot). Wenn der Urlauberansturm einsetzt, wird ab Camping "Acqua dolce" die Straße per 2-m-Schranke versperrt, nur noch wenige Plätze am Straßenrand bleiben für WOMOs übrig.

WOMO-Campingplatz-Tipp: Acqua dolce

Öffnungszeiten: 15.5. - 30.9. **Zufahrt:** Vor der Aliso-Brücke links 1200 m.
Ausstattung: Schatten; Gaststätte; Laden; Pool; am Sandstrand; nächster Ort: 2 km.

Sie sind nicht scharf auf "Acqua dolce" (obwohl man diesen Campingplatz durchaus empfehlen kann)?
Als die hereinbrechende Dunkelheit einen gnädigen Schleier über die "wilden Camper" ausbreitet und die Lichter von ST. FLORENT die ganze Bucht überstrahlen, machen wir neue Pläne für den nächsten Tag – statt Badespaß am Meer eine **Nebbio-Rundfahrt** mit Feen-Badegumpe!
Frühzeitig brechen wir auf, rollen zurück zur D 81 und brummen etwa 4 km rechts Richtung **Desert des Agriates** den Hang hinauf. Dann biegen wir nach links in die D 62, das zerschossene Verkehrsschild besagt: "Santu Petru di Tenda 10 km".
Wir passieren die scheußlich stinkende Müllverbrennungsanlage von ST. FLORENT, bergab geht's ins **Nebbio**, das seinen Namen vom Nebel hat, der oft über den Gebirgskämmen zwischen ST. FLORENT und BASTIA hängt.
Wieder die karge Mondlandschaft, zu der das schmale, wacklige Sträßchen gut passt.
Hat vor uns ein Rosinenlaster seine Ladung verloren!? Eine Weile zockeln wir hinter einer langen Ziegenherde her und können beobachten, wie sie pausenlos "Rosinen" produzieren.
Nach 2,5 km Brünnlein rechts, nach 2,8 km Hausruine links (wo wir schon einmal eine ruhige Nacht verbrachten).

Die ersten Zeugen menschlicher Baukunst sind, außer den staubbraunen Schafställen mit Teghiedächern (Foto), zwei nebeneinander stehende Schornsteine; beim Näherkommen entpuppen sie sich als der Kirchturm der romanischen Kirche **Santo Pietro** (XIII. Jahrh., Foto). Allerdings ist nur das Zentralgebäude aus früher Zeit, fein gefügt und schön geschmückt mit geometrischen Motiven und seltsamen, maskenhaften Gesichtern, vor denen unsere Interpretierkunst versagt. Die im XVII. Jahrhundert von Mönchen erstellten Anbauten ähneln in der Ausführung den Schafställen der Umgebung (1200 m vor dem Ort SANTO-PIETRO-DI-TENDA, Staubweg links hinab 200 m, WOMO

oben an der Straße links parken).
Das Grundstück mit der Kirche ist in Privathand. Die freundlichen Besitzer führen uns gerne herum, betonen aber, dass sie häufig in ihren Olivenhainen arbeiten und deshalb keine regelmäßigen Öffnungszeiten anbieten können.

Weiter geht's durch SANTO-PIETRO-DI-TENDA, dann am Fuße einer gewaltigen, senkrechten Felswand (Foto) nach SAN GAVINO, wo rechts ein **Brunnen** so reichlich Wasser spendet, dass alle unsere Systeme im Nu gefüllt sind. Jetzt ist es Zeit für ein erfrischendes Bad, denn das Bimetall unseres Thermometers krümmt sich schon wieder gewaltig.
Zwischen vorwitzigen Felsen mit Feigenkakteen und knorrigen Olivenbaumästen kurven wir genau 2600 m vom Brunnen in SAN GAVINO bis zu einer Linkskurve, in der eine Brücke den **Aliso** überquert. Die Parkmöglichkeiten sind vor der Brücke günstiger, gleich hinter der Brücke rechts gibt's jedoch eine schmale Parkbucht mit Vormittagsschatten. Wir eilen über die Brücke zurück, dahinter rechts auf natursteingemauerten Stufen hinab und unter der Brükke hindurch zu unserer **Feengrotten-Badegumpe**. Bereits auf der Brücke war uns vor Begeisterung die Spucke weggeblieben, aber jetzt starren wir mit offenem Mund das Naturwunder an – sagenhaft!

WOMO-Badeplatz:
San Gavino/Feengrotte
Pos.: N 42° 35.018'; E 9° 16.038'.
WOMO-Zahl: 1-2.
Zufahrt: Auf der D 62 ins Nebbio. 2600 m nach dem Brunnen von San Gavino rechts.
Ausstattung: Badegumpe.

Badegumpe im Aliso

Wir tummeln uns wie berauscht in dem Felsbecken, das eingebettet ist in bizarre Tafoni-Felsen mit urwaldhaftem Bewuchs; in der Dämmerung der Tiefe sprudelt in einer kleinen **Kaskade** der **Aliso** herab.

Erfrischt kehren wir zum WOMO zurück, entdecken noch einen **Wasserfall** (Foto), der quasi als Zugabe hinter unserem Parkplätzchen zwischen Fels und Flora herab rauscht und kurven weiter nach SORIO, wo wir am Ortsbeginn links einen Blick auf die romantische Grabkapelle in einem Orangenhain werfen.

Vor PIEVE liegt die zweistrahlige "Funtana rossa", ein zweiter Brunnen in der Ortsmitte, wo das Sträßchen zwischen den Häuserwänden immer schmaler wird. Ich fahre am Ortsende noch 100 m weiter, dort ist rechts und links viel Parkraum. Zu Fuß dann 150 Schritte zurück bis zum ersten Haus, dann über die Straße und links einen Betonweg hoch bis zum gewaltigen Kirchturm, neben dem drei **Schieferstein-Menhire** (Foto) auf Beachtung warten. Es sind recht späte Zeugnisse megalithischer Kultur.

Da sie trotzdem keine Waffen tragen, obwohl in ihrer Entstehungszeit um 1000 v. Chr. bereits die Torreaner Korsika beherrschten, muss es sich hier im Norden wohl um ein noch nicht besetztes Rückzugsgebiet gehandelt haben. Das alles aber interessiert die Dorfjugend reichlich wenig – sie üben lieber Elfmeterschießen an der Kirchenwand, auf die jemand kinderfreundlich ein Tor aufgemalt hat.

Jetzt sind es noch 6 km bis zum Höhepunkt unserer **Nebbio**-Rundfahrt. 2 km hinter RAPALE gabelt sich die Straße – kein einziges Hinweisschild verwirrt den bildungshungrigen Touristen, der ohnehin weiß, dass es zum **Kirchlein San Michele** jetzt noch 2 km nach rechts sind!?

Bald entdecken wir das anmutige Bauwerk, ganz allein auf einem Höhenrücken, davor ein Parkplatz unter Platanen mit einem **Brunnen** – der ideale Mittagsplatz!

WOMO-Stellplatz: San Michele

Position: N 42° 35.152'; E 9° 19.972'; 482 m. **WOMO-Zahl:** 2-3.
Zufahrt: Auf der D 62 ins Nebbio. 2 km hinter Rapale rechts noch 2 km.
Ausstattung: Brunnen, Baumschatten.

San Michele, die schönste Kirche Korsikas

Das pisanisch/romanische Bauwerk aus weißem Kalkstein und dunkelgrünen Serpentin-Quadern, die sich mal wie Schachbrettmuster, dann wieder in Streifen abwechseln, wird an der vorderen Giebelseite von einem viereckigen Glockenturm so hoch überragt, dass man unwillkürlich an eine Giraffe denken muss. An dieser Verzerrung der Proportionen sind jedoch die Restauratoren des 19. Jahrh. schuld, was man bei der sonstigen Harmonie des Gebäudes gerne glauben will.

Besondere Aufmerksamkeit sollte man dem z. T. etwas unbeholfenen Skulpturenschmuck schenken: Der treue Weingärtner wird von einem Engel beschützt, während das Lamm Gottes allein zwei Wölfen trotzen muss und zwei Schlangen, die friedliche Tauben fressen wollen. Einfach köstlich: Das Flachrelief über einem Fenster der Nordfassade mit der Versuchung Evas sowie Adam und Eva als Kraftsportler rechts und links des Portals.

Links an der Kirche vorbei geht es später hinab. Nach 3,5 km gelangen wir mitten in der Einsamkeit an einen Kreisverkehr auf dem **Col de San Stefano**, von dem aus unser WOMO wie von selbst Richtung OLETTA/ST. FLORENT hinabrollt.

Inder Ortsmitte von OLETTA gabelt sich die Straße: Rechts führt ein schmales (?) Sträßchen zum **Col de Teghime**, links

geht's auf der Hauptstraße weiter nach ST. FLORENT.
"Normale" WOMO-Urlauber werden die Hauptstraße wählen und vielleicht noch einen Abstecher zum **Stausee von Padula** machen. Zu diesem führt nach weiteren 1000 m nach links eine Stichstraße (Wegweiser: Lac de Padule).
Nach nochmals 1700 m überquert die Straße einen Seitenarm des Stausees. Dahinter kann man idyllisch parken und den Wasserhühnern beim Paarungsritual zuschauen (Foto).

WOMO-Stellplatz: Barrage de Padula

Position: N 42° 37.618'; E 9° 19.613'; 77 m. **WOMO-Zahl:** 2-3.
Zufahrt: Von Oletta Rtg. St. Florent. Nach 1000 m links und noch 1700 m bis zum See.

Nur "Verrückte" und Besitzer von VW-Bussen biegen in OLETTA rechts (Wegweiser: BASTIA). Das große, frischgetünchte Brunnenhaus nach 900 m ist gut anfahrbar, dann konzentrieren wir uns auf die schmale, kurvige Bahn (Begrenzung: 3,5 to, 6 m Länge). Nur wer am Straßenrand anhält, kann mit Muße den Blick über das gesamte Nebbio schweifen lassen: Im Süden Weidewirtschaft, im Norden größere Flächen mit Weinreben, ganz im Westen die Bucht von ST. FLORENT.
Nach 9 km haben wir den **Col de Teghime** erreicht; spätestens jetzt sollten Sie sich nach links wenden und in PATRIMONIO zur Weinprobe schreiten!
Sie wollen den Norden Korsikas von oben sehen und die Steigfähigkeit Ihres WOMOs testen?
Dann schwenken Sie nach rechts (Richtung BASTIA) und nach 700 m links hinauf zur **Serra di Pigno**. Die Zufahrt zu dem Antennengipfel ist "zweckmäßig", d. h. sie macht auch LKWs keine Probleme, wenn ihnen kein Fahrzeug entgegen kommt. Auch wir landen dank fehlendem Gegenverkehr nach 4 km mit surrenden Kühlerventilatoren auf dem Gipfel.

WOMO-Stellplatz: Serra di Pigno

Position: N 42° 41.728'; E 9° 24.018'; 956 m. **WOMO-Zahl:** 2-3.
Zufahrt: Vom Col de Teghime Rtg. Bastia und nach 700 m links.
Ausstattung: Picknickwiese, Aussicht.
Hinweis: Ein besonders schönes Plätzchen liegt bereits an der Auffahrt, nach 2000 m rechts vor einem kleinen Schießstand

Die Aussicht ist überwältigend und umfasst nahezu den gesamten Norden der Insel. Besonders angetan hat uns jedoch der Blick über den **Etang de Biguglia** mit unseren ersten Badeplätzen südlich BASTIAS, die wie auf dem Präsentierteller unter uns liegen.

Auf neuer, breiter Straße rollen wir vom **Col de Teghime** hinab nach PATRIMONIO. Wir schwingen um eine scharfe Linkskurve, dann um eine weite Rechtskurve; rechts unter uns liegt ein gewaltiger Kirchenbau. An **Saint-Martin** mit dem hohen Turm, dem mächtigen Strebewerk und dem Volutengiebel wurde seit 1570 gebaut – aber eigentlich ist die Kirche immer noch ein Rohbau, wie die Löcher für die Baugerüste zeigen.

Bereits einige Weinkeller haben wir passiert. Vor dem großen Reklame-Schild "Clos Monte Magni" schwenken wir nach rechts und parken neben einer Freilichtbühne bei einem schönen Brunnenhaus – noch weitere 300 Schritte sind es bis zur Kirche.

Der "Star" des Ortes ist jedoch **Nativu**, eine gut skulpturierte Menhirstatue aus weißem Kalkstein (Foto). Sie ist am linken Rand des Geländes in einem kleinen Häuschen aufgestellt. Mit einer Größe von 2,29 m gehört sie nicht gerade zu den Zwergen unter den Kriegerfiguren.

Hinweis: Alle Weinkeller in PATRIMONIO bieten kostenlose Weinprobe an. Problemlos können Sie auch ohne Kauf wieder gehen, wenn Ihnen das Gebotene nicht zusagt.

Unterhalb von PATRIMONIO biegen wir am Kreisverkehr scharf rechts in die D 80 Richtung **Cap Corse** ein, der **Fiume Albine** leitet uns durch einen beeindruckenden Kalkscholleneinbruch zur Küste. Die erste Abzweigung zum Meer (Wegweiser: Camping "U Sole Marinu") können Sie getrost ignorieren! Die Holperpiste führt zu einem trostlosen Gelände hinter einem Grobkiesmeer.

Wesentlich angenehmer steht man 3 km weiter auf dem Campingplatz "A Stella", in der Bucht von MARINE DE FARINOLE, die von einem grünlichen Genuesenturm bewacht wird.

WOMO-Campingplatz-Tipp: A Stella

Position: N 42° 43.750'; E 9° 20.555'. **Öffnungszeiten:** Mai - September.
Zufahrt: Von St. Florent (Patrimonio) nach Norden bis Marine de Farinole.
Ausstattung: Schatten; Gaststätte; am Strand; nächster Ort: 5 km.

Auch der Turm von NEGRO, nahe der Wasserlinie, ist aus grünen Kieseln erbaut.

Einst war die **Plage de Negro**, obwohl nur klein und aus Kieseln, ein Lieblingsplätzchen von uns. Seit 1. 8. 2000 prangt bereits an der Zufahrt ein Schild, das "Camping in jeglicher Form" verbietet.

Folglich ersparen wir uns die Strapazen der schmalen, steilen Zufahrt mit einer Haarnadelkurve, in der man regelmäßig zurückstoßen muss und kurven weiter nach NONZA, wo im "Café de la Tour" rechts unter den schattigen Platanen alle Plätze besetzt sind und der **Brunnen** an der Straße davor mit seinem hochglanzpolierten Messingwasserhahn wie üblich zugeparkt ist.

Wer aber etwas auf Stil hält, der parkt ohnehin erst am Ortsende links und trägt seine Wasserkanister die 158 bequemen Stufen hinab zur "**Fontaine Sainte Julie**", gewidmet der Schutzheiligen des Ortes, die nach der Legende solch ein schauriges Ende gefunden haben soll (man schnitt ihr die Brüste ab und warf sie den Hang hinab. Wo diese auf den Felsen auftrafen, entsprang die Quelle).

Wehrturm von Nonza

Der schwarze Kieselstrand von Noza (Stellplatz rot markiert)

Von unserem Parkplatz aus sind es auch nur wenige Schritte zur Besichtigung der **Kirche Sainte Julie** (mit Barockaltar aus buntem Marmor) und des berühmten **pisanischen Turmes** mit tollem Blick hinab auf die größte Attraktion NONZAS – den riesigen, grauschwarzen, einsamen Kieselstrand.
Seine Unberührtheit ist allerdings kein Wunder – sondern eine Folge der fehlenden Zufahrtsstraße. Nur eine schier endlose Treppe führt, an der **Fontaine Sainte Julie** vorbei, zu ihm hinab.
WOMO-Fahrer brauchen jedoch nicht zu verzweifeln. Sie finden einen 800 m hinter NONZA rechterhand eine große, gut anfahrbare Brunnenanlage und 1800 m weiter die Abfahrt zum

Meer(Plage de NONZA). Leider sind die schönsten Stellplätze (siehe Foto) inzwischen per Schranke versperrt. Es gibt noch ein paar zwischen Tennisplatz und Bar.

WOMO-Badeplatz: Plages de Nonza
Position: N 42° 47.975'; E 9° 20.462'. **WOMO-Zahl:** 3-4.
Zufahrt: Von Nonza weiter nach Norden und nach 2,6 km links hinab zum Strand.
Ausstattung: Zwei Feinkiesstrände.

Ähnlich dem Strand von Argentella ist der Nonza-Strand von kleinen, runden Kieseln bedeckt. Hier jedoch sind alle Grau-

Töne vertreten – vom blendenden Weiß bis zum tiefsten Schwarz, einfarbig, gepunktet, marmoriert und gestreift. Verliebte lesen die hellsten Steine zusammen und legen Herzen mit ihren Initialen auf den grauschwarzen Strand, andere 'stehen' mehr auf "Queen" oder "Metallica" – wodurch werden Sie sich verewigen?
Mancherorts kann man lesen, der Strand sei asbestverseucht. Die Asbestmine ist jedoch schon jahrzehntelang geschlossen und lag 10 km weiter im Norden unterhalb von CANARI.

KARTE TOUR 12
5 km
Ile de la Giraglia
Tollare
Barcaggio
Granaggiolo
Ersa
Centuri-Port
Plage de Tamarone
Macinaggio
Morsiglia
Meria
Pino
Col de Ste Lucie
Punta di Canelle
Seneca-Turm
»km 27,0«
Minerbio
Luri
»km 24,5«
Plage de Giottani
Conchiglio
Giottani
Porticciolo
»km 23,0«
Marinca
Canari
»km 17,0«
Abro
Pietracorba
Guado
Plage d'Albo
Albo
Sisco
Monte Stello
1307 m
Plages de Nonza
Nonza
Pozzo
Erbalunga
Pieraggo
Negro
Miomo
M. de Farinole
nach Genua
nach Livorno
nach Piombino
BASTIA
Patrimonio
Serra di Pigno
St. Florent
Col de Teghime
Bge de Padula
Oletta
Aliso
Etang de Biguglia
Col de San Stefano

TOUR 12 (160 km / 2-4 Tage)

Marine d'Albo – Canari – Marine de Giottani – Seneca-Turm – Centuri-Port – Plage de Tollare – Plage de Barcaggio – Macinaggio – Pozzo – Bastia

Freie Übernachtung:	Marine d'Albo, Canari, Plage de Giottani, Col de Ste Lucie, Tollare, Barcaggio, Pozzo, Plage de Biguglia.
Trinkwasserstellen:	u. a. Canari, Pino, Morsiglia, Macinaggio, Meria, Pozzo.
Campingplätze:	Centuri-Port, Macinaggio.
Baden:	Marine d'Albo, Plage de Giottani, Tollare, Barcaggio, Plage de Tamarone (Macinaggio), Plage de Biguglia.
Besichtigungen:	Canari, Seneca-Turm, Centuri-Port, Cap Corse, Bastia.
Wandern:	Seneca-Turm (und mehr), Cap Corse, Monte Stello.

Der frühe Morgen ist der ideale Abfahrtstermin für die Strecke zum **Cap Corse**! Die morgendliche Sonne hat kaum eine Chance, die Fahrzeuge auf der Straße aufzuheizen, denn diese klebt am steilen, schattigen Westhang. Oft fahren wir zusätzlich durch einen Korridor aus Steineichen: Kühler Schatten = angenehme Temperaturen = fröhliche Urlauber!
Auch hat um diese Zeit der Cap-Corse-Umrundungs-Corso noch nicht eingesetzt, so dass ich etwas öfter einen Blick auf die vom Wasser zernagte Küstenlinie werfen kann, statt wie mit dem Scherenfernrohr um jede Kurve zu lugen, ob mir nicht vielleicht wieder ein unbedachter Motorradfahrer, den Helm locker am Ellenbogen, mitten auf der Straße entgegenkommt.

Blick auf die Marine d'Albo

Bis zum Cap gibt es noch eine ganze Reihe zu begucken: Genau 2 km nördlich von den **Plages de Nonza** liegt (für WOMO-Urlauber auch im sprichwörtlichen Sinne) die weiße Schwester der MARINE DE NEGRO, die MARINE D'ALBO. Ein liebliches Tamariskenwäldchen lockt uns in den Ort. Dort ist das freie Campen nicht verboten – und Platz gibt es neben dem Wäldchen, direkt hinter dem Strand, reichlich.

WOMO-Badeplatz: Marine d'Albo

WOMO-Zahl: 2-3. **Zufahrt:** Von Nonza 5,5 km nach Norden.
Ausstattung: Picknickwiese, Kiesstrand, Wasserhahn bei der Pizzeria, Laden.

Am Strand von Marine d'Albo

Außer einer preiswerten Einkaufsgelegenheit notieren wir: Einsamer, weiter Kiesstrand; überschwemmtes, herrlich blühendes Tamariskenwäldchen mit quakenden Fröschen – und den freundlichen Besitzer der "**Pizzeria de la Marine**", der alle WOMO-Urlauber einlädt, den Wasserschlauch vor seinem Lokal zu benutzen.
Die Strecke nördlich ALBOS war früher grässlich verunstaltet vom Abraum der größten Asbestmine Europas, die von 1935 - 1965 ausgebeutet wurde. Ihr Betrieb ist jedoch seit Jahren eingestellt, gnädig haben Regen und Wind sowie die wuchernde Macchie ihr Werk getan, und nur noch eine riesige Abraumhalde sowie die leerstehenden Fabrikgebäude am Straßenrand erinnern an sie.
IN ABRO, wir sind erst 3,5 km gefahren, werden wir der Küstenstraße bereits zum ersten mal untreu und biegen (zwei Mal zurückstoßend) scharf rechts hoch Richtung CANARI. Nach genau 4 km auf sehr angenehmer Bergstraße stehen wir auf dem Dorfplatz von CANARI neben seinem Wahrzeichen,

einem blendenweißen Glockenturm (Foto). Wir können wählen, ob wir im Schatten von Palmen oder im Turmschatten die phänomenale Aussicht genießen können. Nur Ignoranten fangen gleich an, in der Platzmitte (hinter dem dreiarmigen Leuchter) ihren Wassertank zu füllen. Wendet man sich nicht rechts zum Turm, sondern vor dem Hotel "Au Bon Clocher" links, so kommt man, vorbei an der pisanisch/romanischen **Kirche Santa Maria Assunta**, zur barok-

ken **Kirche Saint-François** beim Friedhof. Der aussichtsreiche Parkstreifen unter Schattenbäumen zu Füßen der Kirche eignet sich gut als **Picknick- und Übernachtungsplatz**. Die pisanische Kirche, in typischer Schlichtheit, überrascht durch eigentümliche, maskenhafte Menschenköpfe an dem Gesims, das die gesamte Kirche umzieht.

Wir verlassen CANARI nach Norden (Richtung BARRETTALI). Das Sträßchen präsentiert sich uns in einem erneuerten Zustand, den man aber fast übersieht beim berauschenden Blick hinab in die Bucht von GIOTTANI – das wäre ein schönes Badeplätzchen!?

Blick hinab auf die Marine de Giottani (WOMO-Parkplatz rot markiert)

Nach 4,1 km passieren wir einen kleinen Wasserfall und 500 m später erreichen wir eine Gabelung mit einer mächtigen, weitverzweigten Korkeiche (Foto). Hier folgen wir nach links dem Wegweiser Richtung MINERBIO, durchqueren den Weiler CONCHIGLIO (hinter den letzten Häusern prächtiger **Brunnen**) und erreichen kurz darauf die Küstenstraße.

Zur MARINE DE GIOTTANI müssen wir einen 1000-m-Haken nach links schlagen. Dort war man in den letzten Jahren besonders rührig gewesen: Ein kleiner Jachthafen wurde angelegt sowie zwei Parkplätze (leider liegt der spezielle WOMO-Stellplatz weder besonders schön noch direkt am Strand, besitzt als "Komfort" lediglich einen Wasserhahn).

WOMO-Badeplatz: Plage de Giottani

Position: N 42° 51.958'; E 9° 20.447'. **WOMO-Zahl:** >5.
Zufahrt: Von Nonza weiter nach Norden und nach 10 km links zum Strand.
Ausstattung: kein Schatten, Kiesstrand, Wasserhahn, Mülleimer, Gaststätte.

Loben kann man nur noch das schattige Strandrestaurant, die restlichen touristischen Einrichtungen waren bei unserem letzten Besuch ziemlich verlottert. Von einer Toilette – und sei sie nur für die vielen Tagesgäste – wollen wir erst gar nicht träumen! Der Strand präsentiert sich als recht eigenwillige Mischung aus groben Felsklötzen, flachen Kieseln – und einigen Sandeinlagen. Natürlich hat auch diese Bucht ihren genuesischen Wachturm, wenn er auch ein bisschen kurz geraten ist.

Am Ortsbeginn von MINERBIO sichten wir wieder einen besonders stark schüttenden **Brunnen** rechts, aber Sie können es auch machen wie der Besitzer des Riesen-WOMOs an der Tankstelle (kein Diesel!) in PINO: Muttern hält den Zapfhahn, Vater holt Wasser am **Brunnen** rechts davor.

100 m hinter dem Ortsende von PINO führt eine Abzweigung rechts Richtung LURI/SANTA SEVERA. Ein kurviges Bergsträßchen führt uns nach 4,8 km zum **Col de Sainte Lucie**. Die klammartig durchbrochene Kuppe hätten wir eigentlich gar nicht zu durchfahren brauchen – aber das entdecken wir erst hinterher! Der geteerte, jedoch schlaglöcherige, halb zugewachsene Fahrweg Richtung **Seneca-Turm** führt schon vor der Engstelle (und hinter einer Kapelle) rechts hoch. Wir haben Glück, denn es kommt uns auf dem 1 km langen Wegle niemand entgegen – schon ein Motorradfahrer hätte Schwierigkeiten (neben der Kapelle kann man auch bequem parken!).

Neben den verlotternden, leerstehenden Gebäuden eines ehemaligen Kinderheimes stellen wir das WOMO unter Schattenbäumen ab. Das lauschige Wanderparkplätzchen wäre auch für ruhigen Nachtschlaf geeignet.

WOMO-Wanderparkplatz: Seneca-Turm (Foto)

Position: N 42° 54.288'; E 9° 22.488'; 450 m.
WOMO-Zahl: 3-4.
Zufahrt: Von Nonza nach Norden bis Pino, rechts Richtung Luri; vor dem Col rechts.
Ausstattung: Baumschatten, Wanderweg.
Gehzeit: 20 min. **Schwierigkeit:** leicht.
Höhenunterschied: ca. 100 m.

Für den zehnminütigen Fußweg hoch zum Turm sollte man sich Turnschuhe anziehen. Den schattigen Rastplatz auf halben Wege lassen wir für Müdere frei, wir setzen uns oben neben den Turm und genießen wohl einen der schönsten Ausblicke Korsikas:
Auf zwei Seiten das Meer, nach Norden die grünen Hügel des Caps und nach Süden die Gipfel um den **Monte Stello** (1307 m).
Wir bereuen nicht eine Sekunde, diesen Abstecher gemacht zu haben – auch wenn keine einzige Brennessel zu finden ist. Aber da der römische Philosoph Seneca, der wegen Verführung Minderjähriger von 42-49 n. Chr. nach Korsika verbannt worden war, natürlich nicht in einem genuesischen Turm aus dem 15. Jahrh. gelebt haben konnte, stimmt auch die Geschichte mit den Brennesseln nicht: Mit ihnen sollen die Bauernburschen den alten Schwerenöter ausgepeitscht haben, als sie ihn mit einer korsischen Dorfschönen techtelmechteln sahen.
Lesertipp: Vor dem Turm nach rechts weiterwandern (rot markiert) zum nächsten Gipfel mit noch schönerer Aussicht.

Seneca-Turm

Zurückgekehrt auf die Küstenstraße, setzen wir unsere Fahrt nach Norden fort. Vorbei geht es an hochherrschaftlichen Parkanlagen, in denen prächtige Mausoleen den Toten mehr Platz bieten als manches Eigenheim den Lebenden.

Allgegenwärtig: Malereien für die Unabhängigkeit

So zerklüftet und steil die Westküste des **Cap Corse** auch ist, immer wieder haben Flüsschen Badebuchten 'angelegt'. Im Golf von ALISO, 5 km nördlich PINO, existiert keine Siedlung, entsprechend kriminell war auch die schotterige Abfahrt gleich hinter der Brücke. Jetzt hält Sie eine solide WOMO-Barriere davon ab, sich in Gefahr zu begeben. Der Strand war bereits zur Osterzeit total vermüllt – WOMO-Urlauber können's nicht gewesen sein!
Wir erreichen MORSIGLIA (**Brunnen** am Ortsanfang rechts, Tankstelle (mit Diesel!) in der Ortsmitte) und machen den nächsten Abstecher links hinab nach CENTURI-PORT.
„Ein Fischerdorf wie aus dem Bilderbuch!" lesen wir in einem Prospekt – und turnen gespannt das schmale Sträßchen hinab, über dem, wie mit der Machete in die Macchie geschlagen, die Bäume schon wieder zusammenwachsen möchten.
In Macchieschatten kann auch der Camper weilen, der nach 3,5 km links in den **Campingplatz l'Isulottu** einschwenkt.

WOMO-Campingplatz-Tipp: l'Isulottu
Öffnungszeiten: Februar - Dezember. **Zufahrt:** Ortsbeginn Morsiglia links.
Ausstattung: viel Schatten; Gaststätte; Laden; Strand: 400-700 m; nächster Ort: 1,5 km.

400 m später haben wir zum ersten Mal Meerkontakt (mit Grobkiesstrand; stark vermüllt), 300 m später erreichen wir einen schöneren Strand.

WOMO-Badeplatz: Centuri-Port

Position: N 42° 57.868'; E 9° 20.868'. **WOMO-Zahl:** >5.
Zufahrt: Ortsbeginn Morsiglia links, noch 4,2 km bis zum großen Platz vor dem Ort links.
Ausstattung: Kiestrand, einzelne Bäume, Gaststätten 200 m.
Hinweis: Zu Beginn der Saison wird der große Stellplatz für WOMOs versperrt, von 22 - 7 Uhr ist das Parken (offiziell) immer verboten.

Postkartenidylle Centuri-Port

Vor den ersten Häusern sollte man das WOMO abstellen und durch die Postkartenidylle spazieren. Wegen des Strandes braucht man sich allerdings nicht nach Centuri-Port zu bemühen – es sei denn, Sie gehören zu den notorischen Tintenfischstocherern und Klippentauchern.
Auf dem zweiten, etwas nördlicheren Sträßchen kehren wir zur Küstenringstraße zurück. Der nächste Stopp ist am **Col de la Serra**.

WOMO-Stellplatz: Col de la Serra

Position: N 42° 58.410'; E 9° 22.013'; 359 m.
WOMO-Zahl: 2-3.
Zufahrt: Auf der D 80 bis zur nördlichsten, linken Ecke der Straße.
Ausstattung: keine.

Die Likörfirma Mattei hat inzwischen ihre Werbewindmühle an der stürmischsten Stelle Korsikas renoviert. Uns gefiel der "antike" Anblick (Foto) besser – mit dem runden Dutzend moderner Windräder rechts oberhalb der

Straße kann sie ohnehin nicht mithalten. Es wäre schön, wenn der Auffahrtsweg auch noch ausgebessert würde. So parken wir an der Straße; Damen mit Frisur sollten sich ein Kopftuch umbinden, sonst garantieren wir außer für einen einmaligen Blick hinab auf den nördlichsten Punkt Korsikas, die **Ile de la Giraglia** und auf die **Insel Capraia** am Horizont auch für einen totalen Wuschelkopf (3 Minuten über Felsplatten oder 5 Minuten den 'Fahrweg' entlang).
Wer's mag: Hinter der "Mühle" kann man parken, picknicken – und mit Sicherheit mal wieder eine stürmische Nacht erleben!
Die D 80 'drückt' sich um eine richtige Halbinselumrundung und schwenkt nun, noch 7 km vom nördlichsten Punkt entfernt, nach Osten ab. Wir würden aber einen der schönsten Plätze Korsikas auslassen, wenn wir nicht in ERSA hinter der Telefonzelle links und nach 200 m wieder links Richtung TOLLARE fahren würden!
Bereits lange, bevor wir den Ort sehen, glitzern vom nördlichsten Sandstrand Korsikas die Wellen herauf, dahinter liegt ein riesiges Krokodil im Wasser, oder ist es Walt Disneys Pluto? Am Ortsbeginn fährt man rechts auf eine eingezäunte Parkplatzwiese hinter dem kleinen Kiesstrand.

WOMO-Badeplatz: Tollare

Position: N 43° 0.428'; E 9° 23.312'. **WOMO-Zahl:** > 5.
Zufahrt: Auf der D 80 bis zum nördlichsten Punkt. In Ersa links und nach 200 m wieder links bis Tollare. Ortsbeginn rechts.
Ausstattung: Kiesstrand, Picknickwiese, Mülleimer, Wasserhahn (kein Trinkwasser), idyllischer 30-min.-Wanderweg nach Barcaggio; in der Saison Gebühr..

Den Wasserhahn an der Betonsäule trägt die Aufschrift "kein Trinkwasser" – dafür hat man aber den Walt-Disney-Hund direkt vor der Nase und die Gewissheit, den nördlichsten Punkt

Offizieller WOMO-Parkplatz von Tollare

Korsikas, den ein WOMO befahren kann, erreicht zu haben. Ein Barackenrestaurant hinter dem Kiesstrand sorgt für die Badegäste.

Wir bummeln durch das verträumte Örtchen. Ganz links, hinter dem letzten Haus, entdecken wir knapp über dem Meeresspiegel einen Brunnen. Kurz davor führt ein Wanderweg auf die aussichtsreiche Höhe der Steilküste – und noch viel weiter (Wegweiser: Arinella/Centuri-Port).

2500 m sind es nach Osten bis zum Nachbardörfchen BARCAGGIO – einst das WOMO-Eldorado am **Cap Corse**. Aber auch hier haben wohl Menschen und Müll überhand genommen – und man sperrte kurzerhand den schönsten Teil des Strandes für **alle** Fahrzeuge. Am rechten (östlichen) Ortsrand hat man ebenfalls ein Areal direkt am Ufer als Parkplatz eingezäunt und mit Tamariskenbäumen begrünt; Wasserhahn, Mülleimer – und im Sommer Parkgebühr – zum Baden muss man seine Klamotten 200 Schritte bis zum Sandstrand tragen.

WOMO-Badeplatz/Wanderparkplatz: Barcaggio

Position: N 43° 0.308'; E 9° 24.277'. **WOMO-Zahl:** >5.

Zufahrt: Auf der D 80 bis zum nördlichsten Punkt. In Ersa links und nach 200 m wieder rechts bis Barcaggio – oder von Tollare nach Osten 2,5 km.

Ausstattung: Mülleimer, Wasserhahn (kein Trinkwasser), Sandstrand: 200 m, in der Saison Gebühr.

Blick vom Parkplatz in Barcaggio auf die Ile de la Giraglia

Eine Bretterbudenbar bedient auch hier die Badegäste, im kleinen Hafen gibt's ein Café (Bier, Kaffee, Cola, Eis) und links des Hafens residiert gar ein richtiges Hotel mit einer Menge Empfehlungsplaketten.
Im Mai 2001 stand eine einzige WOMO-Mannschaft auf dem Parkplatz von BARCAGGIO und staunte hinüber zur **Ile de la Giraglia** mit dem weißen Leuchtturm (Titelbild), die 2 km entfernt liegt, aber zum Greifen nahe scheint.
Der fauchende Wind am **Col de la Serra** ist hier unten immer noch eine kräftige Brise, der geringe Tiefgang des Strandes bremst jedoch die Wellen bereits weit draußen ab – zur Freude der Surfer, die (meist) keine Probleme beim Beachstart haben, der Kinder, die fröhlich planschen und der Eltern, die sich keine Sorgen zu machen brauchen.
Nach Osten setzt sich der Sandstrand noch über einen Kilometer fort, nur erreichbar für Fußgänger und Bootchenfahrer. Einsam wacht der **Tour d'Agnello** über das östliche Kap, gab zu Genuas Zeiten die Signale seines Partners hinter dem neuen Leuchtturm Richtung Süden weiter.

Wir starten seine 'Erstürmung' am nächsten Morgen, stapfen zunächst bis zum Ende der Sandbucht, wo uns eine Dünenlandschaft à la Dänemark erstaunt. Hier kann man rechts, durch das Blaugras, direkt auf den Turm zuhalten (der Macchie ausweichen, immer die sandigen Stellen nehmen). Wir jedoch klettern links über graugrüne Schieferplatten, stets oberhalb der Küstenlinie entlang. Adams und Evas liegen wie Seehunde auf den Klippen beim Sonnenbad; nach 35 Minuten ist der Turm erreicht.

Auf dem Tour d'Agnello

Nachdem wir uns gegenseitig die 1,80 Meter zum ersten Stock hochgeholfen haben (der letzte 'Besetzer' hat wohl die Leiter verheizt), können wir auf einem Treppchen bis zur Plattform emporsteigen, die Sicht genießen und über den ehemaligen Gebrauch eines verrosteten Eisengestells grübeln. Für den Rückweg peilen wir das Hotel von BARCAGGIO an, halten uns immer in den sandigen Passagen, wo die Macchie am dürftigsten ist und fragen uns, warum einer von uns es immer noch nicht gelernt hat, vor Macchie-Wanderungen Jeans und hohe Turnschuhe anzuziehen....

Ja, unsere Korsika-Umrundung geht ihrem Ende entgegen, und in drei Tagen werden wir schon wieder dem Festland entgegenschwimmen. Vorher aber wollen wir ein letztes Mal "hoch hinaus", BASTIA muss noch besichtigt werden und – na klar, unser erstes Plätzchen soll auch unser letztes sein, denn bequemer kann man nicht zur Morgenfähre gelangen.
Zurück an der Ringstraße biegen wir links und sind nach 10 km in MACINAGGIO. Kurz bevor wir ans Meer treffen, folgen wir den Wegweisern nach links zum Campingplatz "**U Stazzu**". Nach 800 m durchs Hinterland müssen wir vor einer 2,30-m-Barriere, die die Zufahrt zum Strand verwehrt, nach links schwenken und erreichen 200 m später die Einfahrt zum Campingplatz.

WOMO-Campingplatz-Tipp: U Stazzu

Position: N 42° 57.860'; E 9° 26.895'. **Öffnungszeiten:** 1.5. - 30.10.
Zufahrt: Kurz vor Macinaggio links (Wegweiser) zum Campingplatz.
Ausstattung: wenig Schatten; Gaststätte; Sandstrand: 300 m; Reitstall; Ort: 1 km.

Holpert man an dem Campingplatz vorbei, so führt die sehr wechselhafte (?) Piste über zwei Hügelrücken und endet nach 2,3 km bei zwei Gaststätten in der **Traumbucht von Tamarone**. Dort kann man nicht nur baden und genießen, sondern auch eine idyllische Küstenwanderung bis nach BARCAGGIO (2 1/2 Std.) antreten.

Blick auf die Bucht von Tamarone

WOMO-Badeplatz: Plage de Tamarone

WOMO-Zahl: 2-3. **Ausstattung:** Sandstrand, zwei Gaststätten.
Zufahrt: Westlich Macinaggio Richtung Campingplatz, an ihm vorbei bis Ende der Piste.
Hinweis: Die Piste ist vor dem Camping sehr schmal (wg. unverschnittener Bäume), ihr Zustand sehr wechselhaft; vor dem zweiten Hügel parken und bis zur Höhe erst gucken.

Wenn man in MACINAGGIO ans Meer trifft, kann man links abschwenken, am Hafen (mit vielen **Wasserhähnen**, Toilette bei der Capinainerie) vorbei zum Beginn des **Sandstrandes** rollen und dort eine Badepause einlegen (ein weiterer **Wasserhahn** am Dorfplatz unter den Platanen rechts).
Dann aber geht es an der Ostseite des **Cap Corse** nach Süden. Die Straße verläuft hier völlig anders, nahezu auf Meeresniveau; sie ist breiter, gepflegter 'schneller' als ihre Schwester im Westen. Davon zeugen auch die mit Plastikblumen geschmückten Erinnerungstafeln an diejenigen, die zu schnell waren. Schöne Badeplätze sind Mangelware, alles spielt sich mehr oder minder am Straßenrand ab. Die besten Stellen haben wir metergenau auf der Karte markiert, uns zieht es jetzt nicht ins Wasser (am besten hat uns noch der Platz bei »km 17« gefallen – eine langgezogene Sandbucht mit reichlich Parkraum, in der die Gaststätte "Caraibo" die Badegäste sogar mit einer Dusche verwöhnt; Foto).

Wer seinen Urlaub mit einem bestechenden Aussichtsplatz krönen möchte, der **muss** auf den **Monte Stello** (1307 m).
Am Ortsende von ERBALUNGA biegen wir rechts (Wegweiser "Castello") in die D 54, brummen sehr steil hinauf und stehen nach 5 km zwischen Friedhof und Kirche von POZZO bequem und schattig am Straßenrand; kleineren WOMOs und Lenkradartisten kann man auch die 300-m-Anfahrt zum Wanderparkplatz (Foto) direkt vor dem Dorf empfehlen.

WOMO-Wandertipp:
Monte Stello (1307 m)

Gehzeit: 5 1/2 Std. **Schwierigkeit:** leicht.
Höhenunterschied: 1030 m
Strecke: Ab dem Friedhof orange markiert nach Pozzo hinein, am Dorfplatz den Treppenweg hinauf und nach den letzten Häusern den Macchieweg bergauf, stets auf der rechten Talseite nach Westen. Nach 1 1/2 Std. Bergerie Teghime, nach 2 Std. Bocca di Santa Maria. Nun hinab und rechts (Norden) gemütlich auf den Gipfel zu.

In LAVASINA erreichen wir wieder die Ringstraße und biegen rechts.
BASTIA empfängt uns mit dichtem Verkehr. Wir versuchen erst gar nicht, das WOMO in eine ohnehin zu kleine Parklücke zu zwängen, sondern fahren auf den gebührenpflichtigen Parkplatz neben dem **Place Saint-Nicolas** (dort auch öffentliche Toiletten), direkt vor der Altstadtunterführung rechts. Das ist genau der richtige Ausgangspunkt für einen Bummel (Profis rollen frech ins Fährhafengelände, wo man stets kostenlose Parkplätze findet).

Bastia, Pavillon auf der Place Saint-Nicolas

An der Touristeninformation (Stadtplan!) am rechten Ende des Platzes vorbei schlendern wir die **Av. M. Sebastiani** hoch und schwenken links in den **Boulevard Paoli** ein. Dort, wo er den Knick nach rechts macht, spazieren wir links hinab zum alten Hafen.
So richtig malerisch können wir die schmalen Gässchen nicht finden – eher dringend sanierungsbedürftig. Aber man findet hier eine ganze Reihe von netten Gaststätten – die **Bar François** unter der Riesenplatane oder soll es lieber die

In der heruntergekommenen Altstadt von Bastia

Pizzeria Assunta gegenüber sein? Im **Pub Assunta** links daneben sitzt man sehr schön in einem Blütengarten. Neben dem blitzsauberen, marokkanischen Restaurant **Le Zagora** führen Stufen hinab ins Hafenrund. Dort ist das Fahrzeuggedränge früherer Jahre Historie, die Untertunnelung hat Wunder gewirkt. Auch hier sitzt man sehr gemütlich vor den Restaurants – man hat die Qual der Wahl!
Der Glockenschlag von **St. Jean Baptiste** lenkt unsere Schritte eine Treppe empor, marmorne Kühle umfängt uns: Altersdunkle Ölgemälde hinter Heiligenfiguren, an der Decke jedoch ein strahlend frisches Fresko, die Taufe Jesu darstellend. Ist es plastischer Stuck daneben, oder nur geschickte

Bastia, alter Hafen

Malerei? Das Auge allein kann es von hier unten nicht ergründen. Durch den Seitenausgang gelangen wir auf den **Place de l'Hôtel de Ville**, auf dem vormittags Markt abgehalten wird, jetzt ist man mit Schlauch und Schrubbern am Beseitigen der Überreste. Die **Zitadelle** wäre noch dran, darin **Sainte Marie** mit dem wundertätigen Kreuz – uns aber werden die Beine schwer. Die hohen Temperaturen sind die ärgsten Feinde der Andenkenläden.

Parkplatz – Brunnen hinter der Unterführung – Supermarkt am zweiten Kreisverkehr Richtung Süden (Mitbringsel!) – Obst- und Gemüsehalle vor der Etang-Brücke – das sind die weiteren Stationen, die wir in Windeseile absolvieren, dann schwenken wir rechts zum Parkplatz »km 1,8« mit Gaststätte und schönem Sandstrand, wo wir nachts noch lange sitzen, bis die Lichter von BASTIA zu uns herüberleuchten.

Biguglia-Plage »km 1,8« – der Kreis hat sich geschlossen.

TRICKS UND TIPPS – alphabetisch geordnet

ABWASSERTANK

Nicht jedermann betrachtet WOMOs mit wohlwollendem Auge! Mit Sicherheit beschwört man jedoch Ärger herauf und versaut den Ruf der ganzen Sippe, wenn man sein Abwasser seelenruhig unter dem Fahrzeug heraustrielen lässt!

Tipps:

>> *Bedenken Sie bei der Dimensionierung, falls ein Abwassertank nachträglich eingebaut werden muss: Größe mindestens 10 Liter x Personenzahl.*

>> *Für die Entleerung sollte man Entleerungsöffnung oder Schlauch so verlegen, dass man mühelos über einen Gully fahren kann bzw. das Abwasser am Straßenrand in den Graben fließt.*

>> *Wenn man längere Zeit an einem Platz steht, quillt irgendwann der Abwassertank über. Aber nur die größten Ignoranten lassen ihr nudelverziertes Zahnputzwasser dem Nachbarn unters WOMO laufen! Wie oft fährt man einkaufen oder Wasser holen – im nächsten Ort gibt es sicher einen Gully oder unterwegs ein Stück Ödland, wo man niemanden belästigt!*

>> *Abwassertanks erhält man in allen Größen und Formen im Campingfachhandel. Messen Sie vor dem Kauf genau die freien Flächen an der Wagenunterseite aus, überprüfen Sie die Zulauf- und Ablaufführungen. Tabu sind Bereiche genau zwischen den Achsen und am Wagenheck. Hier braucht das Fahrzeug eine große Bodenfreiheit für Fahrten durch Bodenwellen, über Wurzeln und herausragende Steine – und die gibt es auf Korsika reichlich!*

ADRESSEN

Korsika gehört zwar zur EG, aber "Papiere" schleppt man immer mit. Was tun, wenn sie plötzlich einfach 'weg' sind? Was tun, wenn die Polizei bei einem Verkehrsunfall den Ausweis einzieht und man sich ungerecht behandelt fühlt? Was tun, wenn das ganze Geld oder sogar das Auto geklaut wurde? Was tun, wenn man einfach nicht mehr weiter weiß?

Tipps:

>> *Jeder größere Ort hat seine Touristeninformation (Office de Tourisme). Dort erhält man nicht nur Prospektmaterial und Stadtpläne, sondern von den stets fremdsprachenkundigen Angestellten auch Rat und Hilfe:*
Ajaccio: Boulevard Roi-Jerôme
Bastia: Place St.Nicolas
Bonifacio: Place de l'Europe
Calvi: Port de Plaisance (Yachthafen); Zitadelle (Saison)
Corte: Place des Quatre-Canons; Zitadelle
Porto: Place de la Marie à Ota
Porto-Vecchio: Place de l'Hôtel de Ville
St. Florent: Centre administratif
Sartène: 6, Rue Borgo

>> *Deutsche und österreichische Konsulate gibt es in Korsika, die Schweiz geht leer aus:*
Deutsches Honorarkonsulat, Bastia, Zone Industrielle de Furiani, RN 193 (ausgeschildert an der Ausfallstraße nach Süden), Tel.: 04 95 33 03 56
Österreichisches Konsulat, Ajaccio, Tel.: 04 95 21 29 79
Generalkonsulat der Schweiz, Marseille, Tel.: 04 91 53 36 65

>> *Sie möchten sich zu Hause genauer über Ihr Urlaubsziel informieren? Französische Verkehrsbüros gibt es in:*
60325 Frankfurt, Westendstraße 47, Tel.: 069-975 801 22, Fax: 745 556
www.franceguide.com, e-Mail: franceinfo@mdlf.de
A-1040 Wien, Argentinierstr. 41 a, Tel.: 1-503 2890, Fax: 503 2892 11
CH-8023 Zürich, Löwenstr. 59, Tel.: 1-217 4600, Fax: 217 4617

>> *Reichhaltiges Informationsmaterial verteilen auch die Automobilclubs.*

ÄRZTLICHE HILFE

Krank im Urlaub? Das ist so ziemlich das Letzte, was man sich wünscht. Manchmal ist es jedoch nur das kleine Unwohlsein, das den Tag vermiest oder es ist ein Medikament ausgegangen. Was tun?

Tipps:

>> *Fremdsprachen sind nicht die Stärke der Franzosen, aber bei einem Arzt kann man zumindest englisch, wenn nicht sogar deutsch erwarten. Adressen fremdsprachenkundiger Ärzte erhalten Sie beim Touristenbüro.*

>> *Auskunft über die Sozialhilfeabkommen, die auch die ärztliche Hilfe in Italien und Korsika regeln, sowie über die Mitnahme von nötigen Papieren, bekommen Sie von Ihrer Krankenkasse.*

>> *Im Krankheitsfall müssen Sie damit rechnen, auf einem Teil der Kosten sitzen zu bleiben. Deshalb empfehlen wir dringend den Abschluss einer zusätzlichen Auslandskrankenversicherung. Diese garantiert überdies, dass Sie im Fall der Fälle nach Hause geflogen werden.*

>> ***WOMO-Tipp:*** *Lassen Sie sich privat behandeln! Sie müssen zwar Rechnungen und Medikamente bar bezahlen, werden jedoch zuvorkommend bedient - und nach Ihrer Rückkehr bekommen Sie, bei korrekt ausgefüllten Rechnungen, die Beträge von Ihrer Zusatzversicherung erstattet*

>> *ADAC-Arzt: 0049 89/22 22 22*

AUTOBAHNGEBÜHREN, VIGNETTE

Wegezoll ist eine Jahrtausende alte Erfindung. Es hat keinen Sinn, über ihn zu jammern, sondern man sollte sich stets nur fragen: Bekomme ich auch etwas geboten für mein Geld oder kann ich ihn umgehen.

Tipps:

Schweiz, Österreich:

>> *Wir haben Ihnen bereits bei den Anreiserouten alle mehr oder minder sinnvollen Möglichkeiten aufgezählt, Sie haben die Qual der Wahl.*

>> *Bedenken Sie beim Kauf der Vignette (ca. 25 Euro), dass sie ein ganzes Jahr gilt. Vielleicht kann man aus der Not eine Tugend machen und schon im Januar zum Skilaufen in die Schweiz fahren!?*

>> *Sie haben sich die Brennerautobahn ausgesucht? Wenn Sie gleich eine Rückfahrkarte nehmen (ca. 20 Euro), sparen Sie ein paar Euro.*

>> *Auch die Treibstoffpreise auf den Autobahnen sind eine Art Extra-Gebühr. Tanken Sie abseits der Autobahn (siehe "Treibstoffe").*

Italien:

>> *An den italienischen Autobahnen führt für den Korsika-Urlauber kein Weg vorbei. Wir haben es immer mal wieder versucht, auf Landstraßen auszuweichen – man kommt einfach nicht voran.*

>> *Beim ADAC gibt es ein Gebührenverzeichnis (ACI 500). Die Wohnmobil-Gebühren werden auf den Strecken zu den Fährhäfen stets nach dem Achsabstand berechnet: 2,05 – 3,20 m siehe ADAC-Verzeichnis und unsere Anreiserouten, über 3,20 m wird's etwa 13 % teurer. Die Preise sind immerhin etwas niedriger als in Frankreich und Spanien. Pro Kilometer sind etwa 6 Cent zu berappen.*

>> *Besonders nervig ist, wenn man auch noch aufs Bezahlen warten muss! Kreditkartenbesitzer können die mit "VIACARD" gekennzeichneten, verkehrsarmen, blauen Spuren benutzen:*
Erst das Billet in den Schlitz stecken, dann die Kreditkarte, diese wieder herausziehen – die Schranke öffnet sich, und ohne Unterschrift und Geheimzahl geht es in Sekunden weiter (Quittungsknopf = Richiesta scontrino).

AUTOHILFSDIENSTE

Irgendwann passiert es jedem einmal: Das Auto gibt keinen Mucks mehr von sich.

Tipps:

>> *Die Insellage Korsikas und die damit verbundene Isolation, auch von der Ersatzteilversorgung, hat die Mechaniker findig gemacht. An mancher Tankstelle wird man sich eher um Ihre Probleme bemühen als in den großen Werkstätten des Festlandes.*

>> *Trotzdem sollten Sie sich vorm Urlaub von Ihrer Autowerkstatt ein internationales Kundendienstverzeichnis besorgen lassen. Sie können ja Glück im Unglück haben und in der Nähe einer Reparaturwerkstätte Ihrer Automarke sein.*

>> *Bei einem Unfall (accident) auf jeden Fall den Notruf der Polizei anrufen (Tel. 17, siehe auch "Telefon").*

>> *Die ADAC-Notrufzentrale in München ist rund um die Uhr besetzt: Tel. 0049 89-22 22 22 .*

BABY

Mit einem Baby oder Kleinkind in den WOMO-Urlaub? Wir haben nur gute Erfahrungen gemacht. Kinder ändern ihr Verhalten im Urlaub wesentlich weniger als Erwachsene; sie kämen nie auf die Idee, sich wie Fleisch in der Sonne braten zu lassen. Vorsicht ist jedoch stets bei Sonnenschein, speziell im Gebirge und am Meer, angeraten. Magen- und Darmkomplikationen bleiben meist aus, wenn man noch Babykost füttert.

Tipps:

>> *Schon vor der Reise mit Sonnenbaden und Eincremen anfangen.*

>> *Hütchen und baumwollenes T-Shirt sind Pflicht, der Rest des Körpers ist wesentlich unempfindlicher.*

>> *Nach dem Baden sofort abtrocknen, erneut mit Sonnenschutzcreme einreiben – denken Sie an die UV-Strahlen!*

>> *Babykost, Windeln und spez. Medikamente (Kinderarzt fragen!) von zu Hause mitbringen. Selbstverständlich erhält man alles auch in Korsika, aber Vertrautes erspart Ärger.*

>> *Buggy oder Babyrückentrage sind für Besichtigungen unentbehrlich. Kein noch so geduldiges Kleinkind trippelt freiwillig durch Gegenden, denen es kein Interesse abgewinnen kann.*

>> *Getränkewünsche unbedingt erfüllen und zwar mit schwach gesüßtem Tee (als Pulver mitnehmen). Gekaufte Getränke sind oft zu zuckerhaltig, um erfrischend zu wirken.*

>> *Wasser unbedingt entkeimen. (s. "Trinkwasser").*

>> *Wichtigste Urlaubsutensilien für Ihr Kind sind: Lieblingsschmusetier, Sandspielsachen, Schwimmflügel, Schwimmreif, Malsachen für die Fahrt.*

BELEUCHTUNG

Rotviolett versinkt die Sonne im Meer, nach sehr kurzer Dämmerung ist es stockfinster. Erst wenn der Mond aufgeht, findet man auch nachts den Weg zum Fahrzeug zurück. Zum ständigen Inventar eines WOMOs müssen also gehören:

Taschenlampe(n), Kerzen, Petroleumlampe und natürlich die 12-V-Innenbeleuchtung.

Tipps:

>> *Bei der Innenbeleuchtung spart man viel Batteriestrom, wenn man statt der herkömmlichen Glühbirnen Lampen mit transistorgesteuerten Leuchtstoffröhren verwendet (vierfache Stromausbeute!).*

>> *Viele sagen: Petroleum stinkt! Das sog. Duftpetroleum enthält nur noch Spuren der stinkenden Erdölanteile und ganz nach Wunsch zusätzliche Duftstoffe. Petroleumlampen sind die ideale Beleuchtung vor dem WOMO (1 Liter Vorrat reicht).*

>> *Steckt man eine dicke Stummelkerze in ein altes Trinkglas (Senfglas), so hat man ein preiswertes Windlicht. Es tut vor allem nachts gute Dienste, wenn die Kinder gerade so schön schlafen und verbreitet die beste Stimmung.*

>> *Zuverlässiger Nothelfer ist auch eine Dynamo-Taschenlampe. Ohne Batterien tut sie ihre Dienste mit Schwungradantrieb.*

>> *Für jede Lampe stets eine Reservebirne/Reserveröhre/Reserveglaszylinder in Vorrat halten.*

>> *Licht verbreitet auch ein malerisches Lagerfeuer.*
VORSICHT!!! *Außer an breiten Stränden gibt es keine Stelle in Korsika, wo wir es wagen würden, ein Lagerfeuer zu machen. Zu schnell kann ein plötzlicher Windstoß Funken über viele Meter hinwegtragen. Waldbrände sind in Korsika an der Tagesordnung! An den meisten Stellen ist offenes Feuer streng verboten!*

>> *Gehen Sie zu keiner Besichtigung ohne Taschenlampe in der Handtasche. Die meisten Kirchen haben nur schießschartenkleine Fenster, viele Kunstschätze sind kaum erkennbar.*

BERGWANDERN/BERGSTEIGEN

Wer das Landesinnere Korsikas nicht besucht, hat Korsika nicht gesehen – und das Landesinnere ist Hochgebirge! Allerdings kann man hier kein Wanderwegenetz wie in den Alpen erwarten. Lediglich der GR 20 (20 = Postleitzahl von Korsika), ein hochalpiner Wanderweg, der von Nordwesten nach Südosten die schönsten Gebirgsgegenden Korsikas durchzieht, ist gut markiert, weitere Wanderwegmarkierungen sind jedoch begonnen worden. Nur – was fängt ein WOMO-Urlauber damit an? Soll er 14 Tage mit dem Rucksack wandern und das WOMO stehen lassen?

Tipps:

>> *Man kann an mehreren Stellen mit dem WOMO an den GR 20 heranfahren. Von dort aus haben wir Rundwanderungen ausgearbeitet, die die schönsten Abschnitte des GR 20 mit einbeziehen. Aber auch alle unsere anderen Bergtouren führen immer wieder zum WOMO zurück!*

>> *Glauben Sie nicht, bei korsischen Zweieinhalbtausendern auf Bergschuhe, Anorak, Rucksack mit Feldflasche, Proviant und Kompass verzichten zu können.*

>> *Der GR 20 ist weiß/rot markiert, andere Wanderwege sind meist nur mit Steinmännchen (kleinen Steinpyramiden) gekennzeichnet. Wegweiser gibt es im Gebirge selten.*

>> *Abseits des GR 20 begegnen Sie kaum einem Menschen. Gehen Sie deshalb dort nie allein auf Tour. Wenn Sie sich verirren oder verletzen, findet Sie so bald niemand!*

>> *Gebirge haben nie beständiges Wetter. Brechen Sie eine längere Tour lieber ab, wenn das Wetter umzuschlagen beginnt. Regen, ja sogar Schneefall oder Hagelschauer, aber auch dichter Nebel können zu wahrhaft ungemütlichen, mit Kindern zu unverantwortlichen Situationen führen.*

>> *Jede Wandertour, sei sie ein Gipfelsturm oder eine mehr gemütliche Rundwanderung, belohnt Sie mit atemberaubenden Blicken auf eine grandiose Landschaft.*

>> *Für die erforderlichen Wanderkarten s. "Kartenmaterial".*

>> *Falls Sie weitere Bergtouren machen möchten, können wir Ihnen die Wander- und Kletterführer von Hans Schymik und Klaus Wolfsperger ans Herz legen (Siehe "Literatur").*

DEVISEN/GELDABHEBUNG

Bargeld, Euroscheckkarte, Kreditkarten, Reiseschecks oder, oder...? Vor jeder Reise das gleiche Problem?
Oder ist seit der Einführung des Euro alles passé?

Tipps:

>> *Für die Anfahrt durch Deutschland, die Schweiz (oder Österreich) und Nord-Italien muss genügend Bargeld vorhanden sein, um Treibstoff, Maut sowie eventuelle Gaststätten- und Übernachtungskosten bezahlen zu können. Schweizer Franken tauscht man vor Urlaubsantritt ein, unterwegs hat man kaum Muße dazu.*

>> *Die besten Erfahrungen bei der Bargeldversorgung haben wir mit unserer* ***ec-Karte*** *(+ Geheimzahl) gemacht. Fast alle Banken haben einen Automaten, der Sie auch außerhalb der Öffnungszeiten nicht im Stich lässt (Gebühr: Pauschal ca. 2,50 Euro).*
Bedenken Sie aber: *Am Bankschalter kann man mit Ihrer ec-Karte nichts anfangen!*

>> *Reiseschecks kosten beim Erwerb* ***und*** *bei der Einlösung Gebühren, werden aber bei Verlust meist sofort ersetzt.*

>> ***Kreditkarten*** *sind vor allem in Italien weit verbreitet. Gut geeignet sind sie zur Bezahlung in Gaststätten und Supermärkten sowie auf der italienischen Autobahn (Viacard-Spur der Mautstellen).*
Achtung: *Die Bargeldbeschaffung am Geldautomaten per Kreditkarte kann teuer werden (Beispiel: 250,00 Euro abgehoben, 260,00 Euro abgebucht).*

>> *Fragen Sie Ihre Bank, welche Gebühren Sie berechnet! Bei der diba z.B. ist die Bargeldabhebung mit Visa im Ausland 12x pro Jahr kostenlos!*

DIEBSTAHL

Niemand ist vor Dieben gefeit! Einem guten Freund räumte man kürzlich das WOMO aus – vor der eigenen Haustür, im schwäbischen Ländle. Korsika gehört aber seit einigen Jahren zu den Gebieten, wo man sich besonders vorsehen und wappnen muss. Schließlich werden Diebe von Urlauberansammlungen angezogen wie Mäuse vom Speck – und Urlauber gibt's im Sommer reichlich in Korsika, zu reichlich.

Tipps:

>> *Meiden Sie, wenn möglich, größere Touristenansammlungen (überlaufene Badeplätze, Sehenswürdigkeiten). Wenn es sich nicht vermeiden lässt, stellen Sie Ihr WOMO möglichst separat und gut beaufsichtigt hin. Fahren Sie lieber weiter, falls das nicht möglich ist.*

>> *Sichten Sie ein weiteres WOMO mit D/A/CH-Kennzeichen, so machen Sie sich bekannt, stellen Sie sich nebeneinander, bewachen Sie gegenseitig Ihr Hab und Gut.*

>> *WOMOs sind nicht ideal für Diebe! Ziehen Sie vor dem Verlassen des Fahrzeugs die Vorhänge zu und die Rolläden herab, lassen Sie die Trittstufe außen – vielleicht vermutet ein Dieb noch Personen im Inneren!*

>> *Nehmen Sie* ***stets*** *alle Wertsachen (Foto-, Videoausrüstung, Geld, ec-Karte, Papiere, Handtasche) mit, wenn Sie nicht einen festgeschraubten Tresor besitzen – auch wenn Sie "nur schnell mal" einkaufen gehen wollen.*

>> *Meist haben es die Diebe nur auf die "schnelle Beute" abgesehen – Autoradio und was "so rum liegt". Haben Sie im WOMO-Führerhaus nur ein Billigradio, lohnt sich der Bruch meist nicht – ein teures Gerät müssten Sie ausbauen, um einen Diebstahl zu vermeiden!*

>> *Am WOMO außen angebrachte Fahrräder oder Motorräder kann ein potentieller Dieb gut begutachten und das nötige Werkzeug besorgen. Da*

hilft auch die dickste Kette nicht viel! Ein Profi macht das nachts ohne das geringste Geräusch!

>> *Eine Alarmanlage ist für WOMOs eigentlich unverzichtbar. Leider fängt sie mit ihrem Radau erst an, wenn das Fahrzeug schon aufgebrochen ist.*

>> *Aktive Vorbeugung muss nicht teuer sein: a) Verbindet ein Spanngurt beide Fahrerhaustüren, kann ein Dieb nachts nicht lautlos die Fahrertür knacken. b) Oft reicht es, den Sicherheitsgurt durch die Armlehne der Fahrerhaustüren zu schlingen und ins Gurtschloss zu stecken. c) Der* ***WOMO-Knackerschreck*** *mit Edelstahlkrallen verbindet die Fahrerhaustüren bombenfest (Beschreibung und Bestellzettel am Buchende).*
d) Ein sicheres Zweitschloss für die besonders einbruchsgefährdete Aufbautür gibt's bei Fa. Ölmühle, Tel.: 02174-2223; www.quick-safe.de.

>> *Wenn Ihnen ein richtiger Hund zu umständlich ist – hängen Sie eine Hundeleine an die Tür und stellen Sie einen Futternapf daneben. Vielleicht wird der Dieb irritiert!*

>> *Legen Sie eine Reihe von Verstecken an, wo Bargeld, Reiseschecks und Papiere untergebracht werden können – und schreiben Sie sich um Gottes Willen die Lage Ihrer Verstecke auf – sonst müssen Sie vielleicht wie ein Dieb danach suchen.*

>> *Verstecken Sie nicht alles! Ein defekter, aber kompliziert aussehender Fotoapparat (fragen Sie Ihren Fotohändler), eine alte Super-8-Kamera, ein Geldbeutel mit ein paar Münzen – auffällig auf dem WOMO-Tisch "zurückgelassen" (aber von außen nicht sichtbar) stellen den Dieb vielleicht zufrieden.*

>> *Wir haben unsere Leserzuschriften ausgewertet. Besonders häufig waren Diebstähle bei Biguglia Plage, am Solenzara-Fluss, in der Calanche und im Einzugsbereich der Städte Ajaccio, Bastia, Porto Vecchio und Bonifacio.*

>> *Falls Sie doch beklaut werden, wünsche ich Ihnen Geduld und kurze Wartezeiten bei der Gendarmerie. Der Schaden muss (schon wegen des Fahrzeugschadens) zumindest aufgenommen werden.*

DUSCHE

Eine eingebaute Duschkabine im WOMO ist eine feine Sache, wenn man mal von Kondenswasserproblemen in der kalten Jahreszeit absieht. Verzichten kann man aufs Duschen auch nicht, mit der Zeit wird die Haut vom Salz spröde und rissig.

Tipps:

>> *Haben Sie eine eingebaute Dusche, so stecken Sie den Kanister mit dem Duschwasser in einen schwarzen Plastikbeutel und stellen diese "Solareinrichtung" in die (fast immer) scheinende Sonne. Auf diese Weise wärmt sich Ihr Duschwasser ganz von selbst und Sie können eine Menge Gas sparen.*

>> *Praktisch ist auch der Einbau einer kleinen Außenwandklappe, durch die Sie den Duschschlauch ziehen und das Wasser an- und abstellen können. So sparen Sie sich in der Duschkabine lästige Reinigungsarbeiten.*

>> *WOMO-Fahrern ohne Dusche ist gut mit der Mobildusche geholfen (Camping-Fachhandel). Sie besteht aus einem Teleskoprohr mit Brausekopf, Schläuchen und Anschlussstutzen für fast alle Wasserkanister. Das warme Wasser (s.o.) wird mit Hilfe eines Tretbalges hochgepumpt.*

>> *Einen schwarzen 20-Liter-Plastiksack mit Duschbrause (Solardusche, zum Aufhängen) gibt es im Camping-Fachhandel für unter 10 Euro.*

EINREISEFORMALITÄTEN

Für Urlauber aus Deutschland, Österreich oder der Schweiz gilt folgendes: Personalausweis, Führerschein, Kraftfahrzeugschein und Grüne Versicherungskarte (obwohl nicht vorgeschrieben) nicht vergessen.

Tipps:

- >> *Reisebedarf für den persönlichen Gebrauch kann zollfrei eingeführt werden, Reiseproviant in kleinen Mengen. Nach unseren Erfahrungen werden Campingartikel und -proviant nicht beanstandet.*
- >> *Die Deckungssummen der Autoversicherungen sind vor allem in Italien lächerlich gering. Überlegen Sie, ob unter diesen Umständen nicht der Abschluss einer kurzfristigen Vollkasko- und Insassenunfallversicherung angeraten ist.*
- >> *Auf den Fähren werden Fahrzeuge prinzipiell nur auf Gefahr des Eigentümers befördert. Hier empfiehlt es sich besonders, sein wertvolles Gefährt durch eine Seetransportversicherung abzusichern.*

FÄHREN

Inseln sind etwas exklusives, schon die Überfahrt ist ein Abenteuer für sich. Das "Drumherum" kann jedoch ganz schön stressen, wenn man nicht Vorsorge trägt.

Tipps:

- >> *Buchen Sie so frühzeitig wie möglich, am bequemsten "online". Im Anreisekapitel haben wir die URL der Fährlinien ausgedruckt (siehe auch "Adressen").*
- >> *Lassen Sie sich nicht einreden, "vor Ort" bekäme man seine Tickets billiger, außerdem könne man evtl. Buchungsgebühr sparen. Ein, zwei Tage im Hafen auf einen freien Platz warten ist viel, viel teurer – oder haben Ihre Nerven keinen Preis?*
- >> *Sie haben Bedenken, ob Sie auch pünktlich an der Fähre sind (Unfall, Krankheit)? Dafür gibt es Reiseausfallversicherungen.*
- >> *Kommen Sie mindestens **zwei** Stunden vor dem Ablegetermin zum Fährhafen, denn Sie müssen Ihr Ticket bestätigen lassen (einchecken). Wer weiß, welche Formalität man sich nächstes Jahr für Sie ausdenkt, die Sie ohne Hetze viel ruhiger erledigen können.*
- >> *Haben Sie auf der Fähre Ihr WOMO verlassen, können Sie während der Überfahrt meist nicht mehr hinein. Machen Sie sich vorher schon eine Liste, was Sie an Deck alles brauchen (Ausweise, Geld, Verpflegung, Getränke, Kinderspielzeug, Lektüre) und packen sie alles in eine Tasche, bevor Sie an Bord fahren.*
- >> *Schließen Sie das WOMO gut ab, für Wertsachen haben Sie hoffentlich einen Safe im WOMO.*
- >> *Bereits bei den Anfahrtsrouten haben wir Ihnen die Fährlinien und -orte vorgestellt. Wir empfehlen Livorno und Moby Lines, ohne Sie damit bevormunden zu wollen.*

FAHRZEUG

Wenn das Auto nicht mehr läuft, "läuft" gar nichts mehr im Urlaub. Nur das beruhigende Gefühl, alles getan zu haben, damit Motor, Zündanlage, Reifen und Fahrgestell die 'Insel der 10.000 Kurven' klaglos überstehen, kann stressfreie Urlaubstage garantieren.

Tipps:

- >> *Kundendienst vor dem Urlaub nicht vergessen; besonders wichtig: Ölwechsel, abschmieren, Luftdruck, Kühlwasserstand, Bremsflüssigkeit O.K.?, 2 x Batteriedienst.*
- >> *Ersatzteile mitnehmen (evtl. als Paket von der Werkstatt mit Rückgaberecht bei Nichtgebrauch):*
  - ** Reservezündkerzen*
  - ** Reserve-Birnenset komplett?*

** Reserve-Keilriemen*
** Ersatz-Sicherungen*

\>> *Pannenausrüstung komplett?*
** reflektierende Sicherheitsweste (in Italien Vorschrift)*
** Reservekanister 5-10 Liter, voll?*
** 1-2 Liter Öl*
** Reserverad mit Profil, Luftdruck o.k.?*
** Ersatzschlauch (auch bei schlauchlosen Reifen!)*
** Abschleppstange, ausprobiert?*
** passender Wagenheber, ausprobiert?*
** Warndreieck*
** Warnblinkleuchte*
** Luftpumpe*
** Erste-Hilfe-Koffer komplett?*
** Werkzeugkoffer komplett?*
*** ***Neues*** *Werkstattverzeichnis meiner Automarke!*
** Reparaturbuch*

\>> *Scheibenwaschanlage gefüllt, "Scheibenkratzer" mit Gummilippe und Schaumstoffwulst (Insekten!) vorhanden?*

\>> *Feuerlöscher O.K.?*

\>> *Am Tag vor der Abfahrt mit allen Teilnehmern und dem fertig gepackten WOMO auf die öffentliche Waage fahren (z. B. Raiffeisenlager). Übergewicht, wenn möglich, vermindern. Jedes Kilo zusätzliches Gepäck erhöht nicht nur den Treibstoffverbrauch, sondern beeinflusst Fahrverhalten, Bremsweg, Lenkbarkeit und Steigfähigkeit negativ.*

FILMEN/FOTOGRAFIEREN

Zweifelsohne verstärken die mitgebrachten optischen oder sogar akustischen Urlaubserinnerungen die Vorfreude auf die nächste Reise. Für jegliches Foto/ Filmmaterial gilt: Reichlich von zu Hause mitbringen, die Preise in den Urlaubsländern sind stets höher, von der Auswahl ganz zu schweigen.

Tipps:

\>> *Kaufen Sie rechtzeitig Filmmaterial, nutzen Sie Sonderangebote im Frühjahr. Im Kühlschrank hält das Filmmaterial jahrelang, ohne zu altern.*

\>> *Nicht nur die Natur und Ihre Lieben sind fotografierenswert. Für die schönen Fresken in den dunklen Kirchen brauchen Sie einen kräftigen Elektronenblitz, ein Stativ wäre auch nicht schlecht.*

\>> *Denken Sie an einen Vorrat der benötigten Batterien.*

\>> *Packen Sie die belichteten Filme wieder in Döschen oder Alu-Papier und verstauen Sie sie an der kühlsten und dunkelsten Stelle im WOMO, zur Not im Kühlschrank. Kommen Sie nicht auf die Idee, sie mit der Post nach Hause zu schicken – Sie werden sonst zu Hause auf Ihre Filme warten müssen.*

\>> *Schauen Sie öfter nach dem Objektiv. Seeseitiger Wind bläst Salzwasserspritzer auf die Linse. Vorsichtig mit einem angefeuchteten Läppchen abtupfen, dann trockenwischen.*

\>> *Machen Sie Ihre Fotos möglichst vor 10 und nach 16 Uhr, andernfalls hilft nur ein UV-Filter gegen Verschleierung.*

\>> *Auch Unterwasseraufnahmen sind ohne großen Aufwand möglich. Im Fachhandel gibt es Wasserschutzetuis bis 10 m Tauchtiefe.*

FLORA/FAUNA

Die unselige Jagdleidenschaft vieler Korsen, deren stumme Zeugen hunderte von Schrothülsen im Gebirge sind, macht auch vor dem kleinsten Vögelchen nicht halt. Folglich bekommt der Urlauber größeres Getier nur in Form von

Chausseeschweinen, -ziegen, -rindern, -eseln usw. zu Gesicht. Der legendäre Korsische Zwerghirsch ist vermutlich längst ausgestorben, das seltene Mufflon wird mühsam in Schutzgebieten wieder hochgepäppelt. Trotzdem kreucht und fleucht vieles in der hitzeflimmernden Macchie: Eidechsen, Geckos, Grillen, Schmetterlinge und unzählige weitere Insekten.
Die Pflanzenwelt Korsikas jedoch überwältigt mit ihrer Vielfalt und Eigenart. Leider liegt die Urlaubszeit der meisten von uns nicht in der Hauptblütezeit der Macchie. Trotzdem lohnt es sich, ihr mehr als einen Blick zu schenken. Gut gestaltete Bestimmungsbücher (s. "Literatur") machen es auch dem Laien leicht, sich zurechtzufinden.

FREIES CAMPING

Wo kein Kläger, da kein Richter. Nirgends trifft dieses Sprichwort mehr zu als beim Campieren außerhalb 'offiziellen Geländes'. Damit niemand Grund zur Klage hat, muss aber gerade der WOMO-Fahrer einiges beherzigen!

Tipps:

Schweiz:

>> *Das einmalige Übernachten im WOMO wird in den meisten Kantonen geduldet, beachten Sie jedoch die (seltenen) Verbotsschilder. Fahren Sie noch bei Tageslicht von der Hauptstraße ab und suchen Sie sich in ein paar hundert Meter Entfernung einen Wald- oder Wiesenweg. Kein Mensch wird sich um Sie kümmern.*

>> *Schweizer Polizisten sind außerordentlich freundliche Menschen! Es ist ihnen offensichtlich peinlich, einen WOMO-Fahrer wegzuschicken. Meist kommen sie erst während des Frühstücks – und das darf man selbstverständlich noch beenden, bevor man weiterzieht.*

Österreich, Italien:

>> *Einmaliges Übernachten ist prinzipiell gestattet (Ausnahme: Tirol, nicht Südtirol), es sei denn, ein Gemeinderat entscheidet sich (meist aus kommerziellen Gründen) dagegen. Hier dreht der erfahrene Camper den Zündschlüssel wieder um – und sucht sich ein anderes Revier (aber auch eine andere Gaststätte)!*

Korsika:

>> *Freies Camping ist in ganz Frankreich verboten und damit auch in Korsika. Einmaliges Übernachten wird geduldet, sofern niemand gestört wird. An diese Anweisung hält sich die Polizei in Korsika ziemlich genau, wie wir aus eigener Erfahrung, vielen Berichten und einem "offiziellen" Gespräch auf dem Polizeipräsidium in Bastia wissen.*

>> *Das heißt: Die Polizei wird erst nach Aufforderung 'aktiv', will heißen scheucht Camper von ihren erwählten Plätzchen weg, ansonsten schaut sie nur nach 'Recht und Ordnung'. 'Aufforderungen' ergehen meist von unterbeschäftigten Campingplatzbesitzern oder erbosten Ferienhausbewohnern, wenn die WOMO-Besatzdichte an 'ihrem' Strand zu hoch wird.*

>> *Schlussfolgerungen? Meiden Sie Campingplatznähe, große Ortschaften und WOMO-Massenansammlungen!*

>> *Sorgen Sie aktiv mit dafür, dass es keinen Grund zur Klage gibt! Machen Sie lieber mehr Dreck weg, als Sie selbst gemacht haben.*

>> *Beteiligen Sie sich nicht an der Unsitte, den Abfall in Plastikbeuteln an den Wegrad zu legen, wo er vergammelt. Streunende Tiere zerreißen die Beutel, alles fliegt herum und verstänkert und verschandelt die Landschaft. In jeder Ortschaft gibt es genügend Mülleimer, die regelmäßig geleert werden.*

Hilfen bei der Platzsuche:

>> *Zu allen Plätzchen haben wir – topaktuell – die GPS-Daten ermittelt. Mit*

einem GPS-Gerät finden Sie, selbst bei Nacht und Nebel, zielsicher hin (siehe: Zauberei).
Sie haben bereits ein GPS-Gerät? Dann finden Sie alle Plätze ohne Mühe, denn ihre Position haben wir bis auf 3 m genau bestimmt.

>> *Die schönsten Plätzchen liegen einsam, sind oft nicht von der Straße aus einsehbar. Deutlich werden sie vor allem durch die vielen staubigen Reifenspuren, die auf die Teerstraße führen und durch aufgestellte Verbotsschilder, die durchkreuzte Zelte oder Wohnwagen zeigen, an der Einmündung der Piste.*

>> *Besitzt die Straße Kilometersteine, haben wir im Text die Abzweigungen durch Straßenkilometerangaben auf 100 m genau gekennzeichnet. Beachten Sie: Nehmen in Ihrer Fahrtrichtung die Zahlen auf den Kilometersteinen ab, dann liegt z. B. »km 12,4« 400 Meter* ***vor*** *»km 12,0«!*

>> *Einheimische geben Ihnen gern Auskunft: Il y a une plage, là-bas? (Ill ja ün plahsch la ba?) Gibt es dort einen Strand?*

Campingplätze in Korsika:

Natürlich gibt es in Korsika bereits eine große Zahl von Campingplätzen, die jedoch nur selten in direkter Strandnähe liegen. Die Preise sind, typisch für Frankreich, wesentlich niedriger als in Spanien oder Italien. Meist reichen 12-15 Euro für zwei Personen + WOMO. Ein Campingplatzverzeichnis erhalten Sie beim Französischen Fremdenverkehrsamt (s. "Literatur").
Die Campingplätze an unseren Touren haben wir besichtigt und die (subjektiv) besten im Text und auf den Tourenkarten gekennzeichnet. Auch hier können Ihnen die GPS-Daten bei der Suche helfen.

GAS

Außer der Zweitbatterie die einzige Energiequelle beim Freien Camping. Bei einer vierköpfigen Familie muss man mit einem Gasverbrauch von 3 kg pro Woche rechnen. Einen ordentlichen Happen "frisst" davon der Kühlschrank.

Tipps:

>> *Autogastankstellen gibt´s u. a. in Bastia, Porto Vecchio und Ajaccio.*

>> *Sie haben eine graue Camping-Europa-Umtauschflasche? In Korsika tauscht sie Ihnen niemand um!*

>> *Die kleineren blauen Camping-Gaz-Flaschen werden zu horrenden Preisen getauscht, für eine 2,75-kg-Flasche (das ist die größte) voll gegen leer verlangt man über 15 Euro.*

Was tun?

>> ***1. Möglichkeit:*** *Sie leihen sich zu Hause bei Ihrem Flaschner eine zusätzliche 11-kg-Flasche. Oft wird eine Leihgebühr verlangt.*

>> ***2. Möglichkeit:*** *Sie leihen sich bei Bedarf an einer beliebigen korsischen Tankstelle eine graue 13-kg-Butangasflasche. (Inhalt 25 Euro, Leihgebühr etwa 35 Euro). Diese können Sie am Ende Ihres Korsikaaufenthaltes an jeder Tankstelle der gleichen Marke zurückgeben. Verwahren Sie jedoch gut den Leihschein (billet de consigne). Die Flaschengewinde sind nahezu identisch mit denen an deutschen Flaschen. Auf "Nummer sicher" geht man mit dem Europa-Flaschenset (4 Zwischenstücke), damit passt Ihr Druckregler an zahlreiche ausländische Gasflaschen.*

>> ***3. Möglichkeit:*** *An folgender Stelle bekommt man die eigene Gasflasche gefüllt: Fa. Antargas, AJACCIO, nach der Gravona-Brücke Rtg. Fluhafen, dann Rtg. "Plages"; gegenüber der Gendarmeriekaserne große Tanks.*

>> ***4. Möglichkeit:*** *Kauf einer Tankflasche (für Autogas) bei Fa. Wynen, Tel.: 02162-356699; www.wynen-gas.de*
Die Tankflasche gleicht einer 11-kg-Gasflasche, wird aber wie ein Gastank an jeder Autogastankstelle nachgefüllt – und die gibt's in Korsika reichlich.

GETRÄNKE

In den Urlaubsländern hat man oft das Gefühl, besonders beim Getränkekauf weidlich ausgenommen zu werden. Dieses Gefühl trügt in Korsika sicherlich nicht. Lediglich beim Wein, dessen Anbaugebiet seit der Umsiedelung der Algerien-Franzosen stark vergrößert wurde, sieht es besser aus. Sie sind kein Weintrinker? Schade! Aber selbstverständlich erhalten Sie auch Bier, Mineralwasser und Fruchtsäfte in jedem Lokal, allerdings s.o.

Tipps:

>> *Weinkennern eine bestimmte Marke zu empfehlen, ist risikoreich. Der rote Sartène und der Rosé aus Patrimonio - aber auch die Rotweine der Winzergenossenschaft von Aleria haben mich noch nie enttäuscht.*

>> *Zum Essen bestellt man sich preiswerter "un verre" (Glas) oder "une carafe" (1/2 l) rouge, rosé oder blanc vom "vin de table" (Tischwein).*

>> *Bier wird in winzigen Fläschchen angeboten, meist 0,25-0,33 Liter. Auch in Geschäften sucht man nach größeren Gebinden zunächst vergeblich – bis man im Supermarkt auch 0,5-l-Dosen (zu hohen Preisen) entdeckt. TIPP: Im italienischen Supermarkt (ohne Pfand!) eindecken!*

>> *Mineralwasser, Cola und Fruchtsaftgetränke gibt es meist in riesigen Plastikflaschen, die dann den Müllbeutel blockieren.*

>> *Es gibt eine ganze Reihe von korsischen Likör-, Aperitif- und Schnapsspezialitäten. Probieren Sie sie erst in einer Gaststätte, bevor Sie eine ganze Flasche kaufen.*

>> *Kaffee gibt es überall zu 'deutschen' Preisen. Es ist nicht nötig, größere Mengen durch Europa zu schleppen.*

>> *Wer gern Sirup verwendet, um Gewicht (und Geld) zu sparen, findet ein reiches Angebot (franz. sirop).*

>> *Praktisch sind die Kohlensäuresprudler von Typ "Soda Club" o. ä. Sie helfen, viele Flaschen Mineralwasser zu ersetzen und schonen dadurch die Umwelt – und gutes Wasser gibt es in Korsika an vielen Stellen. Wir haben Sie im Text und auf den Tourenkarten angegeben.*

>> *Am liebsten verwenden wir Zitronentee-Pulver oder Limo-Pulver, das wir erst 'vor Ort' mit kaltem Wasser anrühren (vorher mit Certisil Combina entkeimen).*

>> *Auch bei Bergtouren verbessert ein Löffel Limopulver den 'Wassergeschmack'. Vorhandene Wasserstellen haben wir stets angegeben.*

HAUSTIERE

Hunde, Katzen und was sonst noch als Haustier kreucht und fleucht, darf man mit nach Korsika bringen, wenn die Einreisepapiere stimmen. Verlangt wird der europäische Haustierpass mit Tollwutimpfbescheinigung (nicht älter als 1 Jahr, nicht frischer als 1 Monat!).
Auf den Fähren der Moby Lines und der Corsica Ferries hat niemand an unserem Hund Anstoß genommen (auch nicht im Restaurant). Bei der französischen SNCM müssen Hunde, die nicht mehr in ein Körbchen passen, im WOMO bleiben – oder im Zwinger untergebracht werden.

INSEKTENPLAGE

Stechmückenschwärme wie in Finnland gibt es an den korsischen Stränden nicht. Vielleicht darf man aber in Erinnerung rufen, dass viele korsische Flussniederungen und Etangs (Lagunen) früher malariaverseucht waren. Erst nach 1945 hat man der Anopheles, dem Überträger der Malaria, den Garaus gemacht. Mücken gibt es aber trotzdem noch – und schon ein einziger Moskito kann die Nachtruhe einer ganzen WOMO-Besatzung vermiesen.
Auch der malerischste Sonnenuntergang lässt sich nicht genießen, wenn sich durstige Insektenrüssel durch die Jeans bohren.

Tipps:

>> *Schmieren oder sprühen Sie sich in entsprechenden Gebieten vor Sonnenuntergang mit Autan ein. Die Pyrethrum-Räucherspiralen haben nach unserer Erfahrung eher bei marmeladegierigen Wespen Erfolg.*

>> *Fliegengaze an den Fenstern hilft, wie der Name eigentlich sagt, nur gegen Fliegen und noch größere Insekten. Wir konnten die "erfreuliche" Beobachtung machen, dass die durstigen Schnaken während der Nacht sehr wohl durch die Fliegengaze passten, am nächsten Morgen aber im vollgesaugten Zustand nicht mehr. Dadurch hatten wir die zweifelhafte Freude, die Zahl unserer Mückenstiche mit der der Moskitos vergleichen zu können, die sich vergeblich bemühten, den Rückweg durch die Fliegengaze anzutreten.*

>> *Gegen Mücken und die noch kleineren Gnitzen hilft nur Moskitogaze. Man bekommt sie teuer in Trekking-Fachgeschäften und billig vom Meter als Tüll in Stoffgeschäften. Vergleicht man sie mit Fliegengaze, so erkennt man in jedem Gewebekaro noch ein x-förmiges Fädchen, das den Durchschlupf erschwert. Am einfachsten ist es, die Moskitogaze zusätzlich hinter die (meist vorhandene) Fliegengaze der Rollos zu nähen.*

>> *Haben Sie noch keine Fliegenrollos in Ihrem WOMO, so können Sie Moskitogaze zu Ihren Fenstern passend mit Klettenband umnähen, das Gegenstück rings um die Fenster kleben und die Gaze nur bei Bedarf andrücken.*

>> *Bedenken Sie: Alle Öffnungen nach außen müssen verschlossen sein, auch Türen und Dachluken. An der Eingangstür ist es praktisch, die Gaze in der Mitte längs mit einem Reißverschluss zu unterteilen oder zwei Teile in der Mitte überlappen zu lassen.*

>> *Sprühen Sie eine Stunde vor dem Zubettgehen das WOMO mit Insektenspray aus. Gegen Mücken im Wageninneren hilft auch keine Moskitogaze!*

>> *Sie sind nur zu zweit? Dann ist am billigsten ein einfaches Moskitonetz über dem Bett.*

KARTENMATERIAL

Während wir uns in südlichen Urlaubsländern häufig von der Intuition oder den hilfreichen Eingeborenen leiten lassen mussten, gibt es für Korsika ganz vorzügliches Kartenmaterial. Standardwerk: Michelinkarte Nr. 345, Maßstab 1:150.000. Sie gehört in jedes Handschuhfach (**gibt's bei WOMO**).
Das französische „Institut géographique national" (ign), vergleichbar unseren Landesvermessungsämtern, hat sehr gute topographische Karten im Maßstab 1:100.000, 1:50.000 und 1:25.000 anzubieten. Man erhält sie in Deutschland in jedem Buchhandel (über Geo-Center, Stuttgart) und natürlich auch in Korsika.

Wir benutzten mit Zufriedenheit:

IGN Nr. 73 Corse Nord	1:100.000	
IGN Nr. 74 Corse Sud	1:100.000	
IGN Nr. 41-50 Galéria	1: 50.000	(u.a. Monte Albano)
IGN Nr. 41-51 Vico	1: 50.000	(u.a. Spelunca)
IGN Nr. 42-52 Bastelica	1: 50.000	(u.a. Monte Renoso)
IGN Nr. 42-54 ET P.-Vecchio	1: 25.000	(Piscia di Gallo)
IGN Nr. 42-54 OT Sartène	1: 25.000	(l'Uomo di Cagna)

Statt vieler 50.000er IGN-Karten kann man sich auch die zwei 50.000er Karten des Verlages Didier Richard, Grenoble kaufen. Sie decken bis auf Cap Corse und einige Küstengebiete ganz Korsika ab und sind natürlich entsprechend teurer (und sperriger).
Für die Anreise reichen eigentlich unsere Karte "Anreiserouten", die Übersichtskarten der Automobilclubs oder der Autoatlas.

Sehr hilfreich ist die Karte AL 36: "Mit dem Anhänger über die Alpen", die man beim ADAC bekommt.
Die Italienkarte Nr. 735 von Michelin zeigt auch dann noch den Weg, wenn man von der Hauptreiseroute mal abweichen möchte (**gibt's bei WOMO**).

KLEIDUNG

Kommen Sie bitte nicht nur mit Shorts und Badeanzug nach Korsika! Zwar genießen Touristen Narrenfreiheit, aber beim Stadtbummel, bei Besichtigungen in Kirchen sollte man schon etwas die Form wahren.

Tipps:

\>> *Badehose oder Bikiniunterteil sind Standard an korsischen Stränden. Niemand wird sich jedoch aufregen, falls Sie Ihren edlen Körper mehr oder weniger bedecken wollen.*

\>> *Beim Stadtbummel sind Shorts und Schirmmütze nicht angebracht. Leichte, luftige Kleider oder Jeans, abends darf's ruhig eleganter sein.*

\>> *Abends, am Strand, ist man dankbar für eine Wolljacke oder Stola.*

\>> *Die Standardausrüstung für's Gebirge sind kräftige Jeans, Baumwollhemd und Anorak. Aber auch beim kleinsten Macchiespaziergang sollte man an Jeans und hohe Turnschuhe denken. Falls Sie es vergessen — die Macchie wird Sie daran erinnern!*

\>> *Manche Strände haben Kieseluntergrund. Hier brauchen empfindliche Füßchen bestimmt Badeschuhe. Man bekommt sie auch überall in Korsika.*

KLIMA

Das Mittelmeerklima ist eigentlich schnell beschrieben: Fast regenlose, heiße Sommer von Juni bis Oktober; ohne eigentlichen Herbst, heftige Winterregen von November bis Februar. Frühling, die schönste Jahreszeit, von März bis Mai. Dies alles gilt auch für Korsika, aber nur für den Küstenbereich.

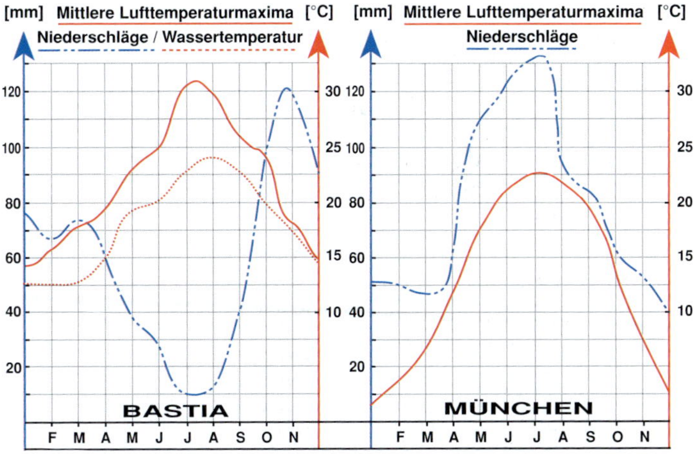

Tipps:

\>> *Auch die heißen Sommer sind dadurch erträglich, dass den ganzen Tag eine Seebrise weht. Durch die schnellere Erwärmung der Gesteine steigt über der Insel die heiße Luft auf - kühlere Meerluft wird nachgesaugt.*

\>> *Sommergewitter sind sehr selten, dann aber recht ergiebig und oft von heftigen Böen begleitet. Bringen Sie Sonnenschirm und Sonnensegel rechtzeitig in Sicherheit, räumen Sie alles Verwehbare ins Fahrzeug, verschließen Sie alle Fenster, manchmal peitschen Sandwolken durch die Gegend. Rollen Sie das Segel des Surfbretts zusammen, ziehen Sie Ihr Schlauchboot hoch aufs Ufer.*

>> *Im Gebirge gelten andere Maßstäbe! Die Regenfälle sind häufiger, manchmal kommt es auch zu Hagelschauern und dichtem Nebel. Gehen Sie deshalb nur bei stabiler Wetterlage auf Tour.*

>> *Als Badeinsel empfiehlt sich Korsika von Mai bis Oktober, denn die statistischen Meerwassertemperaturen betragen:*

Januar-März:	***13 - 14° C.***	***August:***	***23 - 25° C.***
April:	***14 - 15° C.***	***September:***	***23 - 21° C.***
Mai:	***16 - 17° C.***	***Oktober:***	***20 - 19° C.***
Juni:	***19 - 20° C.***	***November:***	***18 - 16° C.***
Juli:	***21 - 23° C.***	***Dezember:***	***15 - 14° C.***

Die Temperaturen der Seen und Flüsse mit ihren tollen Badegumpen liegen (je nach Meereshöhe) 3 - 6° C. niedriger, im Sommer also bei 16 - 20° C.

KÜHLSCHRANK

Die ELEKTROLUX-Kühlschränke mit den Anschlüssen für 220V/12V/Gas, die in den meisten Wohnmobilen eingebaut sind, haben eine robuste Natur ohne bewegliche Verschleißteile. Trotzdem sind sie ein Sorgenkind für jeden Camper, denn ohne Kühlung kommt ein WOMO-Haushalt kaum noch aus.

Tipps:

>> *Schon bei geringer Schräglage des Fahrzeugs sinkt die Kühlleistung stark.* ***Abhilfe:*** *Mit Wasserwaage oder voll gefülltem Wasserglas waagerechten Stand des WOMOs kontrollieren, durch Aufbocken, Eingraben eines Rades oder Platzwechsel verbessern.*

>> *Seit einiger Zeit gibt es Geräte, die auch bei stärkerer Neigung des WOMOs gut kühlen. Achten Sie darauf beim Neukauf.*

>> *Während der Fahrt, vor allem aber beim Tanken, ist der Betrieb mit Gas gefährlich, außerdem geht das Flämmchen oft im Fahrtwind aus. Schaltet man auf 12 V und vergisst nach Ankunft das Ab- bzw. Umstellen, so ist eine vollgeladene 50-A-Batterie nach ca. 5 Stunden leer und oft auch kaputt. Ein separates Kühlschrankrelais (Campinghandel) hilft das zu verhindern.*

>> *Auch auf Fähren ist der* ***Gasbetrieb verboten****. Kein Mensch kümmert sich jedoch darum, in neun von zehn WOMOs zischt das Kühlschrankflämmchen.*

>> *Ist die Kühlleistung bei Gasbetrieb nicht zufriedenstellend, sind folgende Punkte zu überprüfen:*

- *Liegen die Zu- und Abluftgitter möglichst nach Norden, also nicht im Sonnenschein?*
- *Ist der Kühlschrank nicht zu vollgestopft?*
- *Ist überhaupt ein Abluftkanal montiert?*
- *Liegt überall, vor allem an der Unterseite der Tür, das Dichtgummi an?*
- *Ist das Flämmchen überhaupt noch an (von außen kann man das Zischen hören, im Inneren des Kühlschranks ist meist ein Guckloch, wenn er keine elektronische Nachzündung besitzt!)?*

>> *Ist die Kühlleistung bei Gasbetrieb nicht zufriedenstellend, kann man 1-2 Gebläselüfter an der Kühlschrankrückseite installieren (lassen), die idealerweise mit einem kleinen Solarpaneel betrieben werden sollten.*

>> *Wir sind längst auf einen Kompressorkühlschrank (in Verbindung mit einer 100-Watt-Solaranlage) umgestiegen. Seitdem kennen wir keine Kühlprobleme mehr. Fragen dazu? Rufen Sie mich an: Tel.: 036946-20691.*

KULTURGESCHICHTE

Eine Insel gleicht einem Verkaufstisch, den man vor einem Geschäft aufgestellt hat – der Umsatz ist hoch, manches wird leider auch ohne Bezahlung mitgenommen.
Auch in Korsika haben sich die verschiedensten Völker 'bedient', haben die Küstenstriche geplündert, das Land erobert und wieder verloren.
Die ersten Eroberer hinterließen vor über 6.000 Jahren unauslöschliche Spuren auf Korsika, der letzte 'Handel' fand 1786 statt: Genua verkaufte die Korsen 'wie eine Hammelherde auf dem Markte' (Pasquale Paoli) für zwei Millionen Lire an Frankreich. Während seiner 8000-jährigen Geschichte wechselte es aber schon mehrfach den Besitzer:

6570 - 1200 v. Chr.:
Jäger und Sammler der Jungsteinzeit hatten, von Elba aus, Korsika besiedelt, grob getöpferte Keramik, bald jedoch auch ein ausgeprägter Begräbniskult hinterlässt seine Spuren. Alignements, Menhire und Dolmen sind Zeugen einer hochentwickelten Steinbearbeitungstechnik: Dolmen de Fontanaccia, Alignement de Renaggiu (siehe Tour 6).

1600 - 800 v. Chr.:
Die Torreaner, vermutlich das räuberische Seefahrervolk der Shardana, das bereits bronzezeitliche Kulturtechniken beherrscht, überwältigt die steinzeitlichen Ureinwohner: Festungen von Cucuruzzu, Capula (siehe Tour 3) und Filitosa (siehe Tour 7).

565 v. Chr. - 550 n. Chr.:
Die Griechen gründen Alalia, werden jedoch schon 300 Jahre später von den Römern abgelöst, die den jetzt Aleria genannten Ort (siehe Tour 3) ausbauen. Aber nur die Küstengebiete sind in römischer Hand, die Korsen greifen aus dem Gebirge immer wieder an.

5. - 11. Jahrh.:
Mit dem Untergang des Römischen Reiches endet auch ihre Herrschaft auf Korsika. In das Machtvakuum stoßen Vandalen, Goten und Byzantiner, später folgen Langobarden und Sarazenen. Als diese schließlich Korsika aufgeben, die Korsen zufällig ihr Land mal selber besitzen, verstricken sie sich bei der Landverteilung in blutige Familienfehden – Blutrache (vendetta) ist das Gesetz.

1077 - 1284:
Der Papst vergibt Korsika als Lehen an Pisa. Diese bauen romanische Kirchen (La Canonica, San Parteo (siehe Tour 1), Kathedrale des Nebbio (siehe Tour 11), San Michele (siehe Tour 11) und Türme (Porto und Nonza siehe Tour 12).

1284 - 1786:
Genuesische Zeit: Es entstehen Unmengen von Wachtürmen, Brücken, Zitadellen und Barockkirchen, denen wir auf Schritt und Tritt begegnen.

Seit 1786
wird die Geschichte Korsikas immer mehr mit der Frankreichs verknüpft. Die korsische Sprache wird verdrängt, der Pariser Zentralismus führt immer wieder zu Unruhen. Die 1982 erreichte Teilautonomie ist für viele Separatisten nur ein Anfang. Immerhin haben sie auch für Touristen etwas erzwungen: Viele Verkehrsschilder erscheinen nun zweisprachig – und werden nur noch zur Hälfte übermalt.

LEBENSMITTEL (siehe auch "Getränke")

Wir unterscheiden in Anreisetage und eigentlichen Urlaub in Korsika. Während wir im Urlaub die einheimische Küche genießen und eigene Gerichte meist frisch zubereiten, werden unterwegs nur Dosen aufgemacht.

Tipps:

>> *Außer einer "Grundausstattung" an Teigwaren, Reis sowie Gewürzen empfiehlt sich, ein Vorrat an Fleisch- und Wurstkonserven mitzubringen; die Preise sind hoch, die Auswahl ist gering. Selbstgemachte Konserven sind die besten! Wie das geht? Steht alles im "Allgemeinen Wohnmobil Kochbuch" (Bestellzettel am Buchende).*

>> *Wer auf die Dauer das lapperige Weißbrot (=baguette) aus der Bäckerei (=boulangerie) nicht ausstehen kann, muss sich Dosenbrot oder heimisches, lange haltbares Vollkornbrot mitbringen.*
Ab und zu bekommt man auch dunkleres, länger genießbares Roggenbrot (=pain de saigle).

>> *Das Angebot an Obst, Gemüse und Salat ist reichhaltig, die Preise schwanken jedoch zwischen billig (Nähe Bastia) und unverschämt (Bonifacio, Porto Vecchio). Dabei ist die Ware vom Stand am Straßenrand stets wesentlich frischer und preiswerter.*

>> *Das Frischfleischangebot in der Metzgerei (=boucherie) ist reichlich, die Preise liegen jedoch wesentlich höher als in Deutschland.*

>> *Das Frischwurstangebot ist von der Vielfalt und vom Geschmack her recht dürftig, wesentlich besser sind die "saucissons", die Dauerwürste und die diversen geräucherten korsischen Schweinespezialitäten: 'Lonzo' = geräuchertes Schweinefilet oder 'Coppa' = geräucherte Schweineschulter. Die Preise sind aber auch hier happig.*

>> *Das Käseangebot gleicht dem in Frankreich. Dazu kommt der korsische 'brebis', ein Schafs- oder/und Ziegenkäse, den man empfehlen kann, wenn er nicht zu alt ist.*

LITERATUR

Ein wichtiges Buch über Korsika haben Sie schon – den WOMO-Führer, gute Karten haben wir Ihnen auch bereits empfohlen. Natürlich kennen wir Ihre speziellen Urlaubsinteressen nicht. Wir können Ihnen aber zu Büchern raten, ohne die wir in Korsika nicht auskommen.

Tipps:

>> *Michelin-Führer: Korsika (deutsche Auflage, **gibt's bei WOMO**).*
>> *Markus X. Schmid: Korsika, Michael Müller Verlag*
>> *HB: Bildatlas 85: Korsika*
>> *Klaus Wolfsperger: Wanderführer Korsika, Rother (**gibt's bei WOMO**)*
>> *Hans Schymik: Wanderführer Korsika, Goldstadt-Verlag*
>> *Schymik: Korsika, Verlag Josef Berg*
>> *Hirner: Wanderungen auf Korsika, Bruckmann-Verlag*
>> *Kautzky: Reiseführer Natur: Korsika, Sardinien, BLV*
>> *Schönfelder: Die Kosmos-Mittelmeerflora*
>> *Kohlhaupt: Mittelmeerflora, Athesia-Verlag, Bozen.*
>> *W. Nachtigall: Tiere & Pflanzen an Mittelmeerküsten, BLV*
>> *Campbell: Was lebt im Mittelmeer? Kosmos*
>> *R.Riedl: Fauna & Flora des Mittelmeeres, Parey*
>> *Asterix auf Korsika. Schelmisches, aber keineswegs nur Erfundenes über korsische Historie.*
>> *Kauderwelsch Sprechführer: Französisch (**gibt's bei WOMO**).*
>> *Französisches Fremdenverkehrsamt, Westendstraße 47 60325 Frankfurt: Prospekte, Karten, Adressen.*

MEDIKAMENTE

Natürlich können wir hier keine ärztliche Voraussage machen, was Ihnen im Urlaub alles passieren kann, aber nach der Statistik wollen wir einige Wahrscheinlichkeiten abwägen.

Tipps:

>> *Schauen Sie nochmals nach, ist Ihr Erste-Hilfe-Koffer noch gut gefüllt? (Mullbinden, Heftpflaster, Schere, Pinzette, Fieberthermometer?)*

>> *Mittel gegen Durchfall sind ein "Muss" in fremden Ländern, fragen Sie Ihren Arzt. Kohletabletten sind "härteren Sachen" zunächst vorzuziehen.*

>> *Aufregung und langes Sitzen bei der Anfahrt kann aber auch zu Verstopfung führen – führen Sie mit den richtigen Mitteln ab!*

>> *Wie steht es mit Reisekrankheit? Fahren Sie zum ersten Mal mit einem WOMO, könnte Ihnen vielleicht das Schwanken oder die ungewohnte Sitzstellung aufstoßen. Sorgen Sie vor!*

>> *Das Mittelmeer ist nicht immer ruhig, und mancher wird schon beim Anblick eines Schiffes seekrank. Dagegen gibt es Tabletten, die sehr sicher wirken sollen. Zusätzlich hilft der Verzicht auf jede Nahrungsaufnahme.*

>> *Kinder sind ein Fall für sich! Nehmen Sie auf jeden Fall die Medikamente mit, die Sie sowieso das Jahr über brauchen.*

>> *Soventol hilft nicht nur gegen Insektenstiche, sondern lindert auch Sonnenbrand.*

>> *Zwei Elastik-Binden für verstauchte Füße und Salbe gegen Prellungen (z. B. Mobilat) sollten nicht nur bei der Bergtour dabei sein.*

>> *Zwar kein Medikament, aber manchmal die letzte Rettung (statt eines Schlafmittels): Ohropax gegen Straßenlärm.*

>> *Was brauchen Sie sonst noch alles gegen Erkältungen, Magenbeschwerden, Sodbrennen, Blähungen, Völlegefühl? Schleppen Sie nicht alles mit! Die korsischen Apotheken sind in fast allem gut sortiert. Und vielleicht hilft schon ein Boonekamp!?*

>> *Last not least: Das Merfen-Orange für die kleine Schürfwunde und gegen den großen Schmerz, ein Wund-Desinfektionsmittel, das nicht brennt, aber wegen der schönen Farbe bei Kindern besonders beliebt ist. Gegen Brennen im Salzwasser hilft Sprühpflaster.*

>> *Und wenn alles nichts mehr hilft: Beim ADAC-Arzt können Sie sich von Korsika aus unter der Nummer:*
0049-89-22 22 22 *Rat holen.*

NACKTBADEN

Endlich mal ein Urlaubsland, in dem jeder nach seiner Fasson selig werden kann – es ist sozusagen alles erlaubt. Dabei überwiegt als 'Standard' jedoch das Tragen eines Bikiniunterteiles. FKK-Fans sondern sich meist gewohnheitsmäßig etwas von den überlaufeneren Strandteilen ab. Vor allem an der Ostküste gibt es eine ganze Reihe von FKK-Clubs und -Campingplätzen.

ÖFFNUNGSZEITEN

Korsika ist nicht Orient, aber auch nicht Preußen! Die an jeder Ladentür angeschlagenen Öffnungszeiten werden, wenn überhaupt, nur in den größeren Städten eingehalten (etwa 8-12/15-20 Uhr, Bäckereien auch Sonntag Vormittag, dafür oft montags geschlossen).
Heilig ist allerdings die Mittagspause – zwischen 12 und 15 Uhr läuft nichts. Ausnahmen sind Supermärkte und große Postämter. Hier wird man bereits durchgehend bedient.
Banken sind nur montags bis freitags geöffnet, jede scheint ihre eigenen Öffnungszeiten zu haben. Sie bewegen sich im Bereich 8-12/14-17 Uhr. Die kleineren Postämter bedienen Mo-Fr 9-12/14-17 Uhr, Sa 9-12 Uhr.
Und wenn Sie mal verzweifelt vor einer verschlossenen Ladentür stehen: Klingeln, klopfen oder den Nachbarn fragen – meist hatten wir Glück!

PACKLISTE

Brieftasche/Handtasche/Geheimfach
Pässe, Personal-, Kinderausweis (gültig!)
Fährtickets
Führerscheine, Vollmacht
KFZ-Schein
Grüne Karte (gültig!)
Impfbücher/Impfpass Haustier
Fotokopien aller dieser Papiere
Bargeld/Brustbeutel
Devisen/Reiseschecks
Euroscheckkarte, Kreditkarte (Visa o. a.)
Auslandskrankenscheine
Zusatzversicherungen/Schutzbrief
Vignette/Brenner-Mautkarte

Wohnmobilhaushalt
Wecker (Fähre!)
Einkaufstasche (groß)
Kaffee-, Teekanne
Filtertüten/Filter
Geschirr/Gläser
Vesperbrettchen/Bestecke
Brotmesser/Kartoffelschäler
Schöpflöffel/Schneebesen
Töpfe/Schnellkochtopf
Pfannen/Sieb
Topflappen
Butterdose/Plastikdöschen mit Deckel
Flaschentrage
Sprudelautomat (Soda-Club)
Thermoskanne
Eierbehälter
Küchenpapier/Alufolie
Nähzeug/Schere
Klebstoff/Klebeband
Wäscheleine/Klammern
Waschpulver
Plastikschüssel
Abtreter
Schuhputzzeug
Kabeltrommel
Verbindungskabel CEE-Schuko
Stecker (Ausland)/Doppelstecker
Gasflaschen (voll?)
Handfeger/Kehrschaufel
Putzlappen
Klappspaten
Hammer/Nägel/Axt
Zündhölzer/Feuerzeug
Gasanzünder
Taschenlampen
Kerzen
Petroleumlampe/Petroleum
Ersatzbirnen 12 V/220 V
Ersatzsicherungen für jedes Gerät
Ersatzwasserpumpe
5 m passender Wasserschlauch
Feuerlöscher
Insektenspray/Insektenlampe
Moskitogaze für Fenster und Tür
Toilette/Clo-Papier
Toilettenchemikalien (oder Schmierseife)
Dosen-, Flaschenöffner, Korkenzieher
Spülmittel/Bürste/Scheuerpulver
Geschirrtücher
Leim/5 m Schnur
5 m Schwachstromkabel zweiadrig
Wasserschlauch mit Passstück für verschiedene Wasserhähne
Wasserentkeimungsmittel
Müllbeutel
Wasserkanister/Gießkanne
Trichter

Reiseapotheke
Mittel gegen Seekrankheit
Soventol (lindert Insektenstiche usw.)
Husten-, Schnupfenmittel
Fieberzäpfchen
Kohle-Kompretten
Mittel gegen Durchfall
Mittel gegen Kopfschmerzen
Mittel gegen Verstopfung
Nasen-, Ohrentropfen
Halsschmerztabletten
Wundsalbe/Brandsalbe
Wunddesinfektionsmittel (Merfen-Orange)
Sprühpflaster
Elastikbinden
Salbe gegen Prellungen
Fieberthermometer
Pinzette
Auto-Verbandskasten O.K.?
Persönliche Medikamente

Auto
Allgemeines Wohnmobil-Handbuch
Bedienungsanleitungen
Bordbuch/Wörterbücher
Reiseführer/Campingführer
Straßenkarten/Autoatlas
Auffahrkeile/Stützböcke
WOMO-Knackerschreck (Beschreibung und Bestellzettel am Buchende)
Wasserwaage
D-Schild
Kundendienst gemacht?
Ersatzteilset von der Werkstatt?
Pannenausrüstung komplett?
Reservekanister voll?
1-2 Liter Reserveöl (HD 20/W 50)
Reserverad Luftdruck O.K.?
Abschleppstange, ausprobiert?
Passender Wagenheber, ausprobiert?
Luftpumpe
Warndreieck/Warnweste/Panello
Arbeitshandschuhe
Werkzeugkoffer komplett?
Kundendienststellenverzeichnis, neu?

Kleidung
Unterwäsche
Socken/Strümpfe
Hemden/Blusen
Schuhe/Sandalen
Hausschuhe
T-Shirts/Shorts
Hosen/Jeans
Kleider/Röcke
Pullover/Jacken/Stola
Anoraks/Windjacken
Sonnenhüte/Kopftücher
Nachthemden/Schlafanzüge
Bikinis/Badehosen
Wanderstiefel
Sonnenbrille/Ersatzbrille

______

______

Campingartikel
Stühle/Tisch/Liegestühle
Liegematten/Hängematte
Markise/Sonnenschirm(e)
Sonnensegel/Stangen/Häringe/Leinen
Grill/Grillzange/Holzkohle
WOMO-Pfannenknecht (Beschreibung und Bestellzettel am Buchende)

______

______

Unterhaltung
Handy/Autoladekabel
KW-Radio
Schreibzeug/Adressbuch
Handarbeitszeug
Kinderspielzeug
Malutensilien
Bücher/Spiele
Kassettenrekorder/Kassetten
CD-Player/CDs/MP3-Player
Taucherbrillen
Wasserball/Fußball/Wurfringe
Frisby/Indiaca usw.
Schlauchboot/Pumpe/Ruder
Luftmatratzen
Sandspielzeug
Schwimmflügel/Schwimmreif
Surfbrett/Zubehör
Fotoapparat/Filme/Speicherkarten
Videokamera/Kassetten
GPS-Gerät
Ersatzbatterien/Ladegerät für 12 V
Rucksäcke
Kartentasche
Fernglas/Kompass
Iso-Matten/Zelte/Kochtopfset
Feldflaschen/Taschenmesser/Angelzeug
SOS-Kettchen (vor allem für Kinder)
Mitbringsel für evtl. Einladungen

______

______

Lebensmittel
Allgemeines Wohnmobil-Kochbuch
Getränke (Limo, Bier, Wein)
H-Milch/Dosenmilch/Coffeemate
Milchpulver/Limopulver/Zitronenteepulver
Wurst-, Fischdosen
Fertiggerichte/Beutelsuppen
Tee/Kaffee/Kaba
Müsli
Butter/Margarine
Brot/Dosenbrot
Reis/Nudeln/Grieß
Kartoffelbrei/Mehl
Babykost
Puddingpulver
Schokolade/Bonbons/Kaugummi
Marmelade/Nutella
Bratfett/Öl/Essig
Majonnaise, Senf, Gewürze
Zwiebeln
Ketchup/Maggi/Salz
Zucker/Süßstoff
Kartoffeln
Eier
Zwieback/Salzstangen

______

______

______

Wäsche / Toilettenartikel
Schlafsäcke, Bettwäsche, Kopfkissen
Laken (Spannlaken)
Hand-, Badetücher, Waschlappen
Geschirrtücher
Tempo-Taschentücher
Kämme/Bürsten
Haarfestiger/Lockenwickel/Haarspangen
12 V-, Akku- oder Nassrasierer
Nageletui/Hygieneartikel
Empfängnisverhütungsmittel
Windeln/Creme/Babycreme
Seife/Rei in der Tube
Sonnencreme, -öl
Fettstift (Labello)
Zahnbürsten/Zahnpasta
Autan gegen Mücken
Ohropax gegen Lärm

______

______

Nicht vergessen!
Post/Zeitung abbestellen
Offene Rechnungen bezahlen
Haustier abgeben
Blumen versorgen
Mülleimer leeren
Kühlschrank abstellen?
Antennen herausziehen
Wasch-, Spülmaschine, Bügeleisen aus?
Wasser, Gas, Heizung, Boiler abgestellt?
Rolläden schließen
Haustür verschließen!
Nachbarn/Verwandte benachrichtigen: Reiseroute, Autokennzeichen mitteilen. Reserveschlüssel abgeben.

______

______

______

______

PREISE

Frankreich ist ein teures Pflaster, und fast alles wird von hier aus nach Korsika transportiert – dadurch wird es nicht billiger! Gehen Sie einfach davon aus, Sie würden nur in Feinkostgeschäften einkaufen, dann haben Sie etwa korsische Preise vor sich. Natürlich gibt es eine ganze Reihe von Ausnahmen – Wein, Weißbrot, Obst und Gemüse gehören netterweise dazu. Allerdings schwanken die Preise erheblich: Preiswerter sind die Straßenstände und die großen Supermärkte, teurer sind die reinen Touristengebiete.
Sparsamen Leuten ist dringend anzuraten, vor allem Fleisch- und Wurstkonserven mitzubringen (eigene Konserven herstellen: siehe Allgemeines Wohnmobil Kochbuch).
Gaststättenbesuche gehören zum Studium eines Urlaubslandes – das Korsikastudium ist nicht billig! Nur wer sucht und Speisekarten vergleicht, findet Menüs zwischen 12 und 20 Euro. Hier sollte man den Großstädten und dem Landesinneren den Vorzug geben und reine Touristensiedlungen meiden – wo Einheimische speisen, fährt man nicht schlecht.
Für einen Tag auf einem Campingplatz muss man fürs WOMO und zwei Personen 12,- bis 15,- Euro berappen.
Ein 3-Minuten-Telefonat nach Deutschland kostet 2,20 Euro.

REDEWENDUNGEN

Wir wollen und können den unter "Literatur" angegebenen Sprachführer nicht ersetzen, aber **ein Dutzend** wichtiger Begriffe sollten Sie eigentlich auswendig können:

Guten Morgen (Tag)	bon jour (bong schuhr)
Guten Abend	bon soir (bong soáhr)
Gute Nacht	bon nuit (bong nüi)
Auf Wiedersehen	au revoir (oh röwoáhr)
Bitte	s'il vous plaît (sill wuh plä)
Danke	merci beaucoup (mersie bokúh)
Entschuldigung	pardon (pardóng)
Ja/nein	oui/non (wui/no)
Rechts/Links	à droit (a droa)/à gauche (a gohsch)
geradeaus	tout droit (tuh droa)
Was kostet das?	Ça fait combien? (Sa fä combiéng?)
Geben Sie mir bitte..	Donnez-moi (Dónneh moa)
Gibt es hier	Il y a une plage, là-bas?
einen Strand?	(Ill ja ünn plahsch la ba?)

REIFEN

Korsika wird die "Hohe Schule" Ihrer Fahrkünste werden!
Steigungen, Kurven, Serpentinen, Schlaglöcher, ausgewaschene Sand- und Geröllpisten, Bremsaktionen vor Eseln, Ziegen, Schafen, Kühen, Schweinen, Pferden, Korsen, Motorradfahrern – da wird von den armen Gummiwülsten aber auch das Letzte verlangt.

Tipps:

>> *Fahren Sie nur mit fünf wirklich kritisch begutachteten Pneus in den Urlaub! An erster Stelle steht dabei ausnahmsweise nicht die Profiltiefe, sondern die Suche nach Rissen oder Einstichen. Diese werden in der Regel der Ausgangsort für größere Schäden.*

>> *Werfen Sie auch unterwegs ab und an einen Blick auf die Füße Ihres Fahrzeugs, und fühlen Sie die Temperatur ab.*

>> *Ist Ihr Fahrzeug, wie z. B. die meisten VW-Busse, mit 185 SR 14 reinforced-Reifen ausgestattet? Steigen Sie bei nächster Gelegenheit auf die wesentlich höher belastbaren 185 R 14 C 8 PR um, Ihr TÜV hat nichts dagegen.*

Auch die Flanken dieser Reifen sind besser für den harten Gewerbebetrieb (C=commercial) ausgelegt und damit ideal für schlechte Wegstrecken.

>> *Sie haben hoffentlich einen Ersatzschlauch dabei? Auch bei schlauchlosen Reifen ist durch Einlegen eines Schlauches eine Panne z. B. durch einen Nagel sofort behoben, wenn der Reifen sonst noch O.K. ist.*

>> *Ist eine Reparatur nicht mehr möglich, und man hat keinen Reifen Ihrer Marke auf Lager (was höchstwahrscheinlich ist), dann kaufen Sie einen anderen, eventuell einen gebrauchten. Fahren Sie nie ohne Ersatzrad! Abschleppen wird Sie vielleicht jemand – aber nicht mit drei Rädern!*

REISETAGE/REISEZEIT

Keine Angst, wir wollen Ihnen an dieser Stelle nicht Ihren Urlaubstermin ausreden, denn nach Korsika können Sie gar nicht zur falschen Jahreszeit fahren. Hier soll lediglich der Reiserhythmus angesprochen werden, der sich auf der Hin- und Rückreise empfiehlt.

Tipps:

>> *Starten Sie in Deutschland nicht am ersten Ferientag Ihres Bundeslandes oder gar am Samstag früh, sonst beginnt Ihr Urlaub gleich mit Stau.*

>> *Fahren Sie entweder sofort nach der Schule am letzten Schultag los oder, wenn Sie keine schulpflichtigen Kinder haben, an den Wochentagen Dienstag bis Donnerstag.*

>> *Die Verkehrsdichte an den Grenzübergängen ähnelt den Bewegungen der Quecksilbersäule im Sommer: Abends, nachts und morgens ist es am kühlsten – und am leersten.*

>> *Warten Sie mit der Suche nach einem Übernachtungsplatz nicht bis zur Dunkelheit. Das geht fast nie gut! An jedem Seitensträßchen finden Sie bei Tageslicht ein Wald- oder Wiesenplätzchen – bei Nacht geraten Sie an die unmöglichsten Stellen.*

>> *An den Hauptanreisestrecken haben wir schöne und vor allem ruhige Übernachtungsplätze für Sie gesucht. Sie sind in der Karte "Anreiserouten" eingezeichnet und genau beschrieben (auch mit GPS-Daten).*

>> *Von der deutschen Grenze bis zum Fährhafen Livorno sind es nur 600 km. Diese Strecke ist bequem an einem Tag zurückzulegen. Sie sollten jedoch so planen, dass Sie 2 Stunden vor Abfahrt der Fähre ankommen. Kalkulieren Sie Staus und eine Reifenpanne mit ein – die Fähre wartet nicht auf Sie!*

>> *Je früher Sie an der Fährstation ankommen, desto weniger Hektik herrscht dort. Lassen Sie sich rechtzeitig abfertigen (einchecken) – und schauen Sie dann den anderen zu! Je weiter vorn Sie in der Schlange stehen, desto früher betreten und verlassen Sie auch wieder die Fähre!*

RUNDFUNK

Mancher behauptet ja, er könne im Urlaub völlig abschalten. Dazu gehören jedoch Ruhe und Zufriedenheit. Ich bin nur ruhig, wenn ich weiß, dass zu Hause in Deutschland alles seinen gewohnten Gang geht. Aktuelle Nachrichten sind für mich unverzichtbar.

Tipps:

>> *Falls Sie in Korsika mit Ihrem Autoradio auf Mittelwelle einen deutschen Sender empfangen wollen, müssen Sie auf einen Berggipfel fahren – und dann ist der Empfang noch miserabel! Es sei denn, Sie legen sich eine Satellitenschüssel zu! Dann können Sie sogar Ihren Heimatsender auf UKW und in Top-Stereo-Qualität empfangen.*

>> *Möchten Sie im Urlaub auch ohne Satellit nicht auf Informationen aus der Heimat und über das Weltgeschehen verzichten, dann brauchen Sie einen Kurzwellenempfänger!*

>> *Selbst mit preiswerten Geräten kann man zumindest die "Deutsche Welle" oder "Ö 1" auf dem 49-m-Band empfangen. Wir empfehlen ein Gerät mit digitaler Frequenzanzeige und Senderspeichern, sonst sind meist die Nachrichten vorbei, bis Sie "Ihren" Sender gefunden haben.*

>> *Um Batterien zu sparen, haben die meisten Geräte einen 6-oder 9-V-Anschluss. Mit einem DC-DC-Wandler können Sie das Gerät (natürlich auch Kassettenrecorder usw.) an die 12-V-Autobatterie anschließen.*

Gut empfangen haben wir in Korsika

Deutsche Welle:	49-m-Band:	6075 kHz
	31-m-Band:	9545/9735 kHz
Deutschlandradio Berlin (DLR):	49-m-Band:	6005 kHz
Deutschlandfunk Köln (DLF):	49-m-Band:	6190 kHz
Bayrischer Rundfunk (BR 5):	49-m-Band:	6085 kHz
Österreich. Rundfunk (Ö 1):	49-m-Band:	5945/6155 kHz
Österreich. Rundfunk (Ö 1):	22-m-Band:	13730 kHz

SPEISEN

Das Lieblingsgericht der Korsika-Urlauber scheint Pizza zu sein, keiner anderen Reklame begegneten wir häufiger. Mit der traditionellen korsischen Küche, nach der man leider lange suchen muss, hat dies nichts zu tun. Dies sind schlichte, deftig bis raffiniert gewürzte Bauern- und Hirtengerichte – die aromatischen Kräuter der Macchie bestimmen den Geschmack. Meist werden komplette Menüs serviert, die man jedoch nach Belieben abwandeln kann. Als Vorspeise müssen Sie unbedingt 'Charcuterie Corse' (geräucherte Wust- und Schinkenspezialitäten) und die korsische Fischsuppe (soupe de poisson) probiert haben.
Fragen Sie jedoch vor dem Gaumenkitzel nach dem Preis – das Essen könnte Ihnen sonst wieder aufstoßen!

SURFEN

Kaum noch ein WOMO, das ohne ein bis viele Surfbretter auf die Fähre rollt. Kommen sich die vielen Gabelbaum-Akrobaten da nicht an Korsikas Gefilden in die Quere?

Tipps:

>> *Denken Sie bereits bei der Buchung der Fähre an die Gesamtlänge Ihres WOMOs. Überstehende Masten müssen bezahlt werden!*

>> *Korsika ist ein ideales Surfrevier – und an den meisten Stellen geht es noch ausgesprochen einsam zu – was das Surfen anbetrifft. Eine Insel hat eben wahnsinnig viel Strand!*

>> *Statistisch hat die felsige, steile Westküste mit ihren kleinen Sandbuchten mehr Wind als die flache, östliche Schwemmlandseite. Besonders pfeift es zwischen dem Cap Corse und Galeria, allerdings ist auch höhere Brandung die Folge. Nach Süden nehmen Brandung und Wind immer weiter ab. Die Gegend von Bonifacio ist wieder eine zugige Ecke, während es auf der Ostseite nach Norden zu immer ruhiger wird, denn sommerliche Ostwinde sind selten.*

TELEFON

Telefonieren kann man in Korsika von jedem Dörfchen aus – überall stehen Telefonhäuschen herum. Meist muss man trotzdem nach ihnen suchen, denn sie sind nicht so "schön" auffällig wie in Deutschland, sondern in Alu natur – und wenn man den Geldschlitz sucht, ist es immer häufiger ein Kartentelefon!

Tipps:

>> *Von Korsika nach Deutschland wählt man 0049, nach Österreich 0043, in die Schweiz 0041.*

>> *Die Landesvorwahl für Korsika (wie Frankreich) ist 0033. Nach der Landesvorwahl fällt stets die Null der Ortsnetz-Kennzahl weg.*

>> *Ein 3-Minuten-Gespräch kostet tagsüber ca. 2,20 Euro, Mo-Sa 21-8 Uhr und Sa 14 Uhr - So 24 Uhr nur 1,90 Euro (billiger kommt man weg, wenn man sich eine Prepaid-Karte zulegt).*

>> *Telefonkarten (Telecarte) gibt's in Tabakgeschäften und Supermärkten.*

Wichtige Telefonnummern in Korsika:

Polizei-Notruf (police secours): 17
Feuerwehr (sapeurs-pompier): 18
Ärztliche Notfälle (SAMU): 15
Deutsches Honorarkonsulat: 04 95 33 03 56
Sperrannahmedienst VISA (in D): 0049-69-66 571 333

Meine 16-stellige Visa-Karten-Nr.: ....

TOILETTE

Einer der Gründe dafür, dass das Freie Camping in so vielen Ländern verboten wird, ist mit Sicherheit die Verunstaltung und Verseuchung der Landschaft mit Fäkalien. Die Benutzung einer Campingtoilette ist deshalb ein absolutes "Muss" für jeden engagierten Camper.

Tipps:

>> *Immer mehr WOMO-Freunde werden in den nächsten Jahren Korsika besuchen. Es geht keinesfalls mehr an, dass man seinen Haufen in die freie Landschaft setzt und dann noch mit rosa Papier verziert. Wer keine Campingtoilette benutzen möchte, muss seinen Haufen vergraben.*

>> *Wenn es nicht bis zu einem Campingplatz oder einer öffentlichen Toilette reicht, ist die für die Umwelt und die Menschen beste Methode der Entsorgung das Vergraben der Fäkalien auf Ödland. Da unser Urlaubsland nur dünn besiedelt ist, braucht man in den seltensten Fällen weiter als ein paar Kilometer zu fahren, bis man in unbesiedeltes und landwirtschaftlich kaum genutztes Gebiet kommt.*

>> *Auch die Strandregionen, die der freie Camper vorzieht, sind in der Regel unbewohnt. Um jedoch eine Gewässerverschmutzung mit Sicherheit auszuschließen, sollte man sich mit Spaten und Toilettenunterteil mindestens 100 m vom Gewässer entfernen und dort den Inhalt tief vergraben.*

>> *Sich selbst und die Umwelt schützt man am besten, wenn man ganz auf Toilettenchemikalien verzichtet!*
Gute Ergebnisse haben wir bei der "Duftbekämpfung" mit Schmierseife (Schlecker) gemacht (2 EL mit 1 l Wasser vermischen). Andere schwören auf Oranex (Orangenschalenkonzentrat) aus dem Bio-Laden.

>> *Inzwischen gibt es auch erste Entsorgungsstationen auf Korsika, sie liegen alle auf Campingplätzen. Und das "Schönste": Meist steht sie nur Campingplatzgästen zur Verfügung!*

>> *Der beste Geruchsabzug ist noch immer ein Schornstein! Man bastelt ihn für Pfennigbeträge, indem man am Toilettenunterteil ein Loch bohrt, einen gewinkelten Schlauchstutzen (evtl. mit Absperrhahn) anschließt und einen Schlauch durch den Fahrzeugboden führt. Schon nimmt der Fahrtwind Ihre Düfte mit.*

>> *Noch besser ist die Schornstein-Wirkung, wenn sie von einem Ventilator unterstützt wird. Nach Einbau einer SOG-Toilettenentlüftung sind üble Gerüche für immer passé:*
Fa. SOG-Dahmann, Tel.: 02605-952 762; www.sog-dahmann.de

>> ***Eine dringende Bitte zum Schluss:***
Gießen Sie den Toiletteninhalt nicht einfach ins Gebüsch. Das ist die unhygienischste Form der Fliegenvermehrung und die sicherste Methode, auch wohlwollende Gemeinden zu Wohnmobilfeinden zu machen. Wer den Inhalt seiner Campingtoilette hinters Gebüsch gießt, den soll beim nächsten Mal der Blitz beim Schei... treffen!

TREIBSTOFFE

Italien ist auf unseren Anfahrtsrouten das Land mit den höchsten Treibstoffpreisen (jetzt auch Diesel!). Es ist nicht einzusehen, dass man sich auch hier noch schröpfen lassen soll, wenn man schon die Autobahngebühren kaum umgehen kann.

Tipps:

>> *In der Schweiz und Österreich ist der Treibstoff nur geringfügig teurer als in Deutschland, aber überall gibt es spezielle Autobahn-Preise.*
Die letzten Möglichkeiten, in Deutschland evtl. noch billig zu tanken, sind:
**Vor Basel an der A 5 die SHELL-Tankstelle 1 km östlich der AB-Ausfahrt Müllheim/Neuenburg oder 5 km vor der Schweizer Grenze AB-Dreieck Weil am Rhein Richtung Lörrach, nach 2,3 km Abfahrt Eimeldingen, Shell-Station.*
**Vor Singen an der A 81 die Freie Tankstelle bei der AB-Abfahrt Empfingen Richtung Sulz.*
**Vor Kempten an der A 7 die ARAL-Tankstelle an der AB-Ausfahrt Memmingen-Süd 1 km Richtung Memmingen.*
**Zwischen Rosenheim und Kufstein an der A 93 die TEXACO-Tankstelle bei der AB-Abfahrt Brannenburg 1,9 km Richtung Nußdorf.*

>> *Die Treibstoffe kosten in Italien überall fast das gleiche – auch an den Autobahntankstellen.*
***Aber Achtung:** Besonders an den preiswerten AGIP-Stellen haben wir für den gleichen Treibstoff Spuren mit verschiedenen Preisen gesehen (mit der Begründung, dass man beim teuren Tanken bedient wird).*

>> *In Korsika jedoch herrscht Wettbewerb an den Tankstellen. Es lohnt sich, Preise zu vergleichen.*

>> *Treibstoffpreise: Wir haben einen schlechten Draht zur OPEC. Deshalb empfehlen wir, die aktuellen Preise vor der Abfahrt beim Automobilclub zu erfragen.*

>> *Vergessen Sie nicht, vor allem während der ersten 1000 km des Urlaubs, regelmäßig den Ölstand zu kontrollieren. Lange Vollgas-Strecken machen nicht nur den Fahrer durstig.*

TRINK-, WASCH-, SPÜLWASSER

Während wir beim Abwasser die Formel aufgestellt haben: 10 Liter x Personenzahl = Volumen des Abwassertanks, braucht man pro Person eine Frischwasserkapazität von mind. 15-20 Litern.

Tipps:

>> *Die Suche nach Trinkwasser ist für unsere Leser vorbei. An jeder Tour sind genügend Trinkwasserstellen angegeben.*

>> *Bedenken Sie aber die Sommertrockenheit! Nicht jeder Brunnen sprudelt immer!! Decken Sie sich stets rechtzeitig ein!!!*

>> *Es gibt Camper, die kochen jeden Tropfen Wasser ab. Das verbraucht unnötig Gas. Außerdem schmeckt das abgekochte Wasser durch den Verlust des gelösten Kohlendioxids fade. Andererseits kann man auch nicht jedem munter plätschernden Brünnlein bedenkenlos trauen, selbst wenn alle Einheimischen "Eau potable!" beteuern.*

>> *Das Behandeln von Wasser mit Certisil o.ä. hat die gleiche 100%ige Wirkung auf krankheitserregende Keime wie zweimaliges Abkochen. Behandeln Sie also Wasser stets mit keimtötendem Mittel, wenn Sie nicht mit eigenen Augen sehen, wie es aus einer Quelle sprudelt. Nur dann ist Sicherheit vor Infektion vorhanden. Außerdem verhindern Entkeimungsmittel die Nachverkeimung des Wassers im Tank.*

>> *Wasserkanister haben einen großen Vorteil gegenüber eingebauten Tanks. Man kann Sie dem Nachbarn zum Füllen mitgeben und bequem im Freien reinigen. Praktisch sind durch ihren geringen Platzbedarf zusätzliche, faltbare Wasserbehälter.*

>> *ACHTUNG! Alle Entkeimungsvorschriften gelten nur für optisch reines, also klares Wasser. Trübes Wasser müsste vorher gefiltert werden.*

>> *Irgendwann geht an jedem Strand der Trinkwasservorrat aus! Wie kann man sparen?*

Salzwasser: *Geschirrspülen klappt wunderbar, wenn das "Spüli" keine Anionischen Tenside enthält. Auf der Flasche nachschauen oder einfach ausprobieren. Haarewaschen geht prima! Auch hier ist Seife nicht geeignet, man nehme flüssige "Seife", die keine Alkalien enthält.*

Fluss-, See-, Bachwasser: *Wenn das Wasser optisch rein ist, kann man es zum Spülen, Waschen und Haarewaschen verwenden. Nur zum Zähneputzen muss man es vorher abkochen oder chemisch entkeimen.*

VERKEHR

Dem WOMO-Fahrer kann es nur darum gehen, sein großes und schweres Gefährt unbehelligt bis zum Urlaubsziel und zurück zu transportieren. Dabei kann ihm allerhand passieren.

Tipps:

>> *Geschwindigkeitsbegrenzungen nötigen uns meist nur ein müdes Lächeln ab:*

	Schweiz	***Österreich***	***Italien***	***Korsika***
Autobahnen	*120*	*130*	*140*	*n.v.*
Landstraßen	*80*	*100*	*110*	*90*
Innerorts	*50*	*50*	*50*	*50*

>> *Promillegrenze in allen Ländern 0,5.*

>> *Es besteht Anschnallpflicht, Kinder haben hinten zu sitzen.*

>> *Überhängende Ladung (Fahrräder, Surfbrett) muss in Italien mit einem "Panello" = rot/weiß gestreifter Tafel gesichert sein, das Tragen einer reflektierenden Warnweste ist bei Unfällen Pflicht.*

>> ***Straßenverhältnisse:***

Über die Anfahrtsstrecken brauchen wir kein Wort zu verlieren: Die Autobahnen sind einwandfrei, die sonstigen Straßen, speziell in den Alpen, erfordern wegen geringer Überholmöglichkeiten, Kurven und starker Steigungen wesentlich längere Fahrzeiten. "Schlechte Wegstrecken" gibt es auf den empfohlenen Routen nicht.

>> *Korsika, das Land der 10.000 Kurven, hat schmale, steile und auch schlechte, unübersichtliche Straßen in einer herrlichen Landschaft. Das führt zu psychologischen Konflikten – denn wer möchte nicht beim Fahren auch etwas von der Gegend sehen? Halten Sie lieber öfter am Straßenrand an als einmal tief unten in einer Schlucht!*

>> *Es gibt auch ein paar gute Straßen in Korsika. Betrachten Sie die Michelin-Karte genau: Die guten Straßen sind wesentlich breiter (und kurvenärmer) eingezeichnet.*

>> *Für die Pisten zu den Stränden und Ufern fühlt sich die Straßenbauverwaltung nicht zuständig. Hier muss sich jeder Pilot auf sein Fahrzeug und sein*

Können – und zur Not auf die Schiebekräfte seiner Mitfahrer verlassen. Wir haben in Europa kaum schlechtere Pisten gefunden! Gehen Sie sandige Strecken zunächst zu Fuß ab. In einsamer Gegend lieber wenden als versacken.

>> *Steckt die Karre bis zum Auspuff drin: Räder frei schaufeln, viele Leute zum Schieben zusammenbitten, im zweiten Gang (bei Hinterradantrieb Handbremse leicht anziehen) langsam anfahren, dabei Lenkung nie stark einschlagen. Ausführlichere Infos finden Sie dazu im "Allgemeinen Wohnmobil Handbuch".*

VERSTÄNDIGUNG

Gehen Sie einfach davon aus, dass in Korsika niemand eine Fremdsprache spricht, dann werden Sie nie enttäuscht und ganz selten positiv überrascht. Tatsache ist, dass kaum ein Einheimischer deutsch oder englisch kann – also schlagen wir uns auf französisch durch!?

Tipps:

>> *Südländer sind Meister in der Gebärdensprache. Tun Sie es ihnen nach, so kommen Sie auch ohne Worte aus.*

>> *Ärzte, Apotheker und Juristen sprechen mit Sicherheit englisch oder deutsch. Lassen Sie sich den Richtigen von der Dame im Touristenbüro suchen.*

>> *Polizisten haben im allgemeinen keine Fremdsprachenkenntnisse! Bestehen Sie deshalb auf einem Dolmetscher (interprète), wenn es Probleme gibt.*

>> *Sie sprechen perfekt französisch? Klasse! Dann machen Sie Ihrem korsischen Gesprächspartner rechtzeitig klar, dass Sie Deutscher und nicht Franzose sind - er wird Sie wesentlich freundlicher behandeln!*

WUPS – der WOMO-Urlaubs-Partner-Service

Regelmäßig zur Vorurlaubszeit liest man sie in Zeitungen und einschlägigen Zeitschriften, die Suchannoncen der Wohnmobilfamilien, die sich nicht allein auf weite Tour wagen wollen:

> Ost-Spanien, 4 Wo. Jul./Aug. Wir 42/43/12 männl./Hund, mit Wohnmobil suchen Begleitfamilie/n mit Kindern 9-13 J. u. eig. Wohnmobil, Tel.....

Ob sie wohl Erfolg haben? Wir wünschen es ihnen!
Was aber sind die Beweggründe für die "Partnersuche auf (Ferien-) Zeit"? Sie können sich selbst die Gründe zusammensuchen, denn Sie hatten ja auch schon mal diese Idee. Da ist die lange Fahrt mit ihren Tücken, bei der man sich bei Problemen helfen kann. Übernachtungen in einsamer Umgebung – mit einem Partner wäre einem da viel wohler.
Gemeinsame Unternehmungen machen viel mehr Spaß; den Grill wirft man abwechselnd an (und nimmt nur einen mit), Einkäufe und Wasserholen, gemeinsam oder im Wechsel, aber nur mit einem Auto; abends, da hat man den passenden Gesprächspartner und ganz wichtig: die Kinder haben Spielgefährten im passenden Alter.

Die Liste der Vorteile gemeinsamen Reisens ließe sich noch erheblich verlängern – und so waren wir auch gar nicht verwundert, dass wir geradezu mit der Nase darauf gestoßen wurden:

> **„WOMO-Verlag, unternehmt da mal etwas!“**

Wir haben uns zusammengesetzt und beraten, entwickelt, verworfen und

verbessert. Was wir schließlich ausgebrütet haben, lässt sich am einfachsten mit folgendem Sätzchen umschreiben:
Durch **WUPS** soll jedem Interessenten ohne finanziellen Aufwand eine passende Urlaubspartnerfamilie vermittelt bekommen.
Das ideale Medium dafür ist das Internet!

Wie nimmt man teil?

In unserem Internetforum unter: **http://wups.womo.de** können Sie sich kostenlos mit allen wichtigen Daten wie Urlaubsziel, Reisezeit, eigenem Alter (und dem evtl. mitreisender Kinder), eMail-Adresse sowie Lieblingsaktivitäten eintragen (oder von Freunden mit Internetanschluss eintragen lassen).
Es liegt nun an jedem einzelnen, den passenden Partner aus den angegebenen Daten, ergänzenden eMails oder Kurznachrichten zu ermitteln.
Jedem Teilnehmer ist es selbst überlassen, wie viele Daten er angeben möchte oder nicht (bei uns ist jeder sein eigener Datenschützer). Selbst ohne Angabe von Telefonnummer oder eMail-Adresse ist eine Kontaktaufnahme per Kurznachricht möglich, die kein anderer lesen kann!
Wir wünschen schon jetzt doppelten Spaß im gemeinsamen WOMO-Urlaub.

ZAUBEREI – OUTDOOR-NAVIGATION MIT GPS

Das GPS (Global Positioning System) ist ein vom US-Verteidigungsministerium entwickeltes Satellitensystem zur weltweiten Standortbestimmung. Bereits ab 150 € bekommt man ein handy-kleines Gerät, mit dem man auch bei Nacht und Nebel jederzeit feststellen kann, wo man sich befindet – und wie man zu einem Platz findet, von dem man die Koordinaten hat.
In diesem Reiseführer sind für alle Übernachtungsplätze die Koordinaten (Kartendatum: WGS 84 = World Geodetic Survey 1984) angegeben. Besitzer von GPS-Geräten (man bekommt sie inzwischen bei allen Outdoor-Läden und -versendern) geben sinnvollerweise die Koordinaten vor dem Urlaub in das Gerät ein (per PC über das mitgelieferte Kabel und mit kostenlosem Programm aus dem Internet (www.easyGPS.com). Wer es noch bequemer haben möchte, erwirbt beim WOMO-Verlag die "GPS-Diskette zum Buch" – und die GPS-Daten aller unserer Stellplätze usw. werden automatisch vom Computer aufs GPS-Gerät überspielt.

ZELT

Nanu, was soll das? Jetzt haben wir extra das teure WOMO gekauft!
Keine Angst, Sie sollen auch nicht darin schlafen. Aber Kinder haben eine völlig andere Vorstellung, was man im Urlaub machen sollte. Warum sollen sie nicht im Zelt schlafen? Sie haben dann nachts auch in jeder Hinsicht mehr Ruhe!

ZWEITBATTERIE

Eigentlich ist es müßig, dieses Thema anzusprechen. Sie ist fast so wichtig wie die Starterbatterie und damit ohnehin in jedem WOMO vorhanden, oder?

Tipps:

>> *Falls Sie mit Ihrer Starterbatterie sämtliche elektrischen Systeme des WOMOs betreiben, laufen Sie Gefahr, plötzlich nicht mehr starten zu können. Diese Angst verdirbt doch den ganzen Urlaub.*
>> *Eine Zweitbatterie muss keine große Kapazität haben, wenn der Kühlschrank ohnehin mit Gas betrieben wird.*
>> *Zwischen beide Batterien muss ein Trennrelais geschaltet sein, sonst werden auch im Stand beide Batterien entladen.*
>> *Meist führt die Zweitbatterie ein verstecktes Leben. Auch bei ihr muss ab und zu nach dem Säurestand geschaut werden.*

Zum Schluss:

IN EIGENER SACHE – ODER DER SACHE ALLER!?

Urlaub mit dem Wohnmobil ist etwas ganz besonderes. Man kann die Freiheit genießen, ist ungebunden, dennoch immer zu Hause, lebt mitten in der Natur – **wo man für sein Verhalten völlig selbst verantwortlich ist!**

Seit mehr als 20 Jahren geben wir Ihnen mit unseren Reiseführern eine Anleitung für diese Art Urlaub mit auf den Weg. Außer den umfangreich recherchierten Touren haben wir viele Tipps allgemeiner Art zusammengestellt, unter ihnen auch solche, die einem WOMO-Urlauber eigentlich selbstverständlich sein sollten, denn weil wir als Wohnmobiler die Natur in ihrer ganzen Schönheit und Vielfalt hautnah erleben dürfen, haben wir auch besondere Pflichten ihr gegenüber, die wir nicht auf andere abwälzen können.

Jährlich erhalten wir viele Zuschriften, Grüße von Lesern, die mit unseren Reiseführern einen schönen Urlaub verbracht haben und sich herzlich bei uns bedanken. Wir erhalten Hinweise über Veränderungen an den beschriebenen Touren, die von uns bei der Aktualisierung der Reiseführer Berücksichtigung finden.
Aber: Wir erhalten auch Zuschriften über das Verhalten von Wohnmobilurlaubern, die sich **egoistisch, rücksichts- und verantwortungslos** der Natur und ihren Mitmenschen – nachfolgenden Urlaubern und Einheimischen – gegenüber verhalten.
In diesen Briefen geht es um die Themen Müllbeseitigung, Abwasser- und Toilettenentsorgung. Es soll immer noch Wohnmobilurlauber geben, die ihre Campingtoilette nicht benutzen, dafür lieber den nächsten Busch mit Häufchen und Toilettenpapier "schmücken", die den Abwassertank nicht als Tank benutzen, sondern das Abwasser unter das WOMO trielen lassen, die ihren Müll neben dem Wohnmobil liegenlassen und davondüsen, alles frei nach dem Motto: **"Nach mir die Sintflut!"**

Liebe Leser!

Wir möchten Sie im Namen der gesamten WOMO-Familie bitten: Helfen Sie aktiv mit, diese Schweinereien zu unterbinden! Jeder Wohnmobilurlauber trägt eine große Verantwortung, und sein Verhalten muss dieser Verantwortung gerecht werden.

WOMO® fan www.womo.de

Sprechen Sie Umweltferkel an, weisen Sie sie auf ihr Fehlverhalten hin und machen Sie mit dem WOMO®fan-Aufkleber deutlich: **Ich verhalte mich umweltgerecht!**
Der nächste freut sich, wenn er den Stellplatz sauber vorfindet, denn auch er hat sich seinen Urlaub verdient!
Vor allem aber: Wir erhöhen damit die Chance, dass uns unsere über alles geliebte Wohnmobil-Freiheit noch lange erhalten bleibt.

Helfen Sie mit, den Ruf der Sippe zu retten! Verhindern Sie, dass einzelne ihn noch weiter in den Schmutz ziehen!
Wir danken Ihnen im Namen aller WOMO-Freunde –

Ihr WOMO-Verlag

Stichwortverzeichnis

Der WOMO®-Pfannenknecht

ist die saubere Alternative zum Holzkohlengrill.

* Kein tropfendes Fett,
* Holz statt Holzkohle,
* vielfältige Benutzung –
* vom Kartoffelpuffer bis zur Gemüsepfanne.

Massive Kunstschmiedearbeit, campinggerecht zerlegbar, Qualitäts-Eisenpfanne von Rösle, bequeme Handhabung im Freien, einfachste Reinigung.

Nur 45,50 € – und nur bei WOMO!

Der WOMO®-Aufkleber

WOMO® fan
www.womo.de

* passt mit 45 cm Breite auch auf Ihr Wohnmobil.
* ist das weit sichtbare Symbol für alle WOMO-Freunde.

Nur 2,90 € – und nur bei WOMO!

Der WOMO®-Knackerschreck

* ist die universelle und **sofort sichtbare Einbruchssperre**.
* Wird einfach in die beiden Türarmlehnen eingehängt, zusammengeschoben und abgeschlossen. (tagsüber unter Einbeziehung des Lenkrades, nachts direkt, somit ist Notstart möglich).
* Passend für Ducato, Peugeot, MB Sprinter sowie VW (LT & T4).
* Krallen aus 10 mm starkem Edelstahl, d. h. nahezu unverwüstlich.

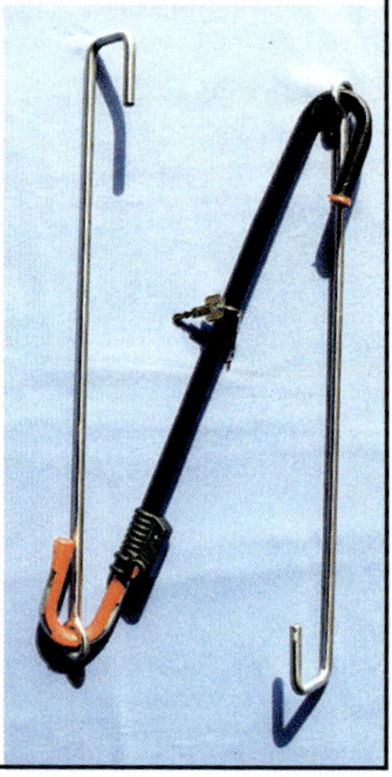

Nur 37,50 € – und nur bei WOMO!

Info-Blatt für das WOMO-Buch: Korsika '05

(ausgefüllt erhalte ich 10% Info-Honorar auf Buchbestellungen direkt beim Verlag)

Lokalität: Seite: Datum:
(Stellplatz, Campingplatz, Wandertour, Gaststätte, usw.)
unverändert gesperrt/geschlossen folgende Änderungen:

Lokalität: Seite: Datum:
(Stellplatz, Campingplatz, Wandertour, Gaststätte, usw.)
unverändert gesperrt/geschlossen folgende Änderungen:

Lokalität: Seite: Datum:
(Stellplatz, Campingplatz, Wandertour, Gaststätte, usw.)
unverändert gesperrt/geschlossen folgende Änderungen:

Lokalität: Seite: Datum:
(Stellplatz, Campingplatz, Wandertour, Gaststätte, usw.)
unverändert gesperrt/geschlossen folgende Änderungen:

Lokalität: Seite: Datum:
(Stellplatz, Campingplatz, Wandertour, Gaststätte, usw.)
unverändert gesperrt/geschlossen folgende Änderungen:

Lokalität: Seite: Datum:
(Stellplatz, Campingplatz, Wandertour, Gaststätte, usw.)
unverändert gesperrt/geschlossen folgende Änderungen:

Meine sonstigen Tipps und Verbesserungswünsche:

Info-Blatt für das WOMO-Buch: Korsika '05

(ausgefüllt erhalte ich 10% Info-Honorar auf Buchbestellungen direkt beim Verlag)

Lokalität: Seite: Datum:
(Stellplatz, Campingplatz, Wandertour, Gaststätte, usw.)

unverändert gesperrt/geschlossen folgende Änderungen:

Lokalität: Seite: Datum:
(Stellplatz, Campingplatz, Wandertour, Gaststätte, usw.)

unverändert gesperrt/geschlossen folgende Änderungen:

Lokalität: Seite: Datum:
(Stellplatz, Campingplatz, Wandertour, Gaststätte, usw.)

unverändert gesperrt/geschlossen folgende Änderungen:

Lokalität: Seite: Datum:
(Stellplatz, Campingplatz, Wandertour, Gaststätte, usw.)

unverändert gesperrt/geschlossen folgende Änderungen:

Lokalität: Seite: Datum:
(Stellplatz, Campingplatz, Wandertour, Gaststätte, usw.)

unverändert gesperrt/geschlossen folgende Änderungen:

Lokalität: Seite: Datum:
(Stellplatz, Campingplatz, Wandertour, Gaststätte, usw.)

unverändert gesperrt/geschlossen folgende Änderungen:

Meine Adresse und Tel.-Nummer:

(nur komplett ausgefüllte Infoblätter können berücksichtigt werden)

Wir bestellen:

- ❑ Allgemeines Wohnmobil Handbuch .... 14,90 €
- ❑ Allgemeines Wohnmobil Kochbuch .... 12,90 €
- ❑ Heitere Wohnmobil Geschichten .... 5,90 €
- ❑ Mit dem Wohnmobil durch Belgien & Luxemburg .... 14,90 €
- ❑ Mit dem Wohnmobil in die Bretagne .... 14,90 €
- ❑ Mit dem Wohnmobil nach Dänemark .... 14,90 €
- ❑ Mit dem Wohnmobil ins Elsaß .... 14,90 €
- ❑ Mit dem Wohnmobil nach England .... 14,90 €
- ❑ Mit dem Wohnmobil nach Finnland .... 14,90 €
- ❑ Mit dem Wohnmobil an die franz Atlantikküste (Nordhälfte) . 14,90 €
- ❑ Mit dem Wohnmobil an die franz Atlantikküste (Südhälfte) . 14,90 €
- ❑ Mit dem Wohnmobil nach Griechenland .... 14,90 €
- ❑ Mit dem Wohnmobil nach Irland .... 14,90 €
- ❑ Mit dem Wohnmobil nach Island .... 14,90 €
- ❑ Mit dem Wohnmobil nach Korsika .... 14,90 €
- ❑ Mit dem Wohnmobil nach Kroatien (Dalmatien) .... 14,90 €
- ❑ Mit dem Wohnmobil durch Languedoc/Roussillon .... 14,90 €
- ❑ Mit dem Wohnmobil in die Normandie .... 14,90 €
- ❑ Mit dem Wohnmobil nach Norwegen (Nord) .... 14,90 €
- ❑ Mit dem Wohnmobil nach Norwegen (Süd) .... 14,90 €
- ❑ Mit dem Wohnmobil auf die Peloponnes .... 14,90 €
- ❑ Mit dem Wohnmobil durch Piemont/Ligurien .... 14,90 €
- ❑ Mit dem Wohnmobil nach Polen (Norden/Masuren) ..... 14,90 €
- ❑ Mit dem Wohnmobil nach Portugal .... 14,90 €
- ❑ Mit dem Wohnm. durch Provence & Côte d'Azur (Osthälfte) . 14,90 €
- ❑ Mit dem Wohnm. durch Provence & Côte d'Azur (Westhälfte) 14,90 €
- ❑ Mit dem Wohnmobil durch die Pyrenäen .... 14,90 €
- ❑ Mit dem Wohnmobil nach Sardinien .... 14,90 €
- ❑ Mit dem Wohnmobil nach Schottland .... 14,90 €
- ❑ Mit dem Wohnmobil in die Schweiz (West) .... 14,90 €
- ❑ Mit dem Wohnmobil nach Schweden (Nord) .... 14,90 €
- ❑ Mit dem Wohnmobil nach Schweden (Süd) .... 14,90 €
- ❑ Mit dem Wohnmobil nach Sizilien .... 14,90 €
- ❑ Mit dem Wohnmobil nach Slowenien .... 14,90 €
- ❑ Mit dem Wohnmobil nach Spanien (Nord/Atlantik) .... 14,90 €
- ❑ Mit dem Wohnmobil nach Spanien (Ost/Katalonien) ..... 14,90 €
- ❑ Mit dem Wohnmobil nach Spanien (Süd/Andalusien) ... 14,90 €
- ❑ Mit dem Wohnmobil nach Süd-Italien (Osthälfte) .... 14,90 €
- ❑ Mit dem Wohnmobil nach Süd-Italien (Westhälfte) .... 14,90 €
- ❑ Mit dem Wohnmobil nach Süd-Tirol .... 14,90 €
- ❑ Mit dem Wohnmobil durch Toskana & Umbrien (Osthälfte) . 14,90 €
- ❑ Mit dem Wohnmobil durch Toskana & Umbrien (Westhälfte) 14,90 €
- ❑ Mit dem Wohnmobil durchs Trentino/Gardasee .... 14,90 €
- ❑ Mit dem Wohnmobil durch die Türkei (West) .... 14,90 €
- ❑ Mit dem Wohnmobil durch Ungarn .... 14,90 €
- ❑ WOMO-Pfannenknecht mit Qualitäts-Eisenpfanne .... 45,50 €
- ❑ WOMO-Knackerschreck mit Edelstahlkrallen .... 37,50 €
- ❑ WOMO-Aufkleber "WOMO-fan" .... 2,90 €

Hinweis:

Selbstverständlich erhalten Sie unsere Bücher auch in allen Buchhandlungen (D, A, CH), im Campinghandel und bei Wohnmobilvermietern.

Alle Preise in € [D]. Preisänderungen vorbehalten.

WOMO *WOMO* *WOMO* *WOMO*

Absender:

Datum

Unterschrift

Kor '05

WOMO®-VERLAG

Versandabteilung

Wiesenweg 4-6

98634 Mittelsdorf/Rhön

DAS HANDBUCH

* Beratung bei Kauf und Miete
* Gas-, Wasser-, Elektroinstallation
* Einrichten des Wohnmobils.
* Tipps & Tricks fürs Wochenende.
* 2800 freie deutsche Stellplätze.
* 700 deutsche Entsorgungsstationen.
* Urlaubsvorbereitung, Profipackliste.
* Freies Camping in ganz Europa.
* Wohnmobil und Wintersport.
* Der WOMO-Urlaubspartner-Service.
* Gastankstellen in ganz Europa.

DAS KOCHBUCH

* Einrichtung der WOMO-Küche.
* Lebensmittel-Grundausstattung.
* Konserven selbst gemacht.
* Backen in der Bratpfanne – Kuchen, Pizza, Brote.
* Viele, viele WOMO-Rezepte für zwei Gasflammen – einfach, schnell und lecker!
* Einkochen im Urlaub.
* Spezialrezepte für den Dampftopf.
* Der WOMO-Pfannenknecht.

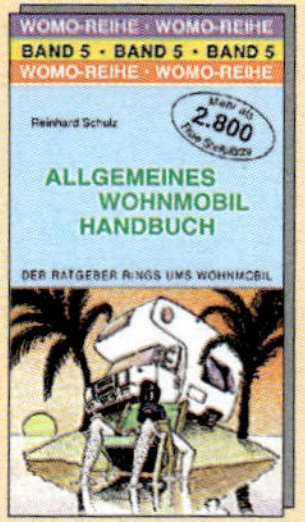

DIE REISE- UND ERLEBNISFÜHRER

* Bequeme Touren durchs ganze Urlaubsland.
* Viele Plätzchen für freies Camping.
* Genaue Hinweise auf viele Trinkwasserstellen.
* Die schönsten Badeplätze, die nicht jeder kennt.
* Bergtouren und Spaziergänge für groß und klein.
* Die besten Anreiserouten, Fähren, usw.
* 300 Tipps und Tricks – für Ausrüstung, Reisevorbereitung und Urlaub.
* Ausgefeilte Profipackliste.
* Spezialkarten mit supergenauen Einträgen der freien Stellplätze und Trinkwasserbrunnen.

Unsere Bücher erhalten Sie in jeder Buchhandlung oder auf Rechnung direkt vom Verlag. Hier gibt's auch die aktuellen Infos über unsere ständigen Neuerscheinungen. (Versandkosten 1,20 €, ab 20 € portofrei / Ausland 4 €, Preisänderungen vorbehalten).

24 Std.-Bestell-Telefon: 036946-20691*Fax: 036946-20692
Internet: www.womo.de * eMail: verlag@womo.de**

WOMO *WOMO* *WOMO* *WOMO* *WOMO*